全国高职高专规划教材·公共课系列

创新思维与创业

主　编　贾　虹
副主编　许　斌　梁青春

内 容 简 介

本书分四篇,共十一章。创新和创新思维理论篇包括创意、创新原理,创新思维理论;创新思维训练篇包括创新思维激发,创新思维方法,创新思维核心,创新思维训练;创业教育篇包括创业基本素质,创业计划,创业准备,创业管理;实践练习篇包括"创业之星"伴你起航。本书坚持以"知识、能力、素质相辅"为编写的指导思想,每章节均由知识目标、能力目标、导入案例、主要内容、知识链接、练习项目、实际案例和复习思考八个环节组成,较好地反映出当前高职院校课程改革的发展方向,符合高职院校培养高素质技能型人才的要求。

本书作为高职院校各专业素质培养的教学用书,既利于教师教学,又便于学生自学。此外,也可用作社会其他人员的教育培训用书。

图书在版编目(CIP)数据

创新思维与创业/贾虹主编. —北京:北京大学出版社,2011.9
(全国高职高专规划教材·公共课系列)
ISBN 978-7-301-19265-8

Ⅰ.①创… Ⅱ.①贾… Ⅲ.①职业选择－高等职业教育－教材 Ⅳ.①G717.38

中国版本图书馆 CIP 数据核字(2011)第 145770 号

书　　　名:创新思维与创业
著作责任者:贾　虹　主编
策划编辑:桂　春
责任编辑:桂　春
标准书号:ISBN 978-7-301-19265-8/B·1001
出版发行:北京大学出版社
地　　址:北京市海淀区成府路 205 号　100871
网　　址:http://www.pup.cn
电子信箱:zyjy@pup.cn
电　　话:邮购部 62752015　发行部 62750672　编辑部 62765126　出版部 62754962
印　刷　者:三河市博文印刷有限公司
经　销　者:新华书店
　　　　　787 毫米×1092 毫米　16 开本　16 印张　409 千字
　　　　　2011 年 9 月第 1 版　2017 年 10 月第 3 次印刷
定　　价:32.00 元

未经许可,不得以任何方式复制或抄袭本书之部分或全部内容。
版权所有,侵权必究
举报电话:(010)62752024　电子信箱:fd@pup.pku.edu.cn

前　言

对高职院校的学生进行创新素质培养，不仅反映了社会经济发展对创新人才渴求的时代召唤，而且对个体发展来说，是发掘自身蕴涵巨大潜能来解决问题，完善自我认识，扩展发展空间的需要。创业教育就是要培养学生发挥其良好的创新素质，更好地解决自身所面对环境中的困难和矛盾，解决人类共同面临的且用一些常规方法难以解决的问题。同时，也是高职院校各专业培养具有创新和创业精神人才的需要。

本书是作者在多年的教学实践中反复探索的结晶，避免了"全"而"深"的面面俱到，本着以必要、够用为尺度，使理论的基础地位变为实践操作的服务地位。

本书设四个篇目，共十一章。创新和创新思维理论篇，围绕创意、创新原理和创新思维理论阐述，引导读者逐步入门；创新思维训练篇，包括创新思维激发、创新思维方法、创新思维核心和创新思维训练四个章节，引领读者循序渐进地开展各项创新思维训练；创业教育篇，由创业基本素质、创业计划、创业准备和创业管理四个章节组成，全面地向读者介绍创业的各个要素；实践练习篇，以"创业之星"伴你起航为主线，从创业基础理论入手，辅以创业模拟软件平台的实践训练。

本书具有鲜明的能力训练教学特色，在注重知识原理和实际操作技能的同时，更重视实际应用，专设一章篇幅，以"创业之星"软件平台作为模拟创业环境，围绕创业计划书，进行创业模拟练习，帮助学生更全面地了解和认识创新与创业。在此，特别感谢金蝶软件（苏州）分公司的张建国先生对本书编写工作的参与。

本书由苏州工业职业技术学院的贾虹老师担任主编，由苏州工业职业技术学院的许斌、梁青春老师担任副主编。苏州工业职业技术学院的冯巧云老师、刘大健老师、黄颖和童钰祥老师参与了本书的编写工作。全书由贾虹老师统稿。

由于编者水平和时间所限，书中难免有不足之处，还望读者不吝赐教。

编　者
2011 年 8 月

目 录

创新和创新思维理论篇

第一章 创意、创新原理 (2)
　　第一节 新经济时代主题 (3)
　　第二节 认识创意和创新 (11)

第二章 创新思维理论 (22)
　　第一节 创新思维客体 (23)
　　第二节 创新思维主体 (38)
　　第三节 实现思维创新 (42)

创新思维训练篇

第三章 创新思维激发 (50)
　　第一节 思维潜能理论 (50)
　　第二节 激发创新思维潜能的方法 (57)

第四章 创新思维方法 (69)
　　第一节 创新思维原则 (69)
　　第二节 创新思维的方法 (75)

第五章 创新思维的核心 (84)
　　第一节 发散性思维概述 (84)
　　第二节 创造性思维的方向 (92)

第六章 创新思维训练 (104)
　　第一节 创新思维训练的实践与研究 (104)
　　第二节 创新思维训练的方法 (109)
　　第三节 团队创新思维的训练法 (124)

创业教育篇

第七章 创业基本素质 (142)
第一节 创业精神 (143)
第二节 创业意识 (145)
第三节 创业心理品质 (155)
第四节 创业能力 (158)
第五节 创业必须具备的知识 (163)

第八章 创业计划 (168)
第一节 什么是创业计划书 (169)
第二节 创业计划书的撰写准备 (173)
第三节 创业计划书的内容 (175)
第四节 创业计划书的撰写要点 (178)

第九章 创业准备 (182)
第一节 企业形式选择 (183)
第二节 企业名称设计及名称登记 (187)
第三节 企业注册登记 (190)

第十章 创业管理 (193)
第一节 初创企业组织结构设计 (194)
第二节 初创企业战略规划及策略选择 (198)
第三节 初创企业市场营销 (202)
第四节 初创企业财务管理 (214)
第五节 初创企业生产管理 (220)
第六节 初创企业人力资源管理 (223)

实践练习篇

第十一章 "创业之星"伴你起航 (234)

参考文献 (249)

创新和创新思维理论篇

- 第一章 创意、创新原理
- 第二章 创新思维理论

第一章 创意、创新原理

21世纪是科学技术突飞猛进、日新月异的时代,是知识创新不断推动技术进步从而加速社会变革的时代。当人类进入21世纪后,对创新、创意的关注度已超过历史上的任何一个时期,达到"天下无人不创新"的地步,"创新"成为当今时代的主旋律。创意本源于个人创造力、个人技能和个人才华,如今,有些创意成果已成为知识产权,形成"创意"产业化并带来丰富的价值,促进就业。

【知识目标】
1. 了解时代发展趋势,领会创新是人类社会发展到一定时期的必然结果。
2. 理解"创意是创新的始动力"的含义。
3. 掌握创新的内涵和意义。

【能力目标】
运用本章所学知识,开展一次社会调研,全面了解当今人类创新活动成果,以小组为单位形成一份调研报告。

  导入案例

创意来自于童年的生活——Google 图标设计师——黄正穆

黄正穆现年28岁,是一名韩裔美国人,英文名为丹尼斯·黄。他在2000年获得一个在Google实习的机会,当时他还是一名刚毕业的艺术系学生。凭着出色的工作表现成为Google的正式员工,负责Google网站图标的设计。实习期间,黄正穆已经不断地大胆尝试使用各种各样的字体设计图标,还曾经别具匠心地把"Google"一词的6个字母融入三叶草、烟火、红心和小精灵等图案当中。Google创始人佩奇和布林在一个偶然的机会看到了黄正穆设计的美国独立日的Google图标,对此大为赞赏。就这样,黄正穆开始了设计

Google 图标的工作，一干就是 6 年。至今，每逢美国独立日，Google 都会换上黄正穆当年实习期间设计的图标。黄正穆出生在美国田纳西州，在 5 岁的时候回到家乡——韩国京畿道果川市居住，14 岁时又到美国读书。他的很多设计意念和灵感都来源于在韩国度过的童年时光。无论设计任务多么具有挑战性，他常常都能够从小时候的涂鸦中找到灵感。他说："那些当时看起来很可笑的乱涂乱画现在已成为我最宝贵的财富。"

第一节　新经济时代主题

新经济是指"随着经济全球化和信息技术革命而出现的一种经济现象。是以知识为主导，以高新技术及其产业为基础和支撑的一种新经济形态。新经济的出现，标志着整个社会开始进入一个与工业文明迥然不同的以知识的生产、传播为基础的社会。"从这个角度来看，新经济与我们常说的"知识经济"并无本质区别。新经济是一种新事物，它的出现代表了人类社会发展的趋势，预示着人类社会将进入一个新的时代。事实上，它正在带来社会经济、政治、文化及人类生活方式的变化。

对于我们来说，21 世纪既是一个新经济的时代，也是一个"创新"的时代。

一、创新就是要跳出传统守旧思想的束缚

有一位创新学家曾经说过：一个人运用创新思维的次数，与运用后受到奖励的次数成正比；与运用后受到惩罚的次数成反比。在某种社会条件下，人们习惯于鼓励和奖赏创新思维；而在另外一些社会条件下，人们则习惯于压制并惩罚创新思维。因此，同样是人类的头脑，有的人时而创新如涌泉，有的人时而僵化像呆瓜。由此可见，创新思维不仅是个人的头脑行为，同时受到外界社会条件的制约。

传统守旧思想来自传统的社会。"传统"是与"现代化"相对而言的，是指现代化之前的历史发展阶段。其基本特征是以农业、手工操作为主，信息闭塞、缺乏交流，不存在世界市场。在传统社会中，整个社会自上而下形成一个稳固的金字塔，社会主体是单一的而不是多元的，所以极少发生横向之间的竞争。没有竞争，当然就不需要创新，人们已经习惯于依照"老规矩"办事。所以，布鲁诺因坚持"地球绕着太阳转"的新学说而被烧死在罗马的鲜花广场；津浦铁路在刚修建时被拆多次，因为很多人把火车头当成"怪物"，担心它会破坏本地积存数千年的"风水"。在那样的社会条件下，正如鲁迅所说："连搬动一张桌子都要经过流血斗争。"

在日常生活和工作中人们常常习惯于按照"老规矩"办事，习惯于陈规化思考模式，只要有新的变化，神经系统马上就放了一群岗哨：提高警惕，严防"陌生客体"侵扰。对新事物、新观念和新方案就会立刻裹上一层一层的"保护膜"：以前从来没做过呀；还是现实一点吧；这太超前了吧；这简直是"一千零一夜"；这搞不好就会成为别人的笑料；我的经验告诉我肯定行不通；还是干好本职工作，别再胡思乱想了等。

久而久之就会在人们的思想意识中充斥着各种各样的守旧观念：依赖领导，没有自己

的思想；迷信权威和传统，不敢提出疑问；惧怕失败，怕被别人耻笑；我们的产品卖的很好不需要再创新了；习惯于按经验和老规矩办事；没有这样的先例还是小心为妙；创新的第一步就是跳出传统的守旧观念，如"还是稳妥一点好啊"等。这些守旧观念和陈规化思考模式极大地束缚了人们的创新意识。在现代社会中，传统的文化意识和价值观念依然存在，并且继续对人们的创新思维过程产生着消极影响。一位西方教育学家认为：一般情况下，小孩子的头脑中总是盘旋着许多莫名其妙的新想法，而成年人总惯于认为这些想法荒唐可笑、不屑一顾。每当小孩内心一阵冲动，站起来想发表自己的看法时，他常常会招来一顿训斥："坐下！别插嘴！"成年人也许没有想到，一个颇有天分的未来发明家就在这样的训斥声中被扼杀了，这种情况在中国很普遍。

任何创新总要承担一定的风险，它使你有可能犯错误，有可能失败，有可能受到亲朋好友或者竞争对手的嘲笑，甚至有可能遭受重大的经济损失。即便是一个小小的创新想法，也有可能让你在众人面前丢脸，或者让你考试不及格。面对这些风险，你还有多少创新的勇气？

二、顺应时代召唤，依靠创新走出新天地

传统守旧的思想必须破除，因为我们已经进入一个崭新的世纪，应该毫不犹豫地走进这个创新思维的新时代。当今的时代是智能开发、智慧勃发的时代。任何一位想在这个竞争激烈的时代有所成就，干出一番事业者，传统的守旧观念必须破除。

创新意识强烈的人都是主动思维的人。他们时时处处都在思考，随时随地都在捕捉新鲜的思维材料，一旦有机遇出现，立刻就能引起他们脑细胞的注意。

免扣带的发明者和朋友去登山。山上的风光很好，但脚下的鬼针草却把两条裤管粘得到处都是，甚至坐下来歇口气，臀部也会被刺得隐隐作痛。花了好长时间才将那些讨厌的东西拨下来。结果，一天的兴致都被这些鬼针草给弄没了。这位发明者很纳闷，就想搞个明白，拿起放大镜仔细地观察起来。他发现这种草很特别，长了很多细细的带钩的针毛。它们之所以到处粘人就是这些细毛在作怪。这让发明者猛然想到，制造这种形状的针毛，不是正好可以取代纽扣、拉链吗？经过多次研究和试验，免扣带终于制造成功了。看起来这个发明创造很简单，其实在这之前，这位发明者为了研制取代纽扣、拉链的替代品，已经费了很大周折，思考得头昏脑涨了才去登山的，没想到功夫不负有心人。

只要打破陈旧观念，就能推陈出新。某毛巾厂有心改造产品，想来想去除了质地、颜色、图案这些老话题之外，实在不知道往哪里想。有人提议，应该让呆板的毛巾生动活泼起来，使消费者觉得又实在又有趣。带着这一目标，他们找到一种特殊染料，生产出变色毛巾。这种毛巾图案奇特：毛巾干时的图案是猪八戒背媳妇，落水后的图案则为猪八戒背孙悟空……各式各样，应有尽有。这种毛巾上市后，果然一枝独秀，倾倒各路商家。

社会进步和人类发展就是由一件件的创新实例堆积而成的，没有创新就没有人类丰富的世界，也没有我们现在拥有的一切。从人类祖先的石器生活用具，到今天的人造卫星上天，人类就没有停止过创新。

创新，是我国经济发展的迫切需要。因此，我们不能再让传统的守旧观念所束缚，更不能再让陈规化的思考模式所包围，要打破一切旧的思维枷锁，冲出困扰人们的"围墙"，勇敢地站起来，敢于冒险、敢于失败。蒙牛的牛总说得好："你做了可能要失败，但你不

做一定会失败。"

 **知识链接**

重温毛泽东、邓小平、江泽民同志关于科技和创新的论述

2006 年伊始，九州大地春潮涌动。这春潮是长鸣的号角——以胡锦涛同志为总书记的党中央带领全国人民向着创新型国家的目标进发；这春潮是隆隆的战鼓——刚刚发布的《国家中长期科学和技术发展规划纲要》，为中国第一生产力在未来 15 年里抢占新的战略高地点兵布阵；这春潮是频传的喜报——还沉浸在"神六"飞船载人航天欢愉中的华夏儿女，又将迎来新世纪第一次全国科技大会的召开。

此时此刻，人们没有忘记为共和国科技事业殚精竭虑的前辈。从"向科学进军"的号召，到"科学技术是第一生产力"的论断，再到"科教兴国"的战略，中国的科技发展在半个世纪里走完了西方发达国家数百年的里程。以毛泽东、邓小平、江泽民为核心的中国共产党三代领导集体在锐意进取和艰难跋涉中，逐步探索出适合中国国情的发展科学技术的战略思想，为中国科技赶超世界先进水平和经济社会的全面进步指明了方向。

向科学进军

中国共产党夺取全国政权后，面临着一个积贫积弱又饱经战乱的烂摊子。1949 年 10 月 31 日，新中国诞生还不到一个月，毛泽东便亲自将中国科学院印信颁给院长郭沫若。第二天，中国科学院正式成立。这一举措在全国及海外华裔科技人员中引起了强烈反响，同时也体现出党中央对建立与发展中国自己的科学事业寄予厚望。

1956 年 1 月，中共中央召开全国知识分子问题会议。毛泽东、周恩来在会上要求全党、全军和全国人民努力学习科学知识，为迅速赶上世界科学技术先进水平而努力奋斗。毛泽东在讲话中指出："我们国家大，人口多，资源丰富，地理位置好，应该建设成为世界上一个科学、文化、技术、工业各方面更好的国家。"就是在这次会议上，党中央发出了"向科学进军"的伟大号召。

不久，毛泽东在最高国务会议第六次会议上指出："社会主义革命的目的是为了解放生产力。""我国人民应该有一个远大的规划，要在几十年内，努力改变我国在经济上和科学文化上的落后状况，迅速达到世界上的先进水平。"他还特别指出："为了实现这个伟大的目标，决定一切的是要有干部，要有数量足够的、优秀的科学技术专家。"4 月，毛泽东又在中央政治局扩大会议上提出发展尖端技术的问题。他从巩固国防安全的角度提出，不仅要有更多的飞机大炮，而且要有原子弹，要想不受人欺负就不能没有这个东西。

根据毛泽东的一系列指示，由周恩来和聂荣臻等牵头，成立了科学技术规划委员会，制订了《1956—1967 年科学技术发展远景规划》。这一规划以"重点发展、迎头赶上"为方针，对百废待兴的新中国尽快建立自己的科学技术体系并支撑经济社会发展发挥了重要的指导作用，极大地促进了我国科学技术的发展，缩短了与先进国家的距离。

1958 年，毛泽东又提出要把工作重点转移到技术革命和经济建设上去，还发出了"我们也要搞人造卫星"的号令。特别值得一提的是，毛泽东从时代发展的高度，对我们党和

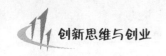

国家领导班子的人才结构进行了思考。他在党的八大预备会议上说:"我们现在的中央委员会是一个政治中央,还不是科学中央,将来它的成分是会改变的,应该有许多工程师、科学家,那样就是一个科学中央委员会了。"

通过分析世界先进国家的发展道路,毛泽东深刻体会到中国加快发展科学技术的必要性,他在一些讲话中表露了这种紧迫感。1959年底至1960年初,在集中阅读苏联《政治经济学教科书》的谈话中,毛泽东强调:"资本主义各国、苏联,都是靠采用最先进的技术,来赶上最先进的国家的,我国也要这样。"20世纪60年代,中国面临苏美霸权主义的打压,处在国际反华反社会主义势力的敌视下,毛泽东的这种紧迫感愈加强烈。1963年9月,毛泽东再一次强调:"如果不在今后几十年内,争取彻底改变我国经济和技术远远落后于帝国主义国家的状态,挨打是不可避免的。""我们应当以有可能挨打为出发点来部署我们的工作,力求在一个不太长的时间内改变我国社会经济、技术方面的落后状态,否则我们就要犯错误。"

1963年12月,毛泽东在听取聂荣臻和中央科学小组汇报科技工作十年规划时,更加明确地指出:"科学技术这一仗,一定要打,而且必须打好。过去我们打的是上层建筑的仗,是建立人民政权、人民军队。建立这些上层建筑干什么呢?就是要搞生产。搞上层建筑、搞生产关系的目的就是解放生产力。现在生产关系是改变了,就要提高生产力。不搞科学技术,生产力无法提高。"

总体上看,"文革"前的17年是毛泽东科技思想走向成熟的时期。通过艰辛探索,毛泽东逐渐形成了依靠科学技术发展社会生产力的明确认识。在毛泽东科技思想的指引和感召下,国家集中和调动了一切可能的力量和资源,在很短时间内就建立起相对完整的研发体系,并取得一个又一个的科技硕果。也正是由于毛泽东科技思想在理论和实践方面的巨大成就和影响,才使"两弹一星"的辉煌得以冲破"文革"动荡的阴霾。遗憾的是,"文革"十年中,中国科技事业的发展受到极大挫折,这是年轻的共和国为成长付出的沉重代价。

科学技术是第一生产力

1978年3月18日是一个让中年以上的中国知识分子永远难以忘怀的日子。这一天,全国科学大会在北京隆重举行。复出不久的邓小平发表重要讲话。他驳斥了"四人帮"打击迫害知识分子、破坏我国科学技术事业的种种谬论,阐明马克思主义关于科学技术在社会发展中的地位和作用的理论,旗帜鲜明地指出"科学技术是生产力",重申知识分子是工人阶级的一部分,是"为社会主义服务的脑力劳动者,是劳动人民的一部分",强调"必须打破常规去发现、造就和培养杰出的人才",把"尽快培养出一批具有世界第一流水平的科学技术专家,作为我们科学、教育战线的重要任务"。这是在中国经历十年浩劫后的第一次科学大会,她在科技界乃至全社会产生了异乎寻常的反响。人们说,科学的春天来了。

在"文革"的余尘尚未完全消散的背景下,邓小平以巨大的理论勇气提出了"科学技术是生产力"的论断,在中共历史上首次把反映人与自然关系的科学技术同作为经济社会发展现实基础的生产力紧密联系在一起,这对当代中国科学技术事业发展产生了难以估量的影响。十一届三中全会后,邓小平高举毛泽东思想的伟大旗帜,在率领中国人民开创建设有中国特色的社会主义道路的进程中，根据国际科学技术与经济发展的新态势，构建起指引新时期科技发展的战略思想。

邓小平的科技思想的形成与他对世界形势的判断和对时代脉搏的把握分不开。全球性的战略眼光得益于一种开放的思维和胸怀。20世纪70年代中后期，邓小平多次出国参加重要国际会议和进行国事访问，在国外目睹了科学技术突飞猛进给人类的物质文明以及整个社会生活带来的巨大变化。这些无疑在他内心深处引起强烈震撼。1985年，邓小平指出："世界新科技革命蓬勃发展，经济、科技在世界竞争中的地位日益突出，这种形势，无论美国、苏联、其他发达国家和发展中国家都不能不认真对待。"1987年，他又强调："现在世界突飞猛进地发展，科技领域尤其如此。中国有句老话叫'日新月异'，真是这种情况。我们要赶上时代……"

1988年，邓小平在视察北京正负电子对撞机工程时指出："现在世界的发展，特别是高科技领域的发展一日千里，中国不能安于落后，必须一开始就参与这个领域的发展。搞这个工程就是这个意思。还有其他一些重大项目，中国也不能不参与，尽管穷。因为你不参与，不加入发展的行列，差距越来越大。总之，不仅这个工程，还有其他高科技领域，都不要失掉时机，都要开始接触，这个线不能断了，要不然我们就很难赶上世界的发展。"1992年，他在视察南方时进一步强调："近一二十年来，世界科学技术发展得多快啊！高科技领域的一个突破，带动一批产业的发展。我们自己这几年，离开科学技术能增长这么快吗？"

科技的发展，其核心是人才问题。邓小平基于激烈的国际科技竞争和中国社会主义现代化建设的迫切需求，一再强调要有战略眼光，要懂得知识和人才的重要，懂得教育的重要。"我们国家，国力的强弱，经济发展后劲的大小，越来越取决于劳动者的素质，取决于知识分子的数量和质量。""一定要在党内造成一种空气：尊重知识，尊重人才。"

新中国成立以来，由于体制等方面的原因，科技发展与经济发展相互脱节，科学技术作为第一生产力对经济发展的巨大推动作用远远没能发挥出来。有鉴于此，邓小平一面决定进行经济体制改革，一面着手解决科技体制问题。1985年3月，中共中央做出《关于科学技术体制改革的决定》，从宏观上制定了科学技术必须为振兴经济服务、促进科技成果商品化等方针和政策，从而为科技成果向现实生产力的转化以及高新技术产业化的发展，奠定了政策基础。

中国人应当以自己的方式发展自己的高科技。邓小平认为："只要我们充分发挥社会主义制度的优越性，把力量统一地合理地组织起来，人数少，也可以比资本主义国家同等数量的人办更多的事，取得更大的成就。"1986年3月，邓小平亲自批准实施瞄准世界高新技术前沿的"863计划"。1988年8月，国务院批准实施以高新技术商品化、产业化、国际化为宗旨的"火炬计划"，先后批准建立了53个国家级高新技术产业开发区。中国高新技术产业从此迅速壮大。

邓小平科技思想在实践中不断深化和升华。当今世界"社会生产力有这样巨大的发展，劳动生产率有这样大幅度的提高，靠的是什么？最主要的是靠科学的力量、技术的力量"。1988年9月5日，在会见捷克斯洛伐克总统胡萨克时，邓小平说："马克思说过，科学技术是生产力，事实证明这话讲得很对。依我看，科学技术是第一生产力。"邓小平的这一论述精辟地阐明了科学技术是经济发展的首要推动力，继承并发展了马克思主义的生产力学说。

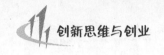

实施科教兴国战略

20世纪90年代,面对世界新科技革命和知识经济的发展,以江泽民同志为核心的中共第三代领导集体,高举邓小平理论的伟大旗帜,全面落实"科学技术是第一生产力"的思想,提出了科教兴国及可持续发展等一系列发展战略。

1995年5月26日,江泽民在全国科学技术大会上,代表中共中央、国务院首次正式提出实施"科教兴国"的战略。"党中央、国务院决定在全国实施科教兴国战略,是总结历史经验和根据我国现实情况所做出的重大部署。科教兴国,是指全面落实科学技术是第一生产力的思想,支持教育为本,把科技和教育摆在经济、社会发展的重要位置,增强国家的科技实力及向现实生产力转化的能力……"在中共十五大上,江泽民再次提出把科教兴国战略和可持续发展战略作为跨世纪的国家发展战略。他指出:"要充分估量未来科学技术特别是高技术发展对综合国力、社会经济结构和人民生活的巨大影响,把加速科技进步放在经济社会发展的关键地位,使经济建设真正转到依靠科技进步和提高劳动者素质的轨道上来。"

改革开放以来的实践证明,扩大对外开放,加强国际科技交流与合作,积极引进国外先进技术,是加快我国科学技术发展的有效途径。但是,那些最先进的技术,特别是核心技术是买不来的。对此,江泽民有着清醒的认识。他说:"我国是一个发展中的社会主义大国,在一些战略性、基础性的重大科技项目上,必须依靠自己,必须拥有自主创新的能力和自主知识产权。不能靠别人,靠别人是靠不住的。""一味依赖别人,一旦发生什么情况,我们就很难维护国家的安全。"因此,他在各种场合反复强调,在引进国外先进技术的同时,必须坚持不懈地提高我国的自主研究开发能力。

提高我国的自主研究开发能力,必须依靠创新。只有依靠科技创新,把科技创新作为经济增长的"发动机"和"倍增器",才能更加主动地适应知识经济兴起的挑战,实现中华民族的伟大复兴。1992年10月,江泽民在中共十四大的报告中首次提到了"创新"问题。尔后,他在中国科学院第十次院士大会和中国工程院第五次院士大会的讲话中指出:"我多次说过:'创新是一个民族的灵魂,是一个国家兴旺发达的不竭动力。'科学的本质就是创新,要不断有所发现,有所发明。""有没有创新能力,能不能进行创新,是当今世界范围内经济和科技竞争的决定性因素。历史上的科学发现和技术突破,无一不是创新的结果。"

1999年8月,江泽民在中共中央、国务院召开的全国技术创新大会上指出:"科技创新越来越成为当今社会生产力解放和发展的重要基础与标志,越来越决定着一个国家、一个民族的发展进程。如果不能创新,一个民族就难以兴盛,难以屹立于世界民族之林。""我们必须把以科技创新为先导促进生产力发展的质的飞跃,摆在经济建设的首要地位。这要成为一个重要的战略指导思想。"在这次大会上,"加强技术创新、发展高科技、实现产业化"被确立为中国科技跨世纪的战略目标。

加速科技成果向现实生产力的转化,大力发展高新技术产业,始终是江泽民优先考虑的一个问题。1998年6月1日,他在会见两院院士及外籍院士时指出:"当今世界,以信息技术为主要标志的科技进步日新月异,高科技成果向现实生产力的转化越来越快,初见端倪的知识经济预示人类的经济社会生活将发生新的巨大变化。世界各国都在抓紧制定面向新世纪的发展战略，争先抢占科技、产业和经济的制高点。面对这个态势，我们必须顺应潮流，乘势而上。"1999年2月10日，江泽民在北京考察工作时又强调："发展高新技术及其产业，不仅研究和开发要搞上去，还要注意建立一整套的有效机制。一项技术和一个产品要发展，必须同市场结合起来，没有市场需求的推动就难以发展。"

江泽民的科技思想是"三个代表"思想的重要组成部分。2001年7月1日，江泽民在庆祝中国共产党成立八十周年大会上的讲话中指出："科学技术是第一生产力，而且是先进生产力的集中体现和主要标志。科学技术的突飞猛进，给世界生产力和人类经济社会的发展带来了极大的推动。未来的科技发展还将产生新的重大飞跃。我们必须敏锐地把握这个客观趋势，始终注意把发挥我国社会主义制度的优越性，同掌握、运用和发展先进的科学技术紧密地结合起来，大力推动科技进步和创新，不断用先进科技改造和提高国民经济，努力实现我国生产力发展的跨越。这是我们党代表中国先进生产力发展要求必须履行的重要职责。"

毛泽东、邓小平和江泽民三代中共领导人的科技思想，历经半个世纪的衍变、深化，已经形成了一个博大精深的理论体系。以胡锦涛为总书记的党中央明确提出，把推动自主创新摆在全部科技工作的突出位置，把提高自主创新能力作为调整经济结构、转变增长方式的中心环节。这既是历史的传承和延伸，又是时代的发展和突破。未来15年，我们将通过不懈的努力，使我国自主创新能力显著增强，科技促进经济社会发展和保障国家安全的能力显著增强，为全面建设小康社会提供强有力的支撑；基础科学和前沿技术研究综合实力显著增强，取得一批在世界具有重大影响的科学技术成果，进入创新型国家行列，为在本世纪中叶成为世界科技强国奠定基础。

摘自《中国经济网》2006年1月

创新在21世纪的新角色

在人类的整个文明史中，创新所扮演的角色是大不相同的。这里，我们不妨回顾一下通信技术的发展史。

据说，距今5 000多年前，古埃及人使用鸽子来传递书信。4 000年前，从我国商周开始，烽火就是一种非常有效的传递战争警报的手段。2 500年前，古波斯人建立了邮政驿站，使用接力方式传递消息。300多年前，在17世纪中叶，法国在巴黎街道设立了邮政信箱，出现了邮票的雏形。100多年前，1 840年，第一枚现代意义上的邮票才在英国诞生。可见，在工业革命以前，通信技术的创新在时间进程上显得非常缓慢，更新换代是以千年、百年为单位进行的。

随着19世纪工业革命的完成，科学技术飞速发展，全新的、高效的通信技术以前所未有的速度涌现出来。1832年，电报机诞生。1850年，英国和法国之间架设了第一条海底电缆。1875年，贝尔发明了电话。1895年，马可尼采用无线方式实现了远程无线通信。1925年，电视发明，不久，电视转播就迅速普及。1963年，美日利用卫星成功地进行了横跨太平洋的有源中继通信。20世纪70年代出现了最早的移动电话和最早的电子邮件。

80年代中后期，便携的手机出现在人们的视野中。每10年到20年，通信技术都有一个重要的创新。最近的20年，更是互联网和手机通信在全世界范围飞速发展、普及的20年。无论怎样计算，近100多年通信领域里的创新速度都比工业革命以前提高了无数倍，一个个改变人类生活面貌的创新以每几年、每一年甚至每个月的速度出现在人们面前。21世纪的人们已经习惯于这样一个事实：在高速发展的科技创新面前，任何对未来的憧憬都有可能，因为明天出现的某一项创新而在短期内变成现实。

除了周期更短、更新、更频繁的特点以外，在21世纪，创新的应用性也更强了。如果说古代的创新对于人们生活的改变还不是那么重要的话，在21世纪，几乎每一项有价值的创新都可能迅速、有效地改变人们生活的某一个侧面。以前，更多的发明、发现是基于对自然界的新的认识，今天，大多数创新则是为了解决现实生活中遇到的实际问题，例如，个人计算机的发明、互联网的发明等，它们都在最大限度上改变了人们的生活方式。

在21世纪，创新是唯一可以持续的企业竞争力，由创新引发的竞争越来越激烈。越来越多的企业已经认识到，"有用"但是不创新的产品在今天的激烈竞争环境中很容易被抄袭，只有创新才能增加产品的差异化特性，才能通过难以复制的新技术，或使用专利保护等手段增加企业的智力资产，才能在市场上抢占先机，才能拥有真正可持续的竞争优势。所以一个21世纪的高科技企业必须不断创新才能维持它的竞争力和生命力。例如，在谷歌推出基于Page Rank技术的文字网页搜索数年后，许多别的公司也实现了类似的技术。在这种形势下，谷歌继续研发，做出了整合搜索，让搜索结果除了有文字，还有其他多元化信息，如视频、图像、新闻、天气等。当谷歌第一个推出可以让用户拖拽的地图几个月后，许多别的公司也做出了类似产品，于是谷歌又推出了谷歌地球，让人们能够浏览近似三维的卫星地图。

我们把这种21世纪的高科技行业和过去的传统高科技行业相比，会发现21世纪的高科技行业创新更加快速，更加多样化。例如，波音和空客所代表的民用航空领域这样的传统高科技行业的创新周期是十年左右，并且往往和以前差异化不是很大，而在崭新的互联网行业里几个月可能就有新的产品推出，而且经常都是革命性的。

在21世纪里，创新已经成为了我们的生活密不可分的一部分。无论是企业还是个人，都已经无法忽视创新对我们工作、生活的影响。只有拥抱创新，才能融入这个新的时代，才能更好地迎接挑战。

摘自《业务员网》2009年9月

请你设计出一个与众不同的童帽，将设计好的童帽画出来，并标明其功能。

办公室环保主义咖啡粉手动打印机

办公室里打印机每天都消耗很多能源，其中的墨粉材料甚至还可能对人们健康造成威胁。不过这款由Jeon Hwan Ju设计的手动RITI Printer打印机就不一样了。

这款打印机所用的动能来自于用户，就像老式打字机一样，当放入纸张后，用户只要用手来回拉动打印头就可以打字了，完全的手动机械驱动，非常节能。此外，更有趣的是，这款打印机采用的不再是昂贵的墨盒，而是将回收的咖啡残渣再利用。

打印出来的纸张上透出淡淡的咖啡味，使用过的人还表示，有了这种咖啡味的刺激，在工作室里不会再感到昏昏欲睡。不过，这些用咖啡粉残渣打印出来的文件是否可以保证文字持久清晰呢？设计者并没有对此做出说明。

第二节 认识创意和创新

 导入案例

卡诺的热力学第二定律

法国工程师卡诺于1824年想象过一部理想化的蒸汽机。通过理想化蒸汽机的研究，卡诺深刻地抽象和概括出了具体的蒸汽机的本质与特征，阐明了热效率的极值问题。这种理想化的蒸汽机在现实中根本其实不存在，在当时，能够从理论上深刻认识蒸汽机，纯粹是依赖于纯化想象。后来，正是基于卡诺的这种纯化想象，德国科学家克劳修斯才总结出了力学的第二定律。卡诺也被后人认为是热力学第二定律的先驱。

现在，流体力学中的"理想流体"，固体力学中的"理想固体"，分子物理学中的"理想气体"，固体物理学中的"理想晶体"，化学中的"理想溶液"，生物学中的"模式细胞"等，它们的出现，都是科学家们运用纯化想象思考法的结果。

一、创意是创新的开始

在中文中，创意也作"剏意"。谓创立新意。汉王充《论衡·超奇》："孔子得史记以作《春秋》，及其立义创意，褒贬赏诛，不复因史记者，妙思自出于胸中也。"宋程大昌《演繁露·纳粟拜爵》："秦始皇四年，令民纳粟千石，拜爵一级，按此即鼂错之所祖效，非错剏意也。"王国维《人间词话》三三："美成深远之致不欧秦，唯言情体物，穷极工巧，故不失为第一流之作者。但恨创调之才多，创意之才少耳。"郭沫若《鼎》："文学家在自己的作品的创意和风格上，应该充分地表现出自己的个性。"是指创出新意，也指所创出的新意或意境。

在英文中，"创意"有不同的表达方式，如："Creative"创造性的、有创造力的、创作的、产生的、引起的，引申为"创意"。而最有代表性、最普遍使用的词是"Idea"，指思想、概念、意见、主义、念头、打算、计划、想象、模糊的想法、理想、观念。

创意的主要特征是突发性、形象性、自由性和不成熟性。不成熟性是指创意是灵感闪现和创新方案形成之前的那个创新意念。创意得益于灵感，它是由灵感诱发形成的观念形态的想法和念头，比灵感要完整和完善。

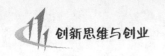

无线电熨斗的产生

日本松下电器公司生产的电熨斗,从20世纪50年代开始,几十年来畅销不衰。但到了80年代出现了滞销现象。为了改进电熨斗的生产,扩大它的销路,1984年4月的一天,29岁被称为"熨斗博士"的松下公司电熨斗事业部部长岩见宪一,请来数十名不同年龄的家庭主妇座谈,请她们对松下公司生产的电熨斗提意见,挑毛病。座谈会开始后好长一段时间都没人发言,后来一位中年妇女突然大声说了一句:"使用熨斗时电线拉来拉去太麻烦了,要是后面不拖一根电线就好了,那样熨起来会更方便。"这话立即引起了一阵哄笑。电熨斗嘛,就是要用电的熨斗。没了电线,这电从哪儿来?会上的家庭主妇们,听了都觉得好笑。座谈会的主持人岩见宪一听了可没有笑,他的神经仿佛被重重地刺了一下,眼前豁然明亮,他情不自禁地将桌子一拍,大声叫了起来:"妙!好主意!不要电线的电熨斗。"不久,松下公司成立了研制无线电熨斗的攻关小组。他们很快便想到和采用了蓄电的办法来取消电线。攻关小组将主妇熨烫衣服的全过程拍成了录像片,反复地仔细观察和分析她们是怎样使用电熨斗的。结果发现,她们并非一直都是拿着电熨斗在熨衣服,而是熨几下就停一停,整理一下衣服又再熨,电熨斗会多次被竖立在一边。据计算,熨烫一次,持续时间最长的为237秒,平均为15秒,停下来将电熨斗竖立起的时间约为8秒。取得了这样的数据后,攻关小组改变了原来的蓄电方法。新设计了一种蓄电槽,只要将电熨斗放在蓄电槽上,8秒可以把电充足,蓄电槽带有自动断电系统。就这样,电熨斗的重量便大大减轻了。不仅使用起来更方便,同时也更安全。就这样,一种新型无线电熨斗产生了。它成为日本当年很长一段时间的畅销产品。

岩见宪一听那位家庭主妇说的要"没有电线的电熨斗"这句话,受到了强烈的触动和获得了启示,而想到研制无线电熨斗的。他思考这个问题,灵感思维的触发灵感创新思维起了重要作用。从事电熨斗研究、开发的专业人员,包括岩见宪一这样的专家,虽然拥有研制电熨斗方面的丰富的专业知识和经验,但主要是从技术、生产和销售的角度在看电熨斗,对它的实际使用情况,则缺乏足够的注意和了解,尤其是实际操作的亲身体验,再加上思维惯性的约束作用等因素,使技术人员对改进自己所设计的产品往往很不敏感,很难发现新的问题,很难形成和提出新的设想。与人交谈,特别是与身份、经历大不相同的人,不同思想的碰撞,不同思想的交汇,常常能成为触发灵感的"媒介物"、"导火绳",使技术人员突破和改变原有的思路,思想发生某种飞跃和质变,从而迸发出耀眼的灵感之光。

创意对创新具有始动功能,由创意起始进入更深层的创新过程。如果没有创意,创新也就不存在。创意有启示功能,一个创意可以对自己、他人证明每一个人都具有创新力。另外,创意具有延伸功能,创意向前延伸就是创新。

二、创新是一个社会发展的核心

(一)创新的含义

创新,英文单词是"innovation",在英语里的意思是更新、变革、制造新事物。其汉语词义是创造与革新,抛开旧的,产生新的。早在古代的《周易》中,我国的先哲就曾提出"革故鼎新","革"即除故,"鼎"即取新。

美国哈佛大学教授、美籍奥地利经济学家约瑟夫·熊彼特首次从经济领域提出创新理论,他认为"创新"的概念包括以下五种情况:

(1) 创造一种新的产品;
(2) 采用一种新的生产方法;
(3) 开辟一个新的市场;
(4) 取得一种新的供给来源;
(5) 实现一种新的产业组织方式。

广义的创新是指从产生新的构想、新的观念、新的理论、新的决策、新的规律、新的方法、新的设计、新的解释、新的知识、新的思想到这些新的观念、新的思想在实践中运用的过程。理解创新的关节点是:创新比创造更强调效果,将创意变成现实有效的成果。

创新有各种不同的程度,从渐进式的创新,一直到革命性的创新。渐进式的如生产成本的削减,产品性能的改进,提高企业的运作效率;革命性的如微软的 Windows 操作系统和 Internet 的发明。

创新可以在三个层面上开展,即个人层面、企业层面、社会层面。如果观察孩子玩耍,可发现孩子天生具有创新能力。社会对孩子的创造通常有两种反映形式:① 在孩子的创新基础上继续发展;② 把创新给扼杀掉。所以,个人层面的创新需要整个社会的支持。包括对创造者环境上的支持,给一些创新的机会,使个体有机会在这个环境搞出创新。

企业层面的创新。现已证实,在团队基础上的创新,威力十分巨大,远远超过个人基础上的创新。因为当你把一群非常有创造力的人组合在一起的时候,企业可以提供很多创新的条件或环境。首先要在企业中形成一种创新文化;其次让有创新的人面向客户的要求。企业还能做的是建立一个创新通道,提供创新的各种资源,建立创新的奖励机制,非常重要的一点是保护创新,可通过专利的形式。

下面分析一下企业创新由哪些阶段构成。

(1) 创新思想萌芽的出现;
(2) 验证这些萌芽;
(3) 对验证的思想进行可行性研究。在本阶段,思考实施创新的过程中需要解决哪些问题,会冒哪些风险,这些风险会如何排除?
(4) 产品开发,通常和客户一起进行,根据客户需求,产品开发人员与客户共同研究客户需要什么样的产品;
(5) 引入市场,研究如何把产品推向社会;
(6) 正式投产;
(7) 对创新进行评估,要对所有的创新产品进行总结,一一找出优点与不足之处,并对不足之处加以解决,使整个过程有个反馈、循环。

每个创新的过程都具备三个条件:第一是做事忘我投入的一批人;第二是指定的过程,并且设计完全;第三是指定的资源。

另外,每个创新里应包含三个要素:特殊的活动、明确的目标、明确的决策机制,能保证每个创新阶段互相联系起来。例如,在特殊性的活动方面,第一阶段的思想萌芽,几个人在想要创新什么，面对问题大家想各种方法来解决，让大家在想象中找出解决问题的方案。对于这种创造方案，你也可设计出奖励的方案，根据这些想法是否真的实用，是否真的可行，要有个标准来判断如何奖励。如果新的思想出来了，就要验证：组成一个委员会，由各种各样的人组成，可由市场部、设计部、生产部的人员参加，请大家考虑你的创新性的想法什么地方是可行的，这些想法会产生什么样的问题。随着创新的通道不断向下走，这样项目就会越来越明晰，直到制度化。

创新对推动社会进步很重要，对于发达国家尤其重要，因为它们面临着发展中国家在人力与资源成本上的竞争优势，因此必须要靠创新制胜。

目前在全球化经济条件下，世界经济发生的快速变化，企业需要在这种快速变化的条件下进行快速调整和创新。例如，在硅谷，创新的表现形式通常是虚拟公司，称为新公司，主要卖点子。这些虚拟点子公司用创新来创造价值，用创新来建立系统。这里关注的是钱和风险，来发展高科技的企业。这种公司需要有创业型管理思想，这样才能使公司成长。同时还有其他重要因素：多样性的技术人才，开拓市场的知识，各种性格、能力的人。还要有后勤和技术保障供给；需要企业进入到世界舞台上，而非地区性的舞台上。最后，股市支持你，上市后有良好的表现，市场愿意为你投资。你就可以把你的想法变成现金。

当我们把创新引入社会的时候，通常经历以下四个过程后，创新思想才能渐渐扎根。

首先，反对现存的社会力量，既得利益组织对于新的发明创造持反对态度，不愿意接受。

其次，会有几个人发现创新的社会力量，愿意尝试一下。

再次，通过这样的几个先锋人物使用这种新技术，以传教的方式，使知识扩展开来，让整个社会开始接受创新的产品和思想。

最后，变成公众维持状态，人们再也不认为那是什么创新的思想了，认为理所当然的。例如，现在谁也不会想汽车的轮子当初是如何发明的。

（二）创新的意义

创新对于社会进步、企业发展和人生价值的实现都具有重要意义。

首先，创新是一个民族进步的灵魂，是国家兴旺发达的不竭动力。对于创新的意义，江泽民总书记已作了精辟的论述。他指出："创新是一个民族进步的灵魂，是国家兴旺发达的不竭动力。""要迎接科学技术突飞猛进和知识经济迅速兴起的挑战，最重要的是坚持创新"，"一个没有创新能力的民族，难以屹立于先进民族之林。"这些精辟论述既是对历史经验的科学总结，也是对今后社会发展目标形势的高度概括。

其次，创新是知识经济的基础。按照"经济合作与发展组织"的定义，知识经济是指直接依靠知识和信息的生产、分配和使用的经济。它以新的发现、发明、研究、创新的知识为基础，是一种知识密集型的充分体现人类智慧的经济。"经济合作与发展组织"在1996年度报告中指出：知识已经成为提高生产率和实现经济增长的驱动力。创造、创新和应用知识的能力与效率将成为影响一个国家综合国力的重要因素。因此说知识经济实质上就是创新经济。

再次，创新是企业持续发展的原动力。企业发展的历史就是创新的历史，企业的核心竞争优势是创新能力。美国福特公司前总裁亨利·福特深有体会地说："不创新，就灭亡。"

企业生存和发展的基础在于创新,只有持续不断地创新,企业才能在市场竞争中获胜,"创新则兴,不创新则亡"。创新是企业快速、持续发展的根本动力。

最后,创新是实现人生价值的必由之路。人类运用积极思维的力量,创造出无数人间奇迹。一个有所作为的人,只有通过创新,才能充分展示自己独特的个性。同时,在这个过程中也为人类做出了自己的贡献,实现了人生的价值。

创新是把新的思想放到我们现实生活中来。微控制器(MCU)之父、Zilog 公司的创始人 Federicao Faggin(佛德利克·法金)发表的关于创新的讲演:创新与创造,如果仅仅有一个思想的话,不能称为创新,仅仅是创新的开始。创新的核心是创造出价值,所以仅仅是为了新奇而产生的想法,还不能算是真正的创新。创新包含了你要做出不同的事情,你要创造出新的事物,要有冒险的精神,你要改变我们现在的一些困难和现状。

微控制器(MCU)之父、Zilog 公司的创始人 Federicao Faggin(佛德利克·法金)在创新方面的经历可说明这个问题。一是半导体硅门(Silicon Gate,门电路)技术,使合成晶片功能更可靠强大。1968 年法金先生在硅谷发明该技术,特点是芯片速度提高 4~5 倍,漏电降低为原来的 1/400~1/50,可靠性更高。门电路技术在今天也很重要,尤其是 D-RAM 的浮动技术和微处理器方面。当时法金非常年轻,第一次感到社会是如何阻碍新思想发展。门电路整整花了 5 年时间,才有人看出这种技术的发展前景。幸运的是几个公司中有 Intel 公司,后来法金加盟了 Intel 公司。现在回过头来看看简直无法相信:这个技术明明是好的,但人们喜欢沿用原来的技术,不愿采用新的技术,觉得非常荒唐。然而现在大家已广泛接受,不认为它是新产品、新技术。MCU 的发明也是类似,一开始是一家日本客户提出这样的技术要求,Intel 公司不重视,因此法金花了很大的力量推动 Intel 公司的管理层来认识到这个产品的重要性。主要的阻力来自计算机生产商,因为当时的计算机厂商不能提供这样技术的产品。所以非常奇怪的是当时开发微处理器是为计算机设计的。

今天我们看微处理器遍地都是,全世界有 6 万亿块 MCU。另一个例子是触摸屏技术,现已用于手提电脑,不用移动鼠标。触摸屏的发明者已无从考证。当时,法金指出滚珠式鼠标具有使用不便,较短时间内需清除脏物的缺点。随即给工程师们提出挑战,要他们想出更好的办法解决滚珠变脏的问题。召集后,大家在很短时间想出了触摸屏的方案,由于这个技术,使 Synaptics 公司(由法金先生 1986 年组建)成为有特点的公司。该公司是触摸屏公司的第三家,目前市场份额占 70%。

总之,创新就是利用你的思想来改变这个世界,让新的思想在这个世界扎根。创新包含着创造,但创造不见得是创新。创新包含着一种实用性的思想,组合到了我们生活中有用的里面来实现它。

 知识链接

创新的分类

为了加深对创新的理解,有必要对创新进行分类。依据不同的分类指标,具有以下分类。

(1)根据创新的表现形式进行分类:如知识创新、技术创新、服务创新、制度创新、

组织创新、管理创新等。

（2）根据创新的领域进行分类：如教育创新、金融创新、工业创新、农业创新、国防创新、社会创新、文化创新等。

（3）根据创新的行为主体进行分类：如政府创新、企业创新、团体创新、大学创新、科研机构创新、个人创新等。

（4）根据创新的方式进行分类：如独立创新、合作创新等。

（5）根据创新的意义大小进行分类：如渐进性创新、突破性创新、革命性创新等。

（6）根据创新的效果进行分类：有价值的创新，如计算机的发明等；无价值的创新，如没有市场需求的新产品等；负效应创新，如污染环境的新产品等。

（7）根据创新的层次进行分类：如首创型创新、改进型创新、应用型创新。

创新的几个方面

对于创新活动的分类方式有很多，目前主要是依据创新活动中创新对象的不同，把创新分为以下几个方面。

（1）知识创新

知识创新是指通过科学研究，包括基础研究和应用研究，获得新的基础科学和技术科学知识的过程。知识创新的目的是追求新发现、探索新规律、创立新学说、创造新方法、积累新知识。知识创新是技术创新的基础，是新技术和新发明的源泉，是促进科技进步和经济增长的革命性力量。知识创新为人类认识世界、改造世界提供新理论和新方法，为人类文明进步和社会发展提供不竭动力。

（2）技术创新

技术创新是指企业应用创新的知识和新技术、新工艺，采用新的生产方式和经营管理模式，提高产品质量，开发生产新的产品，提供新的服务，占据市场并实现市场价值。企业是技术创新的主体。技术创新是发展高科技、实现产业化的重要前提。

知识创新、技术创新作为人类创新活动的主要方面，互相之间存在着复杂的交互作用。而正是通过这复杂的交互作用，形成了人类社会经济发展和增长的重要动力源。

（3）组织创新

组织创新日益流行，新的组织形式不断出现。例如，网络组织、虚拟组织、扁平组织、并行组织、不规则组织等。企业重组是一种组织创新，它可以优化资源配置，提高劳动生产率。20世纪90年代，发达国家企业重组的浪潮一浪高过一浪，1999年企业并购交易额高达3.3万亿美元，比1998年的2.6万亿美元高出27%。

（4）管理创新

企业管理创新非常普遍。20世纪60年代以来，企业管理从全面质量管理、柔性管理、知识管理、创新管理、文化管理到战略管理，企业流程再造、企业资源计划、综合平衡记分表、企业形象识别、知识资本管理等新的管理方法不断涌现。

（5）制度创新

制度创新不仅发生在企业，也发生在经济系统。制度创新降低交易成本，提高劳动生产率。20世纪60年代以来，制度创新的速度很快，主要的制度创新包括：国家创新系统、风险投资、职工持股计划、职工参与制、股票期权、电子商务、战略联盟、经济共同体、国际贸易组织诞生等。

创 新 能 力

创新能力具有综合独特性和结构优化性等特征。遗传素质是形成人类创新能力生理基础和必要的物质前提，它潜在决定着个体创新能力，未来发展的类型、速度和水平；环境是人的创新能力和提高的重要条件，环境优劣影响着个体创新能力发展的速度和水平；实践是人创新能力形成的唯一途径。实践也是检验创新能力水平和创新活动成果的尺度标准。

创新的能力有一部分是来自于不断发问的能力和坚持不懈的精神；创新能力在一定知识积累的基础上，可以训练出来、启发出来，甚至可以"逼出来"；创新最关键的条件是要解放自己。因为一切创造力都根源于人的潜在能力的发挥。

创新能力的十大种类

1. 学习能力

学习能力即获取、掌握知识、方法和经验的能力，包括阅读、写作、理解、表达、记忆、搜集资料、使用工具、对话和讨论等。学习能力还包括态度和习惯，比如活到老、学到老的终身学习的态度和信念。个人具有学习能力，组织也具有学习能力，人们把学习型组织理解为"通过大量的个人学习特别是团队学习，形成的一种能够认识环境、适应环境、进而能够能动地作用于环境的有效组织。也可以说是通过培养弥漫于整个组织的学习气氛，充分发挥员工的创造性思维能力而建立起来的一种有机的、高度柔性的、扁平的、符合人性的、能持续发展的组织"。在如今竞争的时代，一个人或一个组织的竞争力往往取决于个人或组织的学习能力，因此无论对于个人还是对于组织而言，其竞争优势就是有能力比你的竞争对手学习得更多更快。所以管理大师德鲁克说："真正持久的优势就是怎样去学习，就是怎样使得自己的企业能够学习得比对手更快。"

2. 分析能力

分析能力是指把事物的整体分解为若干部分进行研究的技能和本领。事物是由不同要素、不同层次、不同规定性组成的统一整体。认识事物的有效方式之一就是把它的每个要素、层次、规定性在思维中暂时分割开来进行考察和研究，弄清楚每个局部的性质、局部之间的相互关系以及局部与整体的联系。做到由表及里、由浅入深、由易到难地认识事物和问题。

分析能力的高低强弱与三个因素有关：一是个人的知识、经验和禀赋；二是分析工具和方法的水平；三是共同讨论与合作研究的品质。随着科学技术的发展，高性能计算机和各种科学仪器以及新的分析方法的出现和应用，有效地提高了人们的分析能力。当然，分析能力也有局限性和片面性，容易使人只见树木，不见森林，忽视从整体上把握事物。因此通常把分析能力与综合能力结合起来运用，将会取长补短，相辅相成。

3. 综合能力

综合能力是强调把研究对象的各个部分结合成一个有机整体进行考察和认识的技能

和本领。综合是把事物的各个要素、层次和规定性用一定线索把它们联系起来，从中发现它们之间的本质关系和发展的规律。具体来讲，综合能力包括三项内容：一是思维统摄与整合，就是把大量分散的概念、知识点以及观察和掌握的事实材料综合在一起，进行思考加工整理，由感性到理性、由现象到本质、由偶然到必然、由特殊到一般，对事物进行整体把握；二是积极吸收新知识，综合能力需要多方面的知识和方法，不断吸收新知识，不断更新知识都是必要的，特别是要学会跨学科交叉，把不同学科的知识、不同领域的研究经验融会贯通，才能更好地综合；三是与分析能力紧密配合，仅有综合能力，也有局限性和片面性，即缺少深入地、细致地分析，细节决定成败，在认识事物时也是如此，只有与分析能力相互配合，才能正确认识事物，实现有价值的创新。

4. 想象能力

想象能力指以一定知识和经验为基础，通过直觉、形象思维或组合思维，不受已有结论、观点、框架和理论的限制，提出新设想、新创见的能力。想象力往往是发现问题和解决问题的突破口，在创新活动中扮演突击队和急先锋的角色，缺乏想象力很难从事创新工作。

5. 批判能力

批判能力表现在两个方面，在学习、吸收已有知识和经验时，批判能力保证人们不盲从，而是批判性地、选择性地吸收和接受，去粗取精、去伪存真；在研究和创新方面，则质疑和批判是创新的起点，没有质疑和批判就只能跟在权威和定论后面亦步亦趋，不可能做出突破性贡献。科学技术史表明，重大创新成果通常都是在对权威理论进行质疑和批判的前提下做出的。

6. 创造能力

创造能力是创新能力的核心，它是指首次提出新的概念、方法、理论、工具、解决方案、实施方案等的能力，是创新人才的禀赋、知识、经验、动力和毅力的综合体现。

7. 解决问题的能力

解决问题的能力包括提出问题和凝练问题，针对问题选择和调动已有的经验、知识和方法，设计和实施解决问题的方案，对于难题，能够创造性地组合已有的方法乃至提出新方法来予以解决。解决问题分狭义和广义，狭义的解决问题就是人们通常认为的各种问题的解决，如物理问题、数学问题、技术问题；广义的解决问题则包括各种思维活动，这种情况下，创新能力就等同于创新性解决问题的能力。

8. 实践能力

实践能力是特指社会实践能力。提出创造发明成果，只是创新活动的第一阶段，要使成果得到承认、传播、应用，实现其学术价值、经济价值和社会价值，必须要和社会打交道，实践能力就是为实现这一目标而进行的各种社会实践活动的能力。

9. 组织协调能力

组织协调能力的实质是通过合理调配系统内的各种要素，发挥系统的整体功能，以实现目标。对于创新人才来说，要完成创新活动，就要协调各方，当拥有一定资源时，就可通过沟通、说服、资源分配和荣誉分配等手段来组织协调各方以最终实现创新目标。

10. 整合多种能力的能力

创新人才的宝贵之处不仅在于拥有多种才能，更重要的是能够把多种才能有效地整合在一起发挥作用。整合多种能力的能力是能力增长和人格发展的结果,这需要通过学习、实践和人生历练才能达到。能否完成重大创新,拥有整合多种能力的能力是一个关键。

创新能力练习

1. 举出木炭的 5 种用途。例如:木炭能够取暖。
2. 举出食盐水的 5 种用途。例如:食盐水可以消毒。
3. 举出一小块铁片的 5 种用途。例如:铁片可以切割。
4. 举出乒乓球的 5 种用途。例如:乒乓球可以玩游戏。
5. A 能够传导 B,如:导线能够传导电流。写出另外 5 种 A 和 B。
6. A 能够充满 B,如:水能充满容器。写出另外 5 种 A 和 B。
7. A 能够牵动 B,如:火车头能够牵动列车。写出另外 5 种 A 和 B。
8. A 能够控制 B,如:闸门能够控制水流。写出另外 5 种 A 和 B。
9. A 能够掩盖 B,如:乌云能够掩盖太阳。写出另外 5 种 A 和 B。
10. A 能够分割 B,如:剪刀能够分割布。写出另外 5 种 A 和 B。

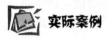

顾客定价付款

这是关于两家饭店大胆创新的报道。沈阳有一家饭店,餐桌上的菜谱所标的价格,都只是略高于菜肴成本的参考价。顾客就餐后,吃得满意可以多付款,吃得不满意也可以少给钱。饭店开业三天,顾客天天爆满,先后接待了数百位客人,都是多给钱,没有一个以低于参考价的数额少付款的顾客。报道的撰写者对此评论道:"顾客自己计价,这种标新立异的经营方法,说明酒店的经营者有胆、有识,勇于冒险,并且善于研究消费者心理,引导消费。"这种独特的经营方式前所未有,好奇心驱使人们都想进去看个究竟,尝试一番。

这篇报道的作者还进一步发表评论说:"顾客自己定价的实质,就是对内提高技术、服务质量和经营素质的动员令,对外强化销售手段的一种经营策略。这种内功与外功并举的行为是工商企业兴旺发达的绝好妙方。有了它就能在激烈的市场竞争中立于不败之地。"

杭州的一家饭店,进门就能见到一份"菜肴进价目录"所列价格与市价相当。餐毕当服务员请顾客自己定价付款时,不少顾客颇感惊奇。报道中还举了一个实例。北京某地质勘察队的顾客就餐后,服务员请他们定价。有的说值 800 元,有的说值 900 元,最后决定付 750 元。服务员却只收他们 500 元,并说经理有规定,凡付款高于原定价的,一律按原定价(进价加物价局规定的毛利)收。这些北京顾客伸出拇指赞扬说:"西湖美,想不到你们的行为比西湖更美。"记者还问过饭店经理:"如果有不讲理的顾客,就按进价付款,你们岂不要亏本?"经理回答说:"我相信顾客中极少有这种人。如果有,我们也认了。"这两家饭店采取的基本上是同一做法。他们思考和决定采取这样的做法,运用了求异思维的标新立异创新思维方法。这两家饭店采取的"古之所无、今之罕有"的新做法，一亮相就令食客们大开眼界、跃跃欲试，开始时也的确都收到了显著的效果。但如此不同寻常、令人吃惊的标新立异，能否长期坚持下去，时间久了是否能一直都收到好效果，则不能不让人担心。但毕竟风险太大，一天若有几起大大低于成本付款的顾客，饭店恐怕要不了多久就只能关门了。

后有报刊报道，在沈阳和杭州，以及在另外的一些城市，越来越多的餐厅群起仿效，效果便逐渐变得不好了，常常出现顾客用餐后定出的价格在成本以下，使餐厅的经营者尴尬不堪，叫苦不迭，最后只得放弃这一做法。

可见，标新立异的创新精神、意识和勇气是永远需要的，而某种标新立异的具体做法是否能收到好的效果，则总是同一定的时间、地点和有关条件相联系。既不可能永远有效，也不是处处可以简单照搬。方法之效，在于运用之妙。

本 章 小 结

"创新"两字已被现今的人们所耳熟，本章以社会发展趋势为视角，围绕创意和创新的含义、特点和意义，阐明了创意对创新具有始动功能、启示功能和延伸功能。创新是社会发展的需要。在当今，人们的创新对推动社会进步尤其重要。

复习思考题

1. 案例分析题

匈牙利的拉·比罗是一位新闻记者，工作中发现自来水钢笔有不少缺点，使用起来不方便。他在报社的印刷厂看到印报纸的油墨比钢笔水有优越性，但油墨不能在钢笔中使用。一天，他看到一群孩子在地上滚动时留下一道泥印。他受到了启发，在一个圆管上装上了一个钢珠，管里放进油墨，这就是圆珠笔的墨水，这种墨水很黏稠，但有足够的流动性，既不会从笔尖中漏出，又能从圆珠的间隙通过，写在纸上还迅速变干。这样，圆珠笔终于发明成功，在1938年获得了专利。

如果你是一名记者，请分析一下自来水钢笔有哪些缺点。

提示：可以从钢笔的功能、材料、形状等各个方面进行分析。

（答案：吸墨时会脏手，吸墨量小，抽杆占有很大的空间，笔尖有些挂纸，容易印上痕迹而且难擦除，耐磨性能欠佳，且书写时间不长的缺点。）

2. 战国时赵国的赵括年轻好胜，熟读兵书，受到国王的信任。他在"长平之战"中，不听老将"以逸待劳"的建议，冒险出击，说要"先发制人"，在被敌人包围后又不及时撤退，冲出包围，说什么兵法上说"置之死地而后生"。结果一败涂地，40万赵军被杀，他本人也丢了性命。

（1）赵括的思维障碍属于哪种类型？

（2）请再举一个类似的思维障碍的例子。

（答案：书本型的思维障碍。）

3. 法国巴黎的女士都喜欢戴漂亮的帽子，她们到电影院、剧院都不愿摘下帽子，影响后面的人观看电影或戏剧。请你用创新的办法，能使这些女士将自己的帽子摘下来，但不能伤害她们的自尊心。

（答案：电影院、剧院门前放有明显提示牌，进入脱帽，并有管理存帽处；设有包间，可以戴帽不影响别人；设有化妆间，进入时或出来可免费脱帽或戴帽化装；戴帽者可安排固定区域座次。）

第二章 创新思维理论

今天,当你上网不管使用哪一种搜索引擎,输入"创新"一词,与之相关的条目不会少于200万条。创新在当今是出现频率非常高的一个词,凡运用新思路、新理论、新方法、新举措、新机制来解决实际问题的都是创新。创新已经渗透到了经济社会发展的各个领域。创新的内涵已经大大扩展,体现为理论创新、制度创新、文化创新、教育创新、技术创新、市场创新、经营创新、分配创新等各种形态。恩格斯曾指出:"一个民族若想站在世界的高峰,就一刻也离不开创新思维。"专家研究认为,一个人创新力的大小,不仅与人的心理品格相关,而且与创新思维有直接关系。

【知识目标】
1. 掌握人类思维的类型和特征、创新思维及其特征、创新思维的对象特点;
2. 了解创新思维主体特征,知晓人脑等因素对创新思维产生的影响;
3. 了解实现思维创新,必须突破的几种常见思维定式。

【能力目标】
1. 学会用人脑结构、功能等已学知识,合理解释思维定式产生的原因。
2. 通过测试,全面评估自己已有的创新思维,尝试设计一项创新作品。

 导入案例

据美国《世界日报》报道,美国密苏里大学退休华裔教授刘亨立(Henry Liu)研发的环保砖块由于低污染、省能源,甚至能够净化四周空气,获选为《时代杂志》(*Time*)年度环境类最佳发明。

刘亨立的环保砖块(Green Brick)是废物综合利用的产品。发电厂燃烧煤炭时都会产生飞灰(Ashes),根据估计,美国电厂一年总共产生七千万吨左右的飞灰,其中只有大约2500万吨回收再利用,其余都被当成垃圾掩埋处理掉。

刘亨立见到了这些飞灰的价值,遂研究出以压缩机,强力压缩这些飞灰成砖块,过程中完全无须经过传统砖块高温燃烧的过程,既节省燃料,又减少空气污染,避免温室效应,符合现代社会环保要求。(《中国经济网》2007年12月24日)

第一节　创新思维客体

创新思维就是不受现成的常规思路的约束，寻求对问题全新的独特性的解答和方法的思维过程。凡是能想出新点子、创造出新事物、发现新路子的思维都属于创新思维。

创新思维它是相对于传统性思维而言，是所有人都有的。首先，我们需要了解人的思维是什么。

一、思维的类型和特征

无脊椎动物只有感觉，脊椎动物发展出了各种感觉器官，能够对事物的外部属性获得比较全面的认识，就有了知觉。灵长类动物不仅有了知觉，而且能够认识到事物之间的外部联系。但是灵长类动物的心理发展只能说是达到了思维萌芽的阶段，还不能说具有真正的思维，只有人类，有了健全发达的大脑，才有了高级思维能力。

思维是人脑对事物的一般特性和事物之间规律、联系的反映。是以已有的知识为中介进行推断和解决问题的过程，是人类所特有的第二信号系统的活动。思维活动是一种极为复杂的心理现象。研究思维，首先要了解思维的类型及思维品质的基本特征。

（一）思维的类型

思维是对客观存在的反映，它所反映的不是个别的事物或其个别属性，而是事物的一般特性以及事物之间有规律性的联系。它不是反映直接作用于人的感官的事物及其个别属性，而是以已有的知识经验为基础、以语言为中介，去反映未曾直接作用于感官的一般事物及其本质和规律。由于客观存在是无限多样的，因此反映无限多样的客观存在的思维也是复杂多样的。

由于国内外心理学家各自确定的分类标准不同，因而所分出的思维类别也不完全一致。不过按照多数心理学家和哲学家的意见，可根据不同的标准，确定如下一些思维类型。

1. 根据抽象性标准分类

思维是极其复杂的认识过程，它包括分析、综合、比较、抽象和概括等过程。其中，分析和综合是它的基本过程，比较、抽象和概括等过程实质上都是这一基本过程的特殊形态。思维的基本形式是概念、判断和推理。按照发展水平和目的要求的不同，思维可分为三种类型：直观动作思维、直观形象思维、抽象理论思维。

（1）直观动作思维。动作思维是在游戏或某种实践活动中边做边想的"行动中的思维"。动作思维的基本特点是直觉行动性。是指直接与物质活动相联系的思维，又称感知运动思维或动作思维。动作既是思维的起点，又是思维的结果，动作与思维几乎相生相伴。如学生绘制历史地图、工人拆装机器、幼儿玩弄实物等。

恩格斯曾指出："打破核桃就是分析的开端"，所以，动作思维可以说是思维的原始形式。不仅在人类发展史上是这样，在个体成长过程中也是这样。起先，婴幼儿的思维以动作思维占优势，到了学龄初期，便转化为以具体思维占优势。例如，小学一年级学生在学习加法时，最初要数实物、数手指头才能计算，还有动作思维的一些特点，以后不数手指头而运用图像和具体数字进行计算，只动脑动口动笔，这就是具体思维。动口动笔虽也是一种外部动作反应，但与摆弄物体（或手指）进行计算的动作是有区别的。

（2）直观形象思维。它是凭借对象的形象所进行的思维，这种思维的形式表现为表象、联想、想象。表象是形象思维的独立单位；联想是把两个或两个以上的表象联合起来；想象就是把一系列有关表象融合在一起，构成一幅新的形象或图像。

形象思维至今尚无公认的统一定义，文艺界、哲学界众说纷纭，心理学界看法也不一致。有人认为，形象思维就是创造性想象。有人认为，形象思维就是用形象来思维。也有人认为，形象思维包括联想、表象、想象、情感和抽象思维五种成分，是人们在认识生活、体验生活的基础上，在艺术创作的过程中，塑造形象时的完整而统一的心理活动。其实形象思维仅仅是思维过程的一种类型，它以想象为基础。它虽然与联想、表象、想象、情感、抽象思维有密切的联系，而且还与观察、言语、技能有密切的联系，但它只是一种思维过程，而不是别的心理过程。形象思维的结果不是舍弃了形象细节的抽象的结论，而是寓思想于形象之中的典型化了的形象。

艺术型的人形象思维占优势，思想型的人抽象思维占优势，两者都是由儿童的具体思维发展起来的。具体思维是较低级的思维，而作家、艺术家的形象思维同科学家、哲学家的抽象思维则难以分高低。

（3）抽象理论思维。它分为形式逻辑思维和辩证逻辑思维两种形式，是在实践活动和感性经验的基础上以抽象概念为形式的思维。概念、判断、推理是这种思维的形式。

数学家、自然科学家和哲学家主要是使用抽象思维来思考问题，一个学生在思考数学题、语法题等较抽象的问题时，也是在进行抽象思维。抽象思维具有下列特征：

① 以第二信号（语言、文字、数字、符号）作为思维过程的刺激物，作为进行思维和交流思想的工具；

② 以各种概念、各种判断和各种推理作为思维形式；

③ 以分析、综合、抽象、概括、比较、分类、系统化、具体化作为思维的基本过程。

抽象思维之所以抽象，是因为它以语言这种抽象概括的信号作为思维的工具。思维过程中所使用语言的词义（即概念）的抽象概括化程度标志着抽象思维的水平。其抽象概括化程度越高，则这种思维对客观事物的本质及其规律性的反映越深刻，越有普遍性，通过抽象思维所得到的某种原理、法则、定律等思维成果也就适用于更广泛的范围。

随着第二信号抽象概括化程度的提高，抽象思维的水平也相应的提高，需要有相应的抽象思维能力、抽象思维过程才能够进行下去。抽象思维及其能力是人类所特有的，是人类长期进化的产物，也是社会进步的产物。它是个体心理发展到一定的年龄阶段才出现，才逐渐取得优势地位，并且也是继续不断发展的个体成熟和教育培养的产物。在这个意义上，可以说抽象思维是心理发展到高级阶段的一种水平较高的思维。

根据抽象性的程度来划分的这三种类型的思维，其排列顺序由低级到高级逐步提高。

2. 根据实践活动目的性的不同需要分类

有的逻辑学家提出，根据人的实践活动的不同需要，可把思维活动分为上升性思维、求解性思维和决策性思维三种类型。

（1）上升性思维。它是把实践所提供的个别性经验或认识上升为普遍性的经验或认识，并从个别性经验中发现共同性的和普遍性的东西。

（2）求解性思维。它是围绕着问题展开的思维。这是人们在碰到问题、探寻答案、获得结果时而进行的思维。

（3）决策性思维（又称决断性思维）。它是以预测未来效果为中心的思维活动，是人们面对某一事物的发展趋势而做出果断抉择的思维。随着社会历史和科学技术的发展要求，心理学和逻辑学领域对决策性思维的研究将更加重视和深入。

3. 根据思维的智力品质分类

按思维的智力品质进行分类，思维可大致分为复现性思维和创造性思维两种类型。复现性思维是一般思维，带有重复性的性质。创造性思维是人类思维的高级阶段，它主要通过发现、发明、创造、革新等实践活动表现出来。

这些是最常见的较公认的思维分类的标准及其划分的主要类别。此外，还有其他分类标准，依据其他标准还可划分出不同类别。

（二）思维品质的基本特征

思维品质的揭示，是研究创新思维的重要组成部分。少年儿童创造性思维的发展和培养，基本条件在于发展他们思维的一般特征。创造能力的发展归根到底是思维品质的提高，大多数心理学著作，把思维品质的一般特征归纳为深刻性、灵活性、独创性、批判性和敏捷性。

1. 思维品质的深刻性

人类的思维是语言思维，是抽象理性的认识。在感性材料的基础上，经过思维过程，去粗取精，去伪存真，由此及彼，由表及里，在大脑里生成了一个认识过程的突变，产生了概括。由于概括，人们抓住了事物的本质、事物的全体、事物的内在联系，认识了事物的规律性。个体在这个过程中表现出深刻的差异。思维的深刻性集中表现在善于深入地思考问题，抓住事物的规律和本质，预见事物的发展进程。

有些大学生思维品质常常存在不足：只考虑感觉到的东西，而不去或不知道如何去认识和分析这一事物，结果只考虑事物的表面现象，孤立片面地横向思考，既不结合现实背景，也不结合社会实践，容易把事物片面化、单纯化，影响了对事物的深层认识。

2. 思维品质的灵活性

思维品质的灵活性是指思维活动的智力灵活程度。它有以下几个特点：一是思维起点灵活，即从不同角度、方向、方面，能用多种方法解决问题；二是思维过程灵活，从分析到综合，从综合到分析，全面灵活地做综合分析；三是概括迁移能力强，运用规律的自觉性高；四是善于组合分析，伸缩性大；五是思维的结果往往是多种合理而灵活的结论，这种结果不仅有量的区别，而且有质的区别。

在各种思维品质中，最基本、最关键的是深刻性和灵活性，它们是思维纵、横发展的基础，是思维发散与收敛的保证。在思维的独创性和批判性迅速发展的同时，不少大学生随着知识经验的不断积累，视野迅速开阔，思考问题的范围明显扩大，喜欢在不同的知识和实践领域进行思考，同时，思维不停留于表面，不满足于知其然，要知其所以然，力求探索事物的本质和规律。他们能灵活地从不同角度、用不同方法来进行思维，做到举一反三、多向迁移，以较快的速度解决问题。这些都表明了大学生思维的深刻性和灵活性有了显著提高。

3. 思维品质的独创性

独创性是指独立思考，创造出有社会或个人价值的包含新颖性成分的智力品质。不管是强调思维过程，还是强调思维品质，共同的一点是突出"创造"的特征。这种特征是如何发生的呢？其原因在于主体对知识经验或思维材料高度概括后集中而系统的迁移，进行新颖的组合分析，找出新异的层次和交结点。概括性越高，系统性越强，减缩性越大，迁移性越灵活，注意力越集中，则独创性就越突出。

思维品质的独创性是人类思维的高级形态，是智力的高级表现，它是在新异情况或困难面前采取对策，并在独特地和新颖地解决问题的过程中表现出来的智力品质。任何创造、发明、革新、发现等实践活动，都是与独创性联系在一起的。思维的独创性在人类社会生活的一切领域和活动中，都发挥着极其重要的作用。

创造活动是提供新的、第一次创造的具有社会意义的产物的活动。所以独创性最突出的标志是具有社会价值的新颖而独特的特点。"新颖"是指不墨守成规，破旧布新，前所未有。"独特"是指不同凡俗，别出心裁。新颖独特性是独创性的根本特征。当然，独创性也有高低层次或水平之分，在一定程度上，这种层次或水平的高低，取决于社会价值或社会意义。

思维品质独创性的过程，要在现成资料的基础上，进行想象，加以构思，才能解决别人所未解决的问题。因此，思维与想象的有机统一，具有个人的色彩和系统性。

在思维品质独创性的过程中，新形象和新假设的产生带有突然性，常常被称为"灵感"。灵感是巨大劳动的结果，是人的全部的高度积极的精神力量。灵感与创造动机以及对思维方法的不断寻觅联系在一起。灵感状态的特征，表现为人的注意力完全集中在创造的对象上，此时，意识处于十分清晰和敏锐的状态，思维活动极为活跃。

要善于从小培养思维品质的独创性。每个人（包括儿童）都有独创性。思维品质的独创性应看做是学习过程中必不可少的心理因素或条件。从创造性的程度来说，学习可能是重复性的或创造性的。重复性的学习，就是死守书本，不知变化，人云亦云。创造性的学习就是不拘泥，不守旧，打破框框，敢于创新。学生在学校里固然是以再现性思维为主要方式，但发展和培养他们的独创精神，更是教育和教学中必不可少的重要一环。

4. 思维品质的批判性

思维品质的批判性，就是指思维活动中善于严格地估计思维材料和精细地检查思维过程的智力品质。

在国外心理学界，有一种与思维品质批判性相应的概念，叫做批判性思维。所谓批判性思维，意指严密的、全面的、有自我反省的思维。有了这种思维，在解决问题中，就能考虑到一切可以利用的条件，就能不断验证所拟定的假设，就能获得独特的解决问题的答案。因此，批判性思维应作为问题解决和创造性思维的一个组成部分。

思维品质的批判性特点有五个：① 分析性。在思维过程中，不断地分析解决问题所依据的条件和反复验证业已拟定的假设、计划和方案。② 策略性。在思维课题面前，根据自己原有的思维水平和知识经验在头脑中构成相应的策略或解决课题的手段，然后使这些策略在解决思维任务中生效。③ 全面性。在思维活动中善于客观地考虑正反两方面的论据，认真地把握课题的进展情况，随时坚持正确计划，修改错误方案。④ 独立性。不为情境性的暗示所左右，不人云亦云，不盲从附和。⑤ 正确性。思维过程严密，组织得有条有理，思维结果正确，结论实事求是。

思维品质批判性是思维过程中自我意识作用的结果，自我意识是人的意识的最高形式，自我意识的成熟是人的意识的本质特征。自我意识以主体自身为意识的对象，是思维结构的监控系统。通过自我意识系统的监控，可以实现大脑对信息的输入、加工、储存和输出的自动控制系统的控制。这样，人就能通过控制自己的意识而相应的调节自己的思维行为。所谓思维活动的自我调节，就是表现在主体根据活动的要求，及时地调节思维过程，修改思维的课题和解决课题的手段。这里，实际上存在着一个主体主动地进行自我反馈的过程。因而，思维活动的效率就得到提高，思维活动的分析性就得到发展，思维过程更带有主动性，减少那些盲目性和触发性。思维结果相应也具有正确性，减少那些狭隘性和不准确性。

独立性和批判性是良好的思维品质。大学生的学习主要是主动学习，他们在学习或解决问题的过程中，喜欢探求事物的根源，常在一起争论和讨论，从中获得启发。在思考和解决问题时，不愿借鉴现成的方法，也不愿依赖别人，往往用批判的眼光看待周围一切，对他人的意见不轻信和盲从，不唯上不唯书，希望自己独立地去探索新的途径，获得新的结论，求得自己的独创性见解。在这一过程中，大学生思维独立性和批判性得到了很好的发展。但需要引起注意的是，大学生由于自身经验的欠缺，常常容易表现出盲目性，例如，好提问题，但分析解决问题的能力不够；固执己见，听不得或听不进他人的意见等。

5. 思维品质的敏捷性

思维品质的敏捷性是指思考过程的迅速程度。有了敏捷性，在处理问题和解决问题的过程中，能够适应迫切的情况积极地思维，周密地考虑，正确地判断和迅速地做出结论。但是，思维的轻率性决不是思维的敏捷性品质。我们在培养青少年思维的敏捷性时，必须克服他们思维的轻率性。要提高他们思维的灵活、应变和敏捷的程度，使他们对各种变化的因素做出思维反应，做出迅速和正确的判断。

敏捷性这种思维品质，与上面的四种思维品质不同，它本身不像上述品质那样有一个思维过程。这是思维品质的敏捷性与上述思维品质的区别。然而，敏捷性与上述思维品质又有联系，它是以上述思维品质为必要的前提，又是这些思维品质的集中表现。没有思维品质高度发达的深刻性、灵活性、独创性和批判性，就不可能在处理问题和解决问题的过程中有适应迫切情况的积极思维，并正确而迅速地做出结论。高度发展的思维的深刻性、灵活性、独创性和批判性必须要以速度为指标，正确而迅速地表现出来。

二、人类思维研究的追溯

（一）人们对思维的研究

近代的学者和科学家们把思维作为独立的对象进行研究，抽象出它的理论和方法，并且从对一般性思维的研究逐渐过渡到对创新思维的研究。在笛卡儿以前的思想家，对思维的反思仅仅只是没有实证的猜测，笛卡儿之后，思维越来越引起不同时代人的关注，逐渐变成了一个独立的研究对象，进而成为现代科学研究的重要领域。对思维的研究经历了从哲学→心理→创新研究这样几个阶段。

1. 思维作为哲学的一部分

逻辑学被看做是思维研究的最初结果，思维首先也就是逻辑思维。17世纪的欧洲哲学家关注观念的起源和观念的联系问题,并对观念的起源和联系作了联想主义的猜测,这是作为哲学构成部分的心理学对思维的最初研究。上述两个方向,可以看做思维研究的开始。传统的逻辑学家极力把逻辑和心理因素区分开来,把逻辑看成是和数学相同的东西,而不是某种心理的东西。德国哲学家弗雷格(1848—1925)和英国哲学家罗素(1872—1970)是这一观点的主要代表。尽管这个时候有关思维的实验成果甚少,尽管逻辑呈现出数学化趋势,但把逻辑思维看做是思维基础内容的观念仍然占据主导地位,思维主要是理性思维,而理性思维也就是逻辑思维。

2. 思维作为心理研究的一部分

心理学家最先把人的心理意识作为实验对象进行研究。1879年,德国科学家冯特(1832—1920)在莱比锡建立起世界上第一个心理学实验室,心理学由此跳出了哲学的怀抱,成为一门类似于自然科学的新学科。但是,冯特的心理实验室将思维排除在外,也就是说这时的心理学不研究思维。因为,冯特认为思维是心灵活动中的高级心理过程,需要从一种文化、历史和人类学的视角来加以考察。20世纪初,冯特的学生屈尔佩冲破了上述限制,开始将思维作为心理学的研究对象。尽管这一研究并没有取得什么实验成果,但却开创了对于思维的心理学研究。自20世纪60年代之后,对思维能力和思维技巧的学习和训练,逐渐成为研究的热点,成为现代教育的一个重要组成部分。有关思维的研究除了逻辑思维的讨论之外,在20世纪的头几十年还涉及创造性思维的研究,这些研究导致了认知心理学的兴起。

3. 从一般性思维到创新思维的研究

随着20世纪60年代认知心理学的兴起,思维的研究和创新结下了不解之缘。一些哲学家和非心理分析学派的心理学家,开始研究创造的认知基础,并试图将创造性思维的过程分为若干阶段。20世纪60年代之后,创造性思维的研究成果首先应用于美国工商界,迎合了工商界对于创造性人才的需要,他们力图通过创造性思维的学习和训练,增强工程师和经理人员的创造性能力。20世纪70年代以后,创造性思维出现了一系列可喜的研究成果,例如,出现了一批创新技巧,创新能力的测量等。这些成果进一步推动了美国的创造性思维教育,美国开始出现创新教育大众化的趋势。

伴随着创造性思维教育的大众化趋势,有关思维的批判性研究模式几乎同步兴起。在英语国家,也包括欧洲大陆的一部分国家,以逻辑学家为主流,还有一些心理学家、语言学家、修辞学家、传播学家等共同扩展了对于批判性思维的研究,即逻辑学在日常生活中的作用的应用研究,包括论证、论辩、谬误、评价等内容。这些研究成果很快地运用于大学教育,并在美国的标准化考试中占有相当分量,例如,在MBA、GRE、TOFEI、PBA这类标准化考试中,就渗透着批判性思维的研究成果以及其他一些研究成果。

我国的思维研究与西方具有大致相同的发展轨迹。20世纪50年代,我国学者开始关注思维,并力图建立一门跨学科的思维科学。到了20世纪90年代,创造性思维首先受到工商界的重视,同时,为了适应对国民和学生进行素质教育的形势,创新思维的研究和教育也受到了教育界的极大关注。

(二)思维的历史发展追溯

人类思维的历史发展经历了古代思维、中世纪思维、近代思维和现代思维四个历史时期。思维发展的这四个时期，在思维的基本理论和基本方法方面，都为人类留下了宝贵的思维遗产。

1. 古代思维

有据可查的人类思维大约可以从苏美尔族开始。

约在公元前五千年，在西亚的底格里斯——幼发拉底河谷一带出现了有相当文化程度的苏美尔民族。考古的证据可以说明，当时的苏美尔族已经有了农业的灌溉系统，形成了经商的兴趣和相当的艺术才能。在此之后，埃及人、腓尼基人也相继产生了自己的文字。

文字的产生使人类的思维能力取得了巨大的进展，主要表现在古希腊文明的杰出代表人物：苏格拉底（前469—前399）、柏拉图（前427—前348）和亚里士多德（前384—前322），他们师徒三个哲学家，在构建其观念体系的同时，告诫我们如何思维。主要贡献有：

（1）苏格拉底对思考的重视。苏格拉底是古希腊的智者，他探索了如何思考的方法，并且鼓励雅典人去学会如何思考，尤其要学会"知道自己无知"，苏格拉底告诫他的学生："未经审视的生活是毫无价值的生活。"

（2）柏拉图对理性思维的认识。柏拉图则追随苏格拉底，用心灵的纯粹动力来思考。他把人的思考看做是和心灵中的观念逐渐接近的过程，我们和心灵中的观念越接近，就越能到达神性。柏拉图关于思维的观念虽然取消了感觉的客观基础，但他最早把理性思维看做是认识的最高级别。

（3）亚里士多德对思维研究的贡献。亚里士多德是柏拉图的学生，但他更注重人的经验认识，他对思维研究的贡献是：建立了一个在是和非基础上的逻辑科学模式，这样一个演绎逻辑推理的模式遵循着矛盾律、同一律和排中律，这三大规律是我们进行思维的时候必须遵守的基本规律。

希腊的这三位思想家在思维领域所作的贡献，简而言之，建立起在"探求真理"这一目标指引下的理性思维方法系统，这个系统的集中体现是亚里士多德的三段论。

几乎在出现灿烂的古希腊文明的相同时期，公元前6世纪，辉煌的华夏文明也开始了，并成为思维创造的顶峰时代，即春秋时代的道家、儒家和墨家学派。

老子（约前580—前500）创道家。老子的思维方法和苏格拉底、柏拉图的方法有相似之处，把心灵的观念看做是主观自生的东西。但又有一个根本的不同，老子是一种隐身出世的思想，柏拉图和苏格拉底则抱定一个追求真理的目标。老子《道德经》中有这么一段话："不出户，知天下，不窥牖，见天道。其出弥远，其知弥少。是以圣人不行而知，不见而名，不为而成。"

孔子（前551—前479）是儒家思想的创始人。他对中国思想文化的影响十分远大。他一生的追求为"克己复礼，天下归仁"。他认为要求达到"礼"的一个重要途径是学习，即"不学礼，无以立"。他强调"学"，有"学"然后才有思。

墨子（约前480—前420）是墨家思想的创始人。墨子对于思维的贡献主要体现为他的"辩学"思想。墨家学派的"辩学"与亚里士多德的逻辑非常类似，墨子的思维风格和亚里士多德的思维风格也非常相近。亚里士多德在整个西方文化的发展过程中，很长时间都处于主导地位，但墨子的学说对整个中国思维方式的影响远比不上道家和儒家的影响。

《论语》、《孟子》、《老子》及《庄子》都是中国传统哲学的经典，不但蕴涵着博大精深的思想，更蕴涵着独特的思维方式。儒家中庸的思维模式，道家对立统一的辩证思维方法，都有助于我们在思考问题时不极端、不偏激，思维变得灵动圆通、豁朗达观。

2. 中世纪思维

（1）中世纪西方思维的延展。

西方中世纪通常是指公元5世纪末西罗马帝国灭亡。到17世纪中叶英国爆发资产阶级革命，即欧洲从奴隶社会瓦解到向资本主义社会过渡的封建社会时期。西方中世纪的思想家们，集中心智于宗教，创造了主要是基于柏拉图主义的某些精神结构。并使得亚里士多德的逻辑学思想进一步精致化。同时，中世纪欧洲大学教育的兴盛，为人们反思自身，提供了适宜的舞台，使得西方人对思维的研究有了新的进展。

① 阿奎那的认知理论。西方中世纪思想的集大成者阿奎那(1225—1274)，是这个时期最杰出的代表。他创建了系统的天主教思想体系，树立起亚里士多德在基督教哲学中的权威地位，他被同时代人称为"天使博士"。阿奎那把人的认知分为三个等级，感觉的认知、理性的认知和信仰的认知。信仰的认知是人最高等级的认知，理性要服从信仰，科学当然要服从神学。阿奎那的认知理论，是欧洲经院哲学的顶峰，但这种理论很快在中世纪受到严厉地批判。

② 奥卡姆的简约经济原则。在对阿奎那的理论进行无情批判的欧洲学者中，以英国的奥卡姆（1300—1350）最为著名。奥卡姆强调思维的简约经济原则。他认为，如果没有必要，就不要增加实体。应该用剃刀将那些与实在不相对应的所谓"隐蔽的质"、所谓的"形式"等观念统统剃掉。奥卡姆认为，在神学中，信仰可能高于理性，但在神学以外的领域，则需要理性思维的指引。

奥卡姆不仅是中世纪欧洲政治领域中的活跃分子，还被中世纪欧洲学术界称为"不可战胜的博士"。"奥卡姆剃刀"这一术语，至今还是人们进行有效思维的一种方法论工具。

③ 安瑟林的"我怀疑，所以我知道"。奥卡姆在清除唯实论那些不必要的实体时，非常欣赏中世纪早期学者安瑟林的一句格言，即"我怀疑，所以我知道"。这句话成为中世纪西方思维的一个重要遗产。

近代哲学的奠基人笛卡儿（1596—1650）在安瑟林的格言"我怀疑，所以我知道"的基础上，将思维的特质描述得更为简洁，即"我思，故我在"。笛卡儿的"我思，故我在"是对安瑟林命题的延伸和发展。

（2）中世纪中国的思维特点。

经历先秦时代的学术辉煌之后，中国进入了一个独特的时期。用国学大师钱穆的论述："大体言之，中国古代思想重视道，中国后代思想则重视理。大抵东汉以前重视道，而东汉以后则逐渐重讲理，《宋史》有《道学传》，而后人则称宋代理学家。"

先秦以后的中国思维重讲理，先是魏晋新道家的悟理，后到禅宗的顿悟，发展到宋代的理学，集大成者是宋代理学家朱熹，朱熹的格物致知论，道出理的真谛。朱熹说："今日格一物，明日格一物，一旦豁然贯通、众物之表理精粗无不到，吾心之全体大用可以无不明。"朱熹的观点可以看做是中世纪中国思维的主要遗产。

以此与西方的思维相比，可以看出：西方重视分析，国学重视综合。按照钱穆的说法，中国的"道"近似于西方的宗教精神，中国的"理"则可以和西方的求真精神和科学精神相比。西方思想有一种形而上学的超越性，中国的思维则趋向于经世治国和修身养性这两端，其所表现的精神更多的是一种人文精神。然而，在中世纪向近现代转型的时期，中国的这种思维品性，没有获得合适的时空条件继续成长。

3. 近代思维

古代和中世纪的中西思维各有千秋。但自 17 世纪以来，当中国的思考者还在理学精神指引下"阐发义理、裨益政治"的时候，西方人则以其批判和分析的观念优势，开始了主导整个世界发展潮流的进程。西方的思想开始成为世界性的思想。西方思想的这一突破性的转变，文艺复兴时期的西方思想家有着承前启后的作用。

文艺复兴时期的西方思想家秉承着怀疑、批判和冒险的精神，开始了全球的海洋航行。他们探索天体的科学，发掘新兴的艺术，追寻亡灵的奥秘，极大地扩展了西方人的视野，开启了西方人的智慧之门。笛卡儿用"我思，故我在"，延伸了中世纪思想家安瑟林的"我怀疑，所以我知道"。笛卡儿的理性主义，从对现有的一切认识和观念的怀疑开始，最后形成了一个以理性的尺度作为标准的思想体系。

西方人的怀疑和批判精神，在德国获得了巨大的成功，产生了对现代思维发展有巨大影响的三大思想家：康德、黑格尔、马克思。

康德（1724—1804）关于人的认知研究的三大批判，全都围绕着人的思维而进行，并且始终贯穿着怀疑和批判精神。"我们这个时代可以称为批判的时代。没有什么东西能够逃避这个批判的。宗教企图躲在神灵的背后，法律企图躲在尊严的背后，而结果正引起人们对它们的怀疑，并失去人们对它们真诚尊敬的地位。因为只有经得起理性的自由、公开检查的东西才博得理性的尊敬的。"

黑格尔（1770—1831）宏大的自然观念、历史观念和精神观念体系，就像他把人类看做是自然界发展的高峰一样，他的思想体系就是一个高峰。恩格斯在谈到黑格尔的时候说："黑格尔第一次——这是他的巨大功绩——把整个自然的、历史的和精神的世界描写为一个过程，即把它描写为处在不断地运动、变化、转变和发展中，并企图揭示这种运动和发展的内在联系。"

马克思主义是近代德国人给世界留下的最为辉煌的思维遗产，由马克思和恩格斯共同创建的这一伟大学说，对西方的影响和对整个世界的影响都是持久和深远的。马克思继承了康德、费希特，特别是黑格尔的思维，使马克思主义不仅是一种思想，而且还把思想不断地推向改造世界的行动。

近代西方的思维遗产不仅在人文领域成为整个世界发展的先导，有关自然界的新发现和新观念也不断出现，如牛顿物理学、达尔文进化论、自然科学技术的新成果和新学科等。这些伟大的贡献都是思维的产物，是人类心灵创造力的产物。

4. 现代思维

思维，从来都没有像今天这样显示出它异常的重要性。现代社会人类思维能力的升华，已经完全改变了人类自身，也改变了人类所在的整个世界。

我们正处在一个知识爆炸、信息过剩、新旧思想新陈代谢极为迅速的时代。基因理论和克隆技术使得生物体可以像照片那样复制；现代空间航天技术不仅使得嫦娥奔月的梦想得以实现，人类在星际之间旅行的梦想，离实现之日大概也为期不远了；微电子技术把这

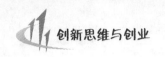

个世界已经紧密地联系在一起，人与人的交往似乎没有什么时间和空间的限制，可以让地球上的任意两个人随时见面或者随时交流。

人类关于社会金融的创新观念，改变了人的生产和消费习惯；人类关于社会组织的创新观念，改变了人的教育、就业、医疗、人际关系等习惯；而人类关于生态、环境、伦理、法律、制度、历史、艺术、时空等对象所产生的创新观念，也无时无刻不在改变着我们的生活。

达·芬奇曾说过："你有一个足够健全的大脑是不够的，重要的是很好地使用它，不然，它会生锈的。"人文学科和自然科学、技术科学交融渗透，新观念、新发现、新发明层出不穷。观念更新和思想解放已经成为国家繁荣强盛、个人成功成才的根本条件。

三、创新思维及其特征

思维有很多种形式，创新思维是其中一种。

（一）创新思维

创新思维就是不受现成的常规的思路约束，寻求对问题全新的独特性的解答和方法的思维过程。不受什么约束，要全新的。寻求对问题的全新的独特的这样的解答，这样的思维过程，称为创新思维。

创新思维是相对于传统性思维而言的，创新性思维是所有人都有的。曾经有两个推销人员到一个岛屿上去推销鞋。一个推销员到了岛屿上之后，就发现这个岛屿上每个人都是赤脚。他气得不得了，气馁了。这个岛屿上是没有穿鞋的习惯的，没有穿鞋的，推销鞋怎么行？他马上发电报回去，鞋不要运来了，这个岛上没有销路的，每个人都不穿鞋的。第二个推销员来了，高兴得几乎昏过去了，不得了，这个岛屿上鞋的销售市场太大了，每一个人都不穿鞋啊，要是一个人穿一双鞋，不得了。马上发电报，赶快空运鞋。同样一个问题，不同的思维得出的结论是不同的。

"创新思维"，是指对事物间的联系进行前所未有的思考，从而创造出新事物的思维方法。凡是能想出新点子、创造出新事物、发现新路子的思维都属于创新思维。

1. 创新思维是主动联想的思维

苏联心理学家哥洛万和斯塔林茨经上百次实验证明，任何两个概念词语都可以经过四五个阶段建立起联想关系。例如，木头和皮球是两个风马牛不相及的概念，但可以通过联想作媒介，使它们发生联系：木头—树林—田野—足球场—皮球。又如天空和茶，天空—土地—水—喝—茶。因为每个词语可以同将近 10 个词直接发生联想关系，那么第一步就有 10 次联想的机会（即有 10 个词语可供选择）。第二步就有 100 次机会，第三步就有 1 000 次机会，第四步就有 10 000 次机会。第五步就有 100 000 次机会。所以联想有广泛的基础，它为我们思维运行提供了无限广阔的天地。

2. 创新思维是发散思考的习惯

创新思维就是要人们打破传统，抛弃常规，自由自在地向不同领域、不同方向进行拓展和开发的创造性思维。它将不断抛弃旧答案，开辟新领地，扩大新视野，做出新发现，造成新危机，引发新革命，构建新范式，创立新理论，获得新发明。

美国心理学家吉尔福特认为发散思维"是从给定的信息中产生信息，其着重点是从同一的来源中产生各种各样的为数众多的输出，很可能会发生转换作用"。它的特点：一是"多端",对一个问题,可以多开端,产生许多联想,获得各种各样的结论。二是"灵活",对一个问题能根据客观情况的变化而变化,也就是说,能根据所发现的新事物,及时修改原来的想法。三是"精细",要全面细致地考虑问题,不仅考虑问题的全体,而且要考虑问题的细节,不仅考虑问题的本身,而且考虑与问题有关的其他条件。四是"新颖",答案可以有个体差异,各不相同,新颖不俗。按照吉尔福特的见解,发散思维应看做是一种推测、发散、想象和创造的思维过程。这来自一种假设:处理一个问题有好几种正确的方法,也就是说,发散思维是从同一问题中产生各种各样的为数众多的答案,在处理问题中寻找多种多样的正确途径。由此可见,吉尔福特的发散思维的含义就是求异,就是求得多解。

3. 创新思维要求用全面系统的观点看事物

对问题进行系统分析和系统思考,是美国麻省理工学院管理学教授彼得·圣吉在《第五项修炼》中提出的最重要理念。所谓系统思维,是指非孤立、片面、静止地思考问题,而是全面、运动、变化、联系地思考问题。系统思维具有整体性,我们一定不能做赢了战役却输了战争的傻事。不要在乎一时的得失,某个局部的胜利。懂得退让才是一种大智慧,有的时候退就是进,放弃就是得。舍得舍得,先舍后得,没有舍哪来得。有时候不得不以放弃局部的利益为代价换取全局的优化。

4. 创新思维是对立面之间的相互融合

生命在于运动,但生命在于静养也同样成立。在所有的动物里面最长寿的动物是龟,龟的长寿之道是什么?静,行为很安静,大量时间在冬眠。所以你说生命在于运动是对的,生命在于静养同样成立。黑格尔思维,不但要看问题本身和对立面,还要把两者结合起来,产生一个新的东西。黑白两色是冲突的,但把黑白整合起来产生一种新的颜色——灰。这就是黑格尔思维。对立面之间的相互融合就是创新。

5. 创新思维要坚持头脑归零法则

什么是归零思维?有这样一道小测试题:将一枚硬币任意抛掷了9次,掉下后都是正面朝上。现在请你再试一次,假定不受任何外来因素的影响,那么硬币正面朝上的概率是多少?答案是:二分之一。硬币只有两面,即使是之前任意抛掷100次都是正面朝上,在不受任何外来因素影响的情况下再试一次,正面朝上的概率仍然是二分之一,与之前抛掷硬币的概率没有关联。

忘掉过去的成功和失败,不受已有成见的束缚,让思维从头开始,这就是归零思维。在日常思维活动中,人们自觉或不自觉地按照自己的观念、站在自己的立场、用自己的目光去思考别人乃至整个世界。由此,产生了自我中心型的思维定式。在这种思维定式的束缚下,个人的思考以自己为中心,一个团体的思考也习惯性地以本团体为中心,一个国家或民族的人则习惯以本国本民族为中心,而整个人类同样也跳不出"人类中心主义"的小圈子。然而多站在他人的角度思考问题,可能就多一分理解,能够跳出"自我中心枷锁",知道自我之外的许多观念和事物。一个人参与别人的思维和思想的能力叫做"同理心"。在听取别人的意见时,"同理心"表示以一种了解对方的感情的态度,去倾听他人的意见。

6. 创新思维是解决问题的能力

学始于疑,纵观古今,凡创造性劳动产生的伟大成果,莫不是从疑问开始。爱因斯坦为此说过："提出一个问题往往比解决一个问题更重要。因为解决一个问题也许只是一个数学上的或实验上的技能而已。而提出新的问题、新的可能性、从新的角度去看问题，却需要有创造性的想象力，而且标志着科学的真正进步"。

（二）创新思维的意义

人类社会发展的历史，就是一部创新的历史，就是一部创造性思维实践，创造力发挥的历史。1936年10月15日，爱因斯坦在美国高等教育300周年的纪念大会上说："没有个人独创性和个人志愿的统一规格的人所组成的社会将是一个没有发展可能的不幸的社会。"管理大师德鲁克也说："对企业来讲，要么创新要么死亡。"

第一，创新思维是创新实践、创造力发挥的前提。思路决定出路，格局决定结局。美国大片《泰坦尼克号》犯了一个致命的思维错误，它认为船造得越大就越不会沉，在这个思维前提错误的情况下，必要的救生艇救生衣没带够，造成了巨大灾难。所以，创新思维是创造性实践的前提，是创造力发挥的前提。

第二，创新思维是一个单位、一个地区、一个国家竞争的法宝。今天的社会是竞争的社会，靠什么竞争，靠特色、靠创新、靠点子、靠思路。

第三，创新思维对培养高素质的人才具有十分重要的意义。在旧的教育制度下的课堂讲课，创新性不够，启发性不够。老师讲课的典型的方法是：第一章第一节、大一二三、小123、（1）（2）（3）、ABCD。层次清楚，逻辑性强。于是老师讲笔记，学生记笔记整理笔记，背笔记考笔记，最后掌握的是一本笔记。创新思维不够。这样的教育致使我国严重缺乏创新性、创造力发挥的人才。创新教育和开展创新思维训练成为当今中国整个教育体系中尤为重要的课题。

（三）创新思维的特征

创新对我们每项工作都有作用。有两位毕业大学生，分配到一个公司去工作。两年过后，公司老总提拔了A大学生当副科长，B大学生心理不平衡了，我们两个不是一块来的吗，工作我们都非常努力，怎么提拔了A大学生，不提拔我啊。他找到老总："老总你今天给我说清楚，你交给我的任何工作，都踏踏实实完成了，怎么提拔A不提拔我，我们是一起来的，我心理不平衡。"老总非常有耐心地说："小B，那你帮我干一件事吧，下午四点半呢，你到隔壁的自由市场上去，你看有什么东西卖没有，回来跟我说一声。"小B噔噔噔噔下楼，一会儿回来了："老总，市场上有个农民推了个手推车，在卖土豆。"老总问："这一车土豆大概有多少斤呢？""老总我没问，我去问一下。"小B噔噔噔下楼了，一会儿回来了："老总，一车土豆300多斤。"老总又问："大概多少钱一斤呢？""噢，这个问题我还没问，老总那我去问一下。"小B噔噔噔下楼了，一会儿回来了："老总，八毛钱一斤。"老总还问："要是我全部300多斤都买了，他肯便宜些吗？""噢，这个问题我要去问一下，老总你等一会儿。"小B噔噔噔下楼了，一会儿回来了："老总，300斤呢，他六毛钱一斤就卖的。"老总看他跑了四趟，汗水出来了，端一杯热茶过去："小B，你坐下休息一下。"老总又把提了副科长的小A叫过来："小A你到隔壁市场上去看一下有什么东西卖没有，回来给我讲一下。"小A噔噔噔去了，一会儿回来了："老总，有个农民推着一车土豆在卖。"老总问："大约有多少斤重啊？""老总，顺便问了一下，300斤多一点。"那老总又问："多少钱一斤呢？""老总，我也顺便问了一下，八毛钱一斤。"老总还问：

"全部买了，他肯便宜些么？""老总，我顺便问了一下，六毛钱一斤他就卖。"老总说："叫他来，我们都买了。""我已经叫到门口了，只等你一声令下就进来。"小B一看到这个全过程，不讲话了。这个事例告诉我们，老总不仅希望踏踏实实干，同时希望有创新思维、自觉地理解和创造性地理解老总意图。

创新思维的特征主要表现为以下几个方面。

（1）开放。开放本质上是一个空间概念，即指开放的感觉、开放的信息、开放的观念、开放的价值，多视角、全方位看问题的思维特征。思维的开放性是创新性认知风格，是反映信息在交流中无阻碍，同时不引起情感芥蒂的一种心理状态，思维开放性是创新思维得以产生的前提。

（2）求异。求异是指实事求是地、用科学的态度对司空见惯的想象或已有权威理论能始终持怀疑、分析、批判的态度，而不轻信盲从，并能用新的方式来对待和思考所遇到的问题。

（3）新颖。新颖就是指独特性，突破传统思维定式和狭隘眼界，通过独特的视角、前人没有尝试的方法去思考和解决问题。

（4）灵活。创新思维的灵活是指思维结构是灵活多变的，其思路能及时转换与变通。用多方法、多渠道、强能量、高效率、多反馈地进行多探索、反复试验，提高成功几率。

（5）非易见。非易见指创新思维的过程和结果，是对目前社会该领域中的，不易从现有原理中推出，但通过非逻辑的跳跃和打破旧联系而获得的结论。

四、创新思维的对象

从原理上研究创新思维，首先要研究创新思维的对象。就是人的思维所指向的目标。你在考虑什么东西？你想解决哪方面的问题呢？你想改进哪种产品？在这里，"东西"、"问题"、"产品"就构成了思维对象，你希望从对它们的思考中获得某种创新性的结果。

从创新的角度来研究思维对象，其根本的特点就是"无限"，即无限数量、无限属性、无限变化。

1. 无限数量

在我们这个世界里，每时每刻都存在着无限多的事物，产生着无限多的现象。在自然界，大到日月星辰，小到尘埃微粒，无限多的事物散布在我们周围。同样，在人类社会中，春种秋收，集会游行，有无限多的事件发生在我们周围；在思维领域也是如此，无数的概念、观点、理论学说储存在人类的头脑中。

所有这些客观的事物和主观的现象，都有可能成为我们创新思维对象。创新素材遍地既是，只要我们能仔细观察，开动脑筋，思考任何一种事物都可能产生创新。有一位教授洗完澡后，拔下澡盆的木塞放水。他发现水流在排水口形成了漩涡。这件不起眼的事引起了他的好奇。他又在其他器具做实验，并且观察河流中的漩涡，结果发现它们都是向左旋的。教授于是联想到，这种现象大概与地球自转的方向有关。果然，在南半球国家，孔道水流的漩涡是右旋的；而赤道地区的孔道水流并不形成漩涡。最后，这位教授总结出了孔道流水的规律，提出了一种新观点，对人们研究台风等方面问题具有较大参考价值。

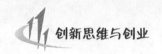

创新思维与创业

对于创新思维对象数量上的无限性,还可以从另一个方面来理解,当我们的头脑只思考一个问题或者一个事物的时候,由于实际事物总是以这样或那样的方式相互联系和制约着,致使我们面临数量无限多的可供思考的对象。

例如,一个商场只要对外营业,就会树立起自己的社会形象,请认真想一想构成或影响一家商场的社会形象的因素有多少种?

第一,从商场的一般特征来说,其因素有:经营历史、社会知名度、在商界范围的渗透程度、商场的目标市场等。

第二,从商场中的商品特征来说,其因素有:品种齐全的程度、商品的质量、商品的适应性及其更新速度、商标名称的使用等。

第三,从商品的价格特征来说,其因素有:总体价格水平、质量价格比、与同行业竞争者的比较等。

第四,从职员的服务特征来说,其因素有:员工的仪容仪表、售货员的态度、业务技能、服务方式和设施、对消费者利益的关心度、消费者的反应等。

第五,从商场的物质设施来说,其因素有:商场建筑的外貌、所处市口和周围环境、内部装修水平、顾客的走道和升降设备、商品布局和陈列、清洁卫生程度等。

第六,从商场的宣传特征来说,其因素有广告媒体的使用、发布商品信息的数量和速度、宣传的真实程度等。

事实上,如果邀请我们设计或者重塑这家商场的社会形象,那么需要考虑的因素其实是无限多的。

2. 无限属性

从整体上来说,创新思维的对象具有无限多;从每一个具体的思维对象来说,它具有的属性也是无限的。也就是:当两个以上的事物在一起作比较时,它们各自的属性就显现出来了。例如,一块普通的面包它有多少种属性呢?有长条型的、白面做的、温热的、烤黄的、松软的、香气的、甜味的、特定面包厂生产的、特级师傅做的、在特定季节和特定时候做的等。再如,在你邻座的某个人,他(她)有多少种属性呢?他(她)是男(女)性、是中等身材、高鼻子、黑头发,是平板足、态度和蔼,既是爸爸(妈妈)也是儿子(女儿),有时是学生有时是教师,是某女性(男性)的丈夫(妻子)、某男士(女士)的朋友,还是乘客、旅客、顾客、观众、消费者、观者、某学会委员、某书作者等。

所有的事物和现象都具有无限多的属性,正因为如此,我们才能够发现,每一种具体的事物和现象都不同于任何别的事物和现象,都是独一无二的。

3. 无限变化

辩证法告诉我们,世界并不是由事物组成的,而是由过程组成的。那些乍看起来凝固不变的事物,其实都是漫长变化过程当中的一个小小的片断,其自身也在不停地变动。恩格斯说:"辩证法不崇拜任何东西,具有彻底的革命性。"

有一位德国的哲学家,名叫莱布尼茨。据说他曾给当时的国王讲哲学,莱布尼茨说:"世界上没有两片完全相同的树叶。"国王不相信,就让宫女们到后花园去找"两片完全相同的树叶"。结果,宫女们忙碌了半天,一个个空手而回。

一片小小的树叶如果细细考究起来,它所具有的属性同样是无限多的:长短、宽窄、厚薄、色彩的浓淡、边缘的锯齿形状、中间的脉络走向等，其中的每一种属性都可以再细分出许多种。事实证明，要想找出两片各自无限多的属性完全吻合的树叶，显然是办不到的。

树叶是这样，每一种事物是这样，每一种现实问题也都是这样。然而遗憾的是，我们的思维经常受到各种因素的约束，对同一种事物和现象只能看到它的一种或少数几种属性，并且以此为满足。在思考问题时，我们对某个问题能够找到一种答案就以为万事大吉，不愿或根本不想去找寻第二种甚至以上解决方案。

古希腊的辩证法家赫拉克利特说过一句流传千古的名言："任何人都无法两次踏进同一条河流"。有变化才有机遇，只有把握了事物的变动，才能把握住创新的机会。

自 1990 年以来，日本的年轻人特别讲究卫生，几乎到了"人人成洁癖"的地步。年轻女人尤其如此，在她们眼里，到处都沾满了细菌。她们不坐公园的椅子，不坐地铁的座位，而宁愿站着，双手抓住用手绢包着的扶手。精明的企业家立刻意识到商机。于是，三菱铅笔公司推出杀菌圆珠笔，每支售价 100 日元，月销量达 100 万支，供不应求。因此，当事物变动之时，就是对人们智力的考验之时，对于充满创新的人们来说，变动意味着发展的机遇，但对于因循守旧的人们来说，变动无疑是一场灭顶之灾。

 知识链接

http://sci.ce.cn/kjsh/201002/03/t20100203_20911355.shtml

 实际案例

据悉，中国台湾地区今年将重点发展新能源与再生能源产业，仅推动 LED（发光二极体）及电动车产业一项，5 年内就将投入 250 亿元的经费。台湾地区绿能的主力产业为太阳光电、LED 照明，一般具有潜力的产业包括风力发电、氢能与燃料电池、能源资讯、电动车辆等。在这场"绿色商机"中，当地一些企业纷纷"先下手为强"。台积电借入股绿能大厂茂迪之机，首度涉足投资太阳能发电厂；光宝集团也在绿能产业有所斩获，董事长宋恭源预计，光宝绿能今年营业额可望达到 20 亿元，较去年大增逾 5 倍。

创意能力测试

有一口井，深约 20 米。一只熊从井口跌倒井底只花了 2 秒钟。请问这只熊颜色是什么？

（答案：是白色。根据地心引力作用原理，离地心越近，其地球引力越大。只有在北极与南极，熊才能在 2 秒钟的时间落下 20 米，这在其他地方是不可能完成的。而南极没有熊，北极只有一种北极熊，所以，这只熊是白色的。）

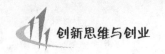

第二节　创新思维主体

 导入案例

据英国媒体报道，日本一家公司近期发明了一种功能强大，能把废纸变成卫生纸的机器——"白羊"，也许这种设备能成为一种很便捷、环保的办公用品。

只要给"白羊"卫生纸制造机"喂"40张普通的A4纸，过半个小时后，它就能"吐"出一卷卫生纸。这台机器先把纸张切碎，然后加水混合把纸变成纸浆，再经过压平、烘干、剪切等程序，一卷卫生纸就这样诞生了。"白羊"制作的卫生纸每卷成本大概是6便士（约0.63元人民币），大约只有英国市场上高档同类产品价格的1/6，其质量比较接近卖11便士（1.15元人民币）的那种。但是，如果要算上购置机器的钱，那这卷卫生纸就不便宜了。日本"东方"公司生产的这款设备每台的零售价约为10万美元，估计只有一些大公司才适合买这样的产品。日本"东方"公司还称，任何订书钉之类的东西都会被"白羊"分离出来。

（http://sci.ce.cn/kjsh/201002/03/t20100203_20911355.shtml）

一、人脑是创新思维的主体

我们已知，外界存在无限量的事物和问题，是创新思维的对象，但创新思维的主体是谁呢？人脑！人脑，是一个有理智、能思考、可进行创新活动的总指挥。

人脑是由"大脑"和"小脑"组成的。小脑所占的比例只有10%左右，大脑占脑的绝大部分。

大脑由"脑干"、"大脑边缘系统"和"大脑皮层"（大脑半球）组成。其中，大脑皮层控制着情感、知识等人类的高级精神活动，又被称为"人类之脑"。

人类之所以能够使用语言，之所以能创造出高度的文明，正因为拥有比其他动物更大和更发达的大脑皮层（见图2.1）。

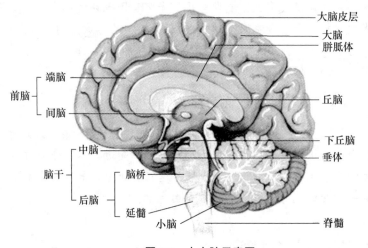

图2.1　人大脑示意图

二、人脑功能的研究成果

正常人的大脑两半球既有特定的机能，又是协同工作的。对于习惯用右手的人来说，其情况大致是：① 大脑两半球的机能，以左半球为主（言语半球），右半球为辅。② 大脑左半球是意识活动的主宰者，右半球本身不产生意识活动，其意识反应来自左半球的辅助。③ 不但每半球上各中枢有联络的机能，而且两半球之间也有联络机能。④ 两半球之间的联络机能是借助连合（主要是胼胝体）来传递信息的（见图2.2）。

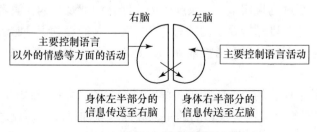

图2.2　左右脑活动的区别

1981年，美国医学博士斯佩里提出了左右脑分工的理论，他用实验证明：左脑接受身体右侧的感官知觉和支配右半身的活动，并主管抽象思维；右脑接受身体左侧的感官知觉和支配左半身的活动，并主管具体形象思维；把右脑调动起来与左脑合作，会使大脑总能力和总效应增加5倍甚至10倍。

加州理工学院的罗杰·史贝利博士在分割大脑的实验中发现，左脑与右脑这两个半球是以完全不同的方式在进行思考，左脑偏向于用语言、逻辑性进行思考，右脑则是以图像和心像进行思考，并以每秒10亿位的速度彼此交流，尽管如此，这两个半脑彼此的运作并非分工式进行，而是互相支持、协调。

左右脑的合作是由左脑通过语言收集信息，把看到、听到、摸到、闻到、尝到，也就是视觉、听觉、触觉、味觉五感，接收到的信息转换成语言，再传到右脑加以印象化，接着传回给左脑逻辑处理，再由右脑显现创意或灵感，最后教给左脑，进行语言处理。美国人N.赫曼经过20多年对人脑的不懈研究，创造了大脑运作四象限模型，这个全脑模式深层次揭示了提高创新力要全面扩展创新的脑空间。赫曼认为：四个象限代表四种不同的思维风格，A象限思维特点是分析、数学、逻辑、推理，B象限思维特点是受控制、保守、计划、组织、顺序，C象限思维特点是人际关系、情感、音乐，D象限思维特点是想象、艺术、整体、直觉、综合。每个人在进行思维活动时，都会自觉或不自觉地有自己的偏好和喜爱，这样造成四大象限思维类型中某一个或某几个象限的优势。所以，要提高创新力需要从四个方面扩展创新的人脑空间。创新需要左右脑的协同。

三、人脑对创新思维的影响

对于人类来说，认识外界事物不容易，认识自己更难，而认识自己的头脑，则算得上难上加难。心理学家曾经做过这样一个实验：把一位饥肠辘辘的人蒙上双眼，在他面前摆放了一堆东西，其中有一小块不起眼的面包，然后取下他的蒙眼布。那位受试者几乎一眼

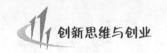

就看见了那块面包，抓起来便吃。事过之后，再问他那堆东西里，除了面包还有什么，他竟茫然不知。

在日常生活中，我们也有类似的经验。在一大群拥挤的人中首先看到自己要找的人。扫一眼报纸的广告版，便能抓住自己感兴趣的广告等。所有这些都证明，人的头脑在认识外界事物之前，并不是空无一物的"白板"，而是已经存在着某种东西了。

人脑在认识具体事物之前，已存在许多东西，而这些东西则来自实践。人们在进行创新思维之前要受到实践目的、价值模式、知识储备等因素的影响。

实践目的是创新思维的现实依据。头脑中的实践目的就是我们在思考事物或解决问题时所要达到的目标，这个目标指导我们思考和行为，并能够意识到它的存在和想象到目的实现后的美好情景。例如，报名考技能证书，是为了学知识技能，也可能是为了拿到文凭，找个好工作。

创新可以促进价值模式的改变。德国哲学家黑格尔的名言："熟知非真知。"指出人头脑中的"偏心"，即对符合自己实践目的的事物和问题就加以注意，反之，则拒之千里。而这种现象原因在于：能满足人们需要的就是有用的，有价值的。当人们面临选择的时候，他就会把外界的事物或观念按照其价值的大小排列出一个顺序，也就是排列出一个主次、轻重、缓急的次序。这种次序就称为"价值模式"。

一般来说，在同一个时代，同一种民族，人们的价值模式基本上是相同的。因为个人的价值观念主要是后天社会环境的产物。此外还应看到，价值模式的差异是普遍存在的，民族与民族之间，阶层与阶层之间，团体与团体之间，个人与个人之间，各自的价值模式都不同。

价值模式的差异对于创新思维具有重要的意义。首先，人们的价值模式不同，对于同一个事物或者同一个问题就会产生不同的看法。有些时候，创新就是从那些不同的看法中出现。其次，对个人而言，价值模式的转变就意味着一种新创新的产生，意味着他面前的世界"旧貌换新颜"，他的行为方式往往也会产生相应的改变。在日本的明治时代，有一位出身世族的剑士，初到三菱公司任职，公司要求他必须对客户恭恭敬敬乃至低声下气。这使得高傲惯了的剑士感到难以接受。公司负责人便对剑士说："笑脸迎人、低声下气，都是为了金钱。你不妨把客户当作一堆钞票，你朝他一低头，那堆钞票就飞到了你的口袋。这有什么好难为情的呢？"这的确是一项创新，使得剑士改变了原来的价值模式和行为模式，他眼中的整个世界也都改变了。

在大多数情况下，一种价值模式的建立是困难的，而一种价值模式的改变则尤为困难——对于个人、团体乃至整个民族都是如此。

知识储备是创新思维的前提和制约因素。在进行任何一项创新思维之前，我们头脑中总要有一些预备性知识。头脑把这些知识当作铺垫或者跳板，然后构想出改进物品或解决问题的新方法。著名物理学家费米在一次讲演中曾经提到这样一个问题："芝加哥市需要多少位钢琴调音师？"他解答为：假设芝加哥有300万人口，每个家庭4口人，全市1/3的家庭有钢琴，那么全市有25万架钢琴。每年有1/5的钢琴需要调音，那么，一年共需调音5万次。每个调音师每天能调好4架钢琴，一年工作250天，共能调好1 000架钢琴，是所需量的1/50。由此推断，芝加哥共需要50位钢琴调音师。这是一个典型的"连锁比例推论法",在解决实际问题和获得思维创新的过程中经常被采用。在这种推论中,需要很多预备性知识作基础,例如,应该知道"有钢琴家庭"所占的比例、调音师的工作效率、工作时间等。

这个案例说明,知识自身隐含着某种价值观念,并构成一种特定的框架,对头脑的观察范围和思考偏向作预先的规定。凡与规定吻合的,头脑予以加倍关注,反之则拒之。所以,每个人所思考的问题和事物,都受制于自己的知识水平。

 知识链接

http://www.qncg.net

 **实际案例**

瑞士军刀带 USB 接口

瑞士军刀估计很多人都使用过,但是如果把瑞士军刀跟 USB 联系起来会是什么样子呢?现在国外的商人就成功地把瑞士军刀结合到 USB 上面。这个小小的瑞士军刀里面到底隐藏了什么秘密?

军刀跟 USB 结合最简单快捷的是什么?估计一些朋友也会猜到,就是现在我们日常越来越离不开的 U 盘。仔细看看,还是 64MB 的 U 盘呢,这个"瑞士军刀"居然还带了圆珠笔,还真的是挺实用的。要是我们谁带上一个这样的 U 盘,拿出来的时候绝对冠绝全场。

这个东西还带有红色的灯呢,晚上摸黑开门的时候有用了。

案例分析:人脑在认识具体事物之前,已存在许多东西,而这些东西则来自实践。人们在进行创新思维之前要受到实践目的、价值模式、知识储备等的影响。

国外的商人成功地把瑞士军刀结合到了 USB 设备上面,给人们带来惊奇,同时也拓宽了瑞士军刀这一工具的销路。

 **练习项目**

创意思维训练

有两名女士,一位面向南,一位面向北站立。在不能回头,不可走动,也不允许照镜子的情况下,请问她们要如何看到对方的脸?

(答案:一位面向南,一位面向北站立便能看到对方的脸。若认为两个人是背对背而立,那就得不到答案。解题关键在于换位思考模式,两个人面对面站立,对彼此而言同样也是"一位面向南,一位面向北站立"。)

第三节　实现思维创新

导入案例

烧钱，一捆一捆的百元美钞

烧钱这种事情在普通人看来简直是不可思议，更不用说是烧百元大钞了。何况烧人民币是违法的。不过我们今天为大家介绍的这款产品恰恰就是利用这种不可思议的举动来吸引眼球的。它其实是一款引火棒，只不过外表被伪装成了一卷百元美金的大钞。想想看，当你跟朋友外出野营时，拿出这样一卷百元大钞引着篝火的时候，朋友们惊讶的表情一定非常有趣。不过最好把它跟真钱分开来放，否则万一拿错了，把真钱给烧了，可就损失惨重了。

一、思维定式是创新思维之母

牛顿从苹果落地发现了万有引力，瓦特看见炉子上烧水的壶盖被水蒸气顶起而受到启发，发明了蒸汽机。苹果与万有引力、水壶盖与蒸汽机，在一般人看来是风马牛不相及的事物，牛顿和瓦特却能够从这些不同的事物中揭露客观事物的本质及其内部联系，并且在此基础上产生新颖、独创和有价值的思维成果，这种解决问题的思维活动就是创新思维。

（一）何谓思维定式

作为创新主体的个人，其创新思维能力受到多种因素的阻碍，有外力和内在之力，我们必须克服这些思维桎梏，才能激发创新思维的活力。在此，重点探讨来自头脑中束缚思维创新的各类桎梏，即思维定式。

有这样一道测试题：一位公安局长在茶馆里与一位老头下棋。正下到难分难解之时，跑来了一位小孩，小孩着急地对公安局长说："你爸爸和我爸爸吵起来了"老头问："这孩子是你的什么人？"公安局长答道："是我的儿子。"

请问：这两个吵架的人与公安局长是什么关系?据说有人曾将这道题对100人进行了测验，结果只有两人答对。你是不是已经从婚姻、抚养和血缘等角度开始推测他们之间的关系，感觉是不是很复杂？其实答案很简单：公安局长是女的，吵架的一个是她的丈夫即小孩的爸爸；另一个是她的爸爸即小孩的外公。

为什么我们会把他们之间的关系想得很复杂呢？因为"公安局长"、"茶馆"、"与老头下棋"这些描述，使我们从以往的经验判断出发，为公安局长预先设定一个男性身份，这样就把简单的问题想得很复杂了。这种预先设定的心理状态和惯性的思维活动就是思维定式。人们根据以往的知识和经验积累，逐渐形成一种判断事物的思维习惯和固定倾向，从而形成"思维定式"。

（二）思维定式的积极因素

思维定式是创新思维的基础，是创新思维之母，对解决现实问题有积极的一面。例如，对法律法规产生的思维定式有助于增强人们自觉遵守法纪；对道德观念产生的思维定式会使人自愿接受道德的约束；基于心理发展规律，对员工情绪管理形成的思维定式，有助于更好地进行以人为本的管理；基于消费者心理，对客户沟通形成的思维定式，可以准确把握客户需求，从而顺利实现交易等。

（三）思维定式的消极因素

"创新思维"和"思维定式"又是一对生死冤家和夙敌。创新思维需要打破常规，而思维定式是一种固定的思维模式和思考习惯，常常对形成创造性思维产生消极的作用。

思维定式可能都是在过去某一阶段的经验总结，是经过成功的经验或失败的教训验证的"正确思维"。但是当事物的内外环境变化时，仍然固守"正确的"定势思维却行不通了，甚至要吃大亏。

有两个经典小故事很形象地说明了这个道理。

故事一：一家马戏团突然失火，人们四处逃窜，虽然没有人员伤亡，但那只值钱的大象却被活活地烧死了。原来，当这头小象被捕捉时，马戏团害怕它会逃跑，便以铁链锁住它的脚，然后绑在一棵大树上。每当小象企图挣脱时，它的脚就被铁链磨得疼痛和流血，经过无数次的尝试后，小象并没有成功逃脱。于是在它的脑海中形成了一个思维定式：只要有条绳子绑在它的脚上，它便无法逃脱。因此，当它长大后，虽然绑在它脚上的只是一条细小的绳子，它也不会再做自认为徒劳无功的努力。

故事二：美国一位科学家在海洋馆里做了一个实验。他用玻璃板把一条具有攻击性的大鲨鱼和一条小鱼隔开。刚开始，这条大鲨鱼不断撞击玻璃，企图捕食隔壁的小鱼。无奈，玻璃隔板太坚硬，无论怎么发威，玻璃隔板丝毫未损。攻击了一段时间之后，它便放弃了。于是，科学家便把隔板悄悄地移开。意想不到的是，大鲨鱼再也没有攻击过小鱼。它们都温和地在各自的领域活动，互不侵犯。

可见，思维定式是一种思维模式，是存在于头脑中的认知框架，是头脑习惯使用的一系列工具和程序的总和，即思维主体在加工处理来自外界各类对象时，必须要使用的工具和程序。

然而，思维定式的形成，与现实社会的文化传统和个人的独特生活经历有着密切关系，具有强大的惯性，一旦定型就极难改变，因为支撑思维定式的因素，就是思维主体——人脑中的实践目的、价值模式、知识储备等。所以，思维定式的好处在于：当人们处理日常事务和一般性问题时，能驾轻就熟、得心应手，圆满解决问题。但思维定式也存在弊端，正如法国生物学家贝尔纳讲的"妨碍人们学习的最大障碍，并不是未知东西，而是已知的东西。"当人们面临新问题新情况而需要开拓创新时，思维定式就会成为阻碍新观念、新点子构想和对新知识接收的"思维桎梏"。

积极的思维定式往往来源于已往的成功经验，消极的思维定式往往来源于已往的失败教训，两种思维定式都会形成创新思维的障碍。

二、常见创新思维的桎梏

美国一位哲学家说过这样一句话：人基本上是一种由惯性铸成的动物。人们发现问题、研究问题、解决问题往往都是凭借原有的思维活动的路径(即思维定式)进行思维的。人们认识未知、解决未知，都是以已知或已知的组合、变换为阶梯。要想提高思维能力，就要突破原来的思维定式，更新原来的思维模式，优化、深化思维的品质。

下面介绍几种常见创新思维的桎梏。

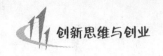

（一）模式思维

我国北宋年间，洛阳城曾修建了很高的城墙。一次，几天几夜的大暴雨，使城墙塔楼上的一块巨石崩塌了，塌下来的巨石恰好掉在城门正道中央，巨石的一多半还深深地砸进了地下。第二天，守城的士兵接到传报，知府大人要出城打猎，道路必须畅通无阻。

守城的官兵们慌了手脚，四处寻找民工，要他们赶快把巨石搬走。但因下大雨路面泥泞不堪，巨石又大又重，民工们费了很大劲也没能使石头动一下，眼看知府大人要到了，怪罪下来可不得了。正在慌乱之际，一位过路人给出了一个主意，解决了这个问题。

那位过路人的主意是：不用挪动石头，只要在石头旁边再挖个大坑，把石头埋起来，将挖坑的土送走就行了。守城的官兵为什么想不到这个办法呢？因为他们一开始就想把那块石头"搬运掉"并付诸实施，这一过程无形中就形成一种定势，一种模式化的思考，而一旦模式化，思考便趋向收敛。

模式化思维的缺陷表现为它总是趋于保守，在新的危机出现前它具有强烈的定式倾向。在实际生活中，模式化的定式总是影响着我们的思考。只有跳出模式化惯性的人，才是幸运的。

（二）惰性思维

所谓惰性思维是指人类思维深处的一种保守力量。人们总是习惯用老眼光看新问题，用曾经被反复证明有效的旧概念去解释新现象。

从前，有个国王在大臣们的陪同下，来到御花园散步，国王瞧着面前的水池，忽然心血来潮，问身边的大臣："这水池里共有几桶水？"众臣一听，面面相觑，全答不上来，国王发旨："给你们三天考虑，回答上来重赏，回答不上来重罚！"大臣们用桶量来量去，怎么也量不出个确切数据。眨眼三天到了，大臣们仍一筹莫展。就在此时，一个小孩走向宫殿，声称自己知道池塘有多少桶水。国王命令那些战战兢兢的大臣带小孩去看池塘。小孩却笑道："不用看了，这个问题太容易了！"国王乐了："哦，那你就说说吧。"孩子眨了眨眼说："这要看那是怎样的桶，如果和水池一般大，那池里就是一桶水；如果桶只有水池的一半大，那池里就是两桶水；如果桶只有水池的三分之一大，那池里就有三桶水；如果……""行了，完全正确！"国王重赏了这个孩子。

大臣们的失误在于他们对"桶"的概念已经固化，在千万次重复的认知中，桶的具象已经深深刻入他们的灵魂，无法摆脱。因此，在各种思维束缚中，概念的束缚是最大的束缚，概念的突破也是最难的突破。

在这里，似乎可以说，知识、经验、财富、年龄、地位等一切具有历史积淀性质的因素都倾向于保守，表现为一种下意识地对变化的迟钝反应。

（三）从众思维

"从众"就是服从众人、顺从大家、随大流。

在"从众枷锁"的束缚下，其他人怎么想，我也怎么想；别人怎样做，我也怎样做。思维上的从众定势，以众人之是非为是非，使得个人有一种归宿感和安全感，能够消除孤单和恐惧心理。思维上的从众定势有利于常规思维、有利于群体一致的行动，这是它的优势所在。但是，从众定势不利于个人独立思考和创新意识。如果一味地"从众"，一个人就不愿开动脑筋，也就不可能进行创造。1988年，国内机械手表市场竞争激烈，不少厂家降低机械手表的成本,深圳的"天霸表"却反其道而行之,其价格从120多元上涨到180多元,而它的内在质量并无显著提高,只是在外形上做些改变,改变一次涨一次价。这种逆流而上的做法,反而在消费者心目中树立"一分价钱一分货"的高品质形象。现实有很多类似的情况,都说明只有打破从众型思维枷锁,才能产生新观念,想出新主意。

（四）权威思维

在有人群的地方总会有权威,权威是任何时代、任何社会都实际存在的现象。人们对权威普遍怀有尊崇之情。然而这种尊崇常常演变为神化和迷信。在思维领域,不少人习惯于引证权威观点,不加思考地以权威是非为是非,一旦发现与权威相违背的观点或理论,便想当然地认为其必错无疑。从创造性思维的角度来说,权威定势显然是要不得的。辩证法告诉我们,从社会的发展上来说,任何权威都只是一时的,而非永久的。"江山代有才人出,各领风骚数百年"。随着时间的推移,旧权威不断让位于新权威,今天的权威站在昨天的权威位置上,而明天的权威又将取代今天的权威。中外历史上都有这样的例子,牛顿曾经被看做是"科学的最高权威",是"物理学的顶峰",但自从19世纪末发现原子放射现象以来,牛顿的权威被限制在一个很小的范围内。

总之,我们应该尊重权威,但又不能迷信权威,为了打破思维定式、保持头脑的灵活和思维的创新,我们必须对进入思考范围内的权威先来一番彻底的审查。

（五）经验思维

经验思维是以日常生活经验为依据,判断生产、生活中的问题的思维。例如,人们对"月晕而风,础润而雨"的判断；儿童凭自己的经验认为"鸟是会飞的动物"；人们通常认为"太阳从东边升起,往西边落下"等都属于经验思维。

创新思维要有"初生牛犊不怕虎"的精神。初生的牛犊之所以不怕虎,是因为不知老虎为何物,在它脑中没有"老虎会吃人"的经验定势。因此见了老虎,敢于本能地用牛角去顶,而这时,带上"牛见了我会逃跑"思维定式的老虎,反倒不知所措,于是落荒而逃。

在科学史上有着重大突破的人,几乎都不是当时的名家,而是学问不多,经验不足的年轻人,因为他们的大脑拥有无限的想象力和创造力,什么都敢想,什么都敢做。爱因斯坦26岁提出狭义相对论；贝尔29岁发明电话；西门子19岁发明电镀术；巴斯噶16岁写成关于圆锥曲线的名著,都是最好的例证。

（六）书本思维

书本是一种系统化、理论化的知识,是千百年人类的经验和领悟的结晶。书本将前一代人的观念、知识和价值体系传递给下一代,使下一代人能够从一开始就站在前人的肩膀上,而不必每件事都从零开始。

书本知识带给我们无穷的好处,但也会带来一些麻烦,因为书本知识与客观现实之间存在着一段距离,二者并不完全吻合。有这样一个故事:一位拳师,熟读拳法,与人谈论拳术滔滔不绝,拳师打人,也确实战无不胜,可他就是打不过自己的老婆。拳师的老婆是一位不知拳法为何物的家庭妇女,但每每打起来,总能将拳师打得抱头鼠窜。有人问拳师:"您的功夫都到哪儿去了？"拳师恨恨道:"这个死婆娘,每次与我打架,总不按路数进招,害得我的拳法都没有用场！"拳师精通拳术,战无不胜,可碰到不按套路进攻的老婆时,却一筹莫展。"熟读拳法"是好事,但拳法是死的,如果盲目运用书本知识,一切从书本出发,以书本为纲,脱离实际,这种由书本知识形成的思维定式反而使拳师遭到失败。

"知识就是力量"。但如果是死读书,只限于从教科书的观点和立场出发去观察问题,不仅不能给人以力量,反而会抹杀我们的创新能力。所以学习知识的同时,应保持思想的灵活性,注重学习基本原理而不是死记一些规则,这样知识才会有用。

(七)自我中心思维

当今文化强调人与人之间的不同方面。因为,世界上的每一个人都带有自己的独特经历、经验和个性、价值观念。世界上没有两片完全相同的叶片,同理也没有两个完全相同的人。在日常生活中,人们自觉或不自觉地按照自己的观念,站在自己的立场,用自己的目光去思考别人和世界,由此产生自我中心思维定式,且桎梏着我们创新思维的发挥。如果能跳出自我,换个角度看问题,运用"同理心",即"参与别人的情绪或思想的能力",将使我们得到不同的体验。

美国演说家卡耐基有一次在电台发表演说时,因将一本名著的作者居住地说错了,收到一位妇女的一封愤怒加辱骂的信件,卡耐基并没有反讥这名妇女的礼节错误,反而主动在广播里承认自己的错误,还致电该妇女表示抱歉。借着倾听别人对自己的批评,了解在对方眼中自己是一个什么样的人,从批评中寻找建设性的意见。

  知识链接

http://www.zhiliba.com

 **实际案例**

双 光 镜 片

渐进多焦眼镜的诞生应该说是对老花镜的一次革命。从1775年本杰明·富兰克林发明第一副双光眼镜开始,全世界的视觉和光学工作者就致力于镜片材质和技术的创新。1959年法国依视路公司率先推出第一代渐进焦点眼镜,它完全改变了传统的老花矫正方法,使老花人士重新享受到年轻时的轻松和方便。

案例分析:人们认识未知、解决未知,都是以已知或已知的组合、变换为阶梯。双光眼镜235年来的发展,印证着人类坚定、锲而不舍的创新之路。

 **练习项目**

创意思维小测试:珍妮驾驶小轿车去见朋友,半路突然爆胎,当她把车轮上的4个螺丝拆下来,准备从后备箱把备用轮胎拿出来时,不小心将螺丝都踢进下水道。此时,珍妮灵机一动,想到一个办法,并顺利将车开到距离最近的修车厂,请问她是如何办到的?

(答案:从其他3个轮胎上各取下1个螺丝,用3个螺丝来固定刚换下来的轮胎。)

本 章 小 结

本章从人类思维的类型、创新思维及其特征、创新思维主体——大脑的结构和功能等基础知识入手，较全面地介绍创新思维研究对象的特点，揭示了实践目的、思维模式、价值观念等内外界因素对创新思维产生的影响，突出阐述了模式、惰性、从众、权威、经验、书本、自我中心等思维定式是实现创新思维的桎梏。

此外，通过引入中外创意思维的成果，配以创意思维练习或测试，让读者全身心感悟"创新思维"。

复习思考题

1. 运用已学知识，能合理解释2~3个思维定式产生的原因。
2. 全面评估自己的创新思维，尝试设计一项创新作品。

创新思维训练篇

- 第三章 创新思维激发
- 第四章 创新思维方法
- 第五章 创新思维的核心
- 第六章 创新思维训练

第三章 创新思维激发

没有创新，人类社会不可能有发展。

21世纪对人才的要求将更加重视由思想品德素质、科技文化素质、心理身体素质等方面构成的全面综合素质，将更注重开拓性和创新能力，这是由于当代科学技术和当今世界正处于前所未有的变化中，中国也正面临着前所未有的发展机遇。突飞猛进的科技，让每一个国家的创新能力显得尤为重要。创新能力的前提条件就是要有创新思维，我们要敢于冲破固有思维定式的桎梏，通过正确地认知，掌握创新思维原理，科学地激发个人思维潜能，实现个人的全面发展。

【知识目标】
1. 了解本章介绍的几种关于思维潜能研究的理论；
2. 学习并掌握激发创新思维潜能的六种方法。

【能力目标】
掌握激发人们创新思维潜能的六种方法，通过课内外时间进行练习，体会领悟各种激励方法的要领，并尝试在实践活动中运用。

 导入案例

据报载，一位十几岁的小男孩，站在一旁看爸爸修理汽车。忽然，汽车倒下来，压住了爸爸的手。小男孩立即冲上去使足力气抬起汽车，使爸爸抽出了被压的手。根据事后的测定，小男孩的力量只能够抬起那辆汽车的十分之一，但是，在救爸爸的那一瞬间，他竟爆发出了比平时大10多倍的力量！

这就是人在生理方面表现出来的潜能。在思维方面也有类似的情况。诸葛亮在敌方大军压境的危急关头，想出"空城计"的妙策；普通人也常有"情急智生"的经验；有些人原先智力平平，后来脑部受伤或者病变，却使得某一部分智能大幅度地提高……所有这类现象都表明，我们的头脑还隐藏着没有得到开发的巨大能量。

第一节 思维潜能理论

在第二章我们已学习了有关创新思维的原理，知道了创新思维活动是一种运用新颖独特的方式方法解决问题的积极、主动的思维活动。人的大脑是创新思维的主体。

人类的大脑是世界上最复杂、也是效率最高的信息处理系统。由约140亿个细胞构成，重约1400克，大脑皮层厚度为2~3毫米，总面积约为2 200平方厘米，据估计脑细胞每天要死亡约10万个（越不用脑，脑细胞死亡越多）。人脑的存储量大得惊人，在从出生到老年的漫长岁月中，足以记录每秒钟1 000个信息单位，就是说，我们能够记住从小到大，周围所发生的一切事情，储存信息的容量相当于1万个藏书为1 000万册的图书馆。

头脑像一台信息处理机，其运算速度快得惊人。据实验证明，大脑能在几百分之一秒的时间内，接收外界传来的一个人脸的印象，并在1/4秒的时间内，分析这张脸的详细情况，把这些情况综合成一个整体。然后，大脑便从它的"记忆库"里所储存的几千个脸孔中识别这张特定的脸孔，看看以前是否见过它。如果曾见过这张面孔，大脑还能回忆起与这张脸有关的言谈举止、思想观念、交往经历等资料。

以上所发生的全部过程还不到一秒钟。紧接着，大脑还要继续识别这张面孔的表情，并决定自己所要采取的行动，例如，面露微笑、打个招呼、走过去握手等。

近代的科学家们认为，人在自己的一生中，仅仅运用了头脑能力的10%，也就是说，还有90%的头脑潜能白白浪费了。而最新的研究更进一步指出，以前人们对头脑的潜能估计太低，我们根本没有运用头脑能力的10%，甚至连1%也不到。因而，可以毫不夸张地说，人脑的潜能几乎是无穷无尽的。

一、左右手思维理论

现代科学证明，正常人的大脑两半球有特定的机能。

控制右手的大脑左半球，分管语言、听觉、参与分析推理，即右手思维；控制左手的大脑右半球主管综合思维、音乐、美学等艺术方面，即左手思维。

美国学者詹姆斯·沃森认为，遗传生物学家在发现DNA结构的思维过程中，就是一个典型的左手思维过程，依靠视觉和灵感的结果，并不是逻辑推导的结果，因为当时没有充分的实验材料来给他们推理和使用。在航天技术中，许多重大科学决策同样依靠左手思维方式来解决。因为宇宙空间对于人类来说完全是个陌生领域，科学家只能凭借想象和直觉进行思维，来考虑飞行器携带测试物理量的仪器、电视摄像头等问题，最终获得"艺术性"地解决。

爱因斯坦创立狭义相对论不是数学或逻辑推导的结果，而是直接来自形象思维。据说，一个夏天的下午，爱因斯坦躺在长满青草的山坡上，眯起眼睛，观察天空的太阳。阳光像一束金线，穿过空气和睫毛射入他的眼睛。爱因斯坦的头脑内正在进行着海阔天空的想象："假如我沿着这道光束前进的话，结果将会怎样？"最后，他在一闪念中得到问题的答案，创立了相对论时空观。

二、情商理论

"情绪商数"概念的提出，受到20世纪30年代提出的"非智力因素"概念的影响和启发。"非智力因素"是指那些除了感知、记忆、思维和想象等智力因素以外的其他因素，但这个概念本身过于笼统。"情绪智力"概念的提出，则从理论上使这个问题得到圆满解决，相对于"智商"（IQ）概念而言，这个新概念也随之被称为"情商"（EQ）。

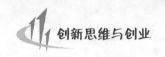

心理学者唐映红将情商定义为：情商是衡量一个人情绪智力高低的一个指标。人们的情绪智力，指的是一个人控制自己情绪以及揣摩、观觉和驾驭别人情绪的能力，以及面对压抑情景的挫折承受力和应变力。有的学者从描述性的角度，把情商定义为：人在成绩、失败、挫折、困难以及各种矛盾面前源于认知水平上的差异，而表现出不同的态度或采取不同的行为方式。由于情绪控制能力的不同，而必然地导致完全不同的结局。

关于情商（EQ）这一概念，有几点是明确的：第一，情商指情绪控制的能力或情绪智力的高低，虽然它不一定适用于以数值尺度来测量，但仍然可以通过一些科学方法来掌握和评定；第二，情商与智商不是决然排斥的，有的人既有较高的智商又有较高的情商，有的人一方面较高，另一方面却较低；第三，在测量人的成功时，了解情绪智力水平比通过智商以及其他标准化的数值测量出来的结果，评价人的智力水平更有价值；第四，人的情商像其他方面的潜能一样，蕴藏量是无限的，只要采取适当的方式方法加以训练，是完全可以大幅度提高的。

思维潜能的研究者们还注意到另外一种现象，在创新思维能力较强的人们中间，幼年丧父或丧母的比例明显偏高。据统计：在总人口中，只有8%的人，在16岁以前失去父亲或母亲；而在著名科学家中，这个比例是26%；在历史上的天才人物中，这个比例是30%；在著名的英语作家和诗人当中，这个比例上升到55%。此外，还有34%的美国总统和35%的英国首相，早年经历了丧父或丧母的痛苦。对于这种现象，也许可以从社会学或者别的什么角度来加以解释。但是，从思维潜能的角度来看，这显然是很有意义的一种现象。幼年丧父或丧母，对于成长中的头脑思维产生了重大的刺激，一方面促使它早日成熟，另一方面也调动起头脑的"应急潜能"，就像本章导入案例中所提到的小男孩那样，从而使他们的头脑思维能力大大增强，超过了在正常状态下（幼年时双亲健在）成长起来的头脑。这又一次证明，头脑中有的是潜力，关键问题是怎样把它们开发。

客观地说，到目前为止，人们对于自己的头脑认识还很肤浅，还没掌握思维内容与神经细胞之间的联系，头脑对于我们来说还是一个"黑箱"。人们在思维实践中总结了一些规律，找出了一些开发头脑潜能的方法，但都处于刚刚起步的阶段，远没有达到揭开"奥秘"的地步。这项工作任务艰巨，需要多学科联合作战，更需要时间和坚持。

三、逻辑思维和非逻辑思维理论

脑科学理论指出，创新思维离不开逻辑和非逻辑思维的协同。认知心理学家研究表明，人们的认知是有规律的。日常生活中，人们需要逻辑思维，如果思维不符合逻辑就会造成理解混乱。可是，很多创造发明在开始阶段，却会打破现有逻辑，运用非逻辑思维。

（一）逻辑思维的含义、特征和表现形式

1. 逻辑思维的含义

逻辑思维是借助言语形式（或自然语言）表达的思维。言语或语言是人类社会实现人际交往或思想交流的工具，它所表达的思维符合语言法则（即语法）和逻辑规则。例如，"我们正在看电视"，大家能看懂，但如果是"电视看正在我们"，那就看不懂了，因为这句话不符合语法规则。

逻辑思维是人们在认识过程中借助于概念、判断、推理反映现实的过程。它是一种有条理、有根据的思维。是确定的，而不是模棱两可的；是前后一贯的，而不是自相矛盾的。在逻辑思维中，要用到概念、判断、推理等思维形式和比较、分析、综合、抽象、概括等方法，而掌握和运用这些思维形式和方法的程度，也就是逻辑思维的能力。

逻辑思维是分析性的，按部就班的。做逻辑思维时，每一步必须准确无误，否则无法得出正确的结论。我们所说的逻辑思维主要指遵循传统形式逻辑规则的思维方式。常称它为"抽象思维"或"闭上眼睛的思维"。

在逻辑思维中，通过使用否定来堵死某些途径。逻辑思维被比喻为在深挖一个洞，它就是为了把一个洞挖得更深的工具。

2. 逻辑思维的特征

逻辑思维是人脑的一种理性活动，思维主体把感性认识阶段获得的对于事物认识的信息材料抽象成概念，运用概念进行判断，并按一定逻辑关系进行推理，从而产生新的认识。其主要特征有以下三个。

（1）概念的特征：内涵和外延。

（2）判断的特征：一是判断必须对事物有所断定；二是判断总有真假。

（3）推理的特征：分成演绎推理和非演绎推理两种。演绎推理的逻辑特征是，如果前提真，那么结论一定真，是必然性推理；非演绎推理的逻辑特征是，虽然前提是真的，但不能保证结论是真的，是或然性推理。

也可以这么说，逻辑思维具有规范、严密、确定和可重复的特征。

3. 逻辑思维的作用

（1）有助于我们正确认识客观事物。

（2）可以使我们通过揭露逻辑错误来发现和纠正谬误。

（3）能帮助我们更好地去学习知识。

（4）有助于我们准确地表达思想。

4. 逻辑思维在创新中的作用

（1）逻辑思维在创新中的积极作用：发现问题，直接创新，筛选设想，评价成果，推广应用，总结提高。

（2）逻辑思维在创新中的局限性：常规性，复杂性，固定性。

（二）非逻辑思维的含义、特征和表现形式

1. 非逻辑思维的含义

人类的思维，除了传统的、有条理的、清晰的、理性的逻辑思维外，还有无序的、非理性的非逻辑思维形式。因此，人类思维应当是由逻辑思维和非逻辑思维或有意识思维和无意识思维两大部分构成。一个完整的思维过程，应当是这两种思维类型共同参与的过程。科研创造性活动中的创造性思维应是这两种思维类型高度综合运用的结果，创造性思维就其本质而言，追求的是创新与突破，它的源泉正是来自于非逻辑思维，因此非逻辑思维在创造性思维中起着举足轻重的作用。长期以来，人们总是强调逻辑思维的教育和训练，而忽视了非逻辑思维领域的开发。其实非逻辑思维并不神秘，可以通过后天的努力和有效手段的训练而获得。

逻辑思维是指规范性思维，无论是演绎、推理、归纳，都只能按逻辑程序进行。非逻

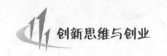

辑思维属于人们内在的心理活动，也可称为"非言语思维"。

非逻辑思维是指思维主体直接指向问题解决的非逻辑常规的思维形式，主要包括想象、联想、隐喻、类比、灵感、直觉、顿悟等。

2. 非逻辑思维的本质

当我们对某一对象还很不了解时，我们就无法认识它，我们对支配它的本质和规律茫然无知，通常我们是将其看做是由某种超自然的、天赋的力量所支配。人们对非逻辑思维的认识也是如此。有人把非逻辑思维当作神赐之灵感，也有人把非逻辑思维看做是天赋之直觉，还有人把非逻辑思维当成神秘的第六感，也还有人把非逻辑思维看做是假设、猜想、顿悟、横向思维等。总之，人们把一切不符合逻辑思维规律和规则的思维现象都当做是非逻辑思维。非逻辑思维无论是在科学创造中或是在文艺创作中，常常显示出惊人的创造性。

3. 非逻辑思维的根本特征

（1）扩散性。扩散性是非逻辑思维最根本的特性。它是人们日常进行的逻辑思维的逆向运动，是思维从凝聚点反射过来的外围世界所做的扩张和辐射，是思维的裂变、聚变式的连锁反应或者是思维超越某一类现象，某一组经验的有限范围向外投射，使信息产生更多的信息,使一组输出多次转移，从而在广阔的背景上抽象出覆盖更广阔领域的一般原则、普遍公理。扩散性对于被传统思维方式所禁锢着的认识来说更具有创造性与突破性。美国经济学家乔治·拉德曾说："有意识思维过程的确在发明创造中起了作用，但它主要造就的是批评家、评论家，而不是创造者。而无意识的基本过程，才是发明创造的源泉和诞生地。"

（2）直接性。非逻辑思维是指在前提材料不充分或很不充分的情况下所进行的思维活动。对于任何一个非逻辑思维的结论来说，支持这个结论的前提材料就总是不充分或很不充分的。我们在做出一个非逻辑思维的结论时，往往只是考察了一类事物的部分对象或一个事物的某些方面，以此对这类事物的所有对象或一个事物的全部做断定。极端的情况是，我们只知道对象的一点点信息就做出大胆的假定性结论。这是非逻辑思维活动的典型形式。举例来说，魏格纳发现大陆漂移说的过程。当魏格纳产生了大陆原来是连接在一起的，后来发生漂移才形成现在这样状态的非逻辑思维时，他所依据的前提材料仅仅是：从地图上看，非洲和南美洲的外形轮廓非常吻合（当然还有其他一些背景知识）。显然这一点前提材料对于整个大陆漂移说的结论的支持是不充分的，只是很直接的简单反映。

（3）突发性。非逻辑思维则不是人们想在什么时候产生就能产生的，而是在人们对某一对象的认识积累了一定材料的基础上产生的。但是前提材料积累到什么程度才能产生非逻辑思维，无法确定的，只能因人而异、因时而异。有的人只从经验世界的一二点暗示就能找到问题的症结及其答案，有的人在真理碰到鼻尖时仍不曾觉察。非逻辑思维产生的突发性主要表现在：有时它是人们深思熟虑之后突然产生的一种思维现象，有时它又是人们在不经意中突然产生的一种思维现象。

4. 非逻辑思维表现形式及其作用

非逻辑思维是一个非常广阔的世界，它的表现形式丰富多彩、多种多样，其中最主要的是：想象、直觉与灵感。

（1）想象。想象是把人记忆中以往的信息、表象制造成直观可感的新形象的一种思维方式。它是思维扩散性的主要表现。英国哲学家培根将想象区分为再造性想象和创造性想象，前者指人们依据以往或现在仍然存在的客观实在原型组合的一种形象；而后者的形象则是当时尚不存在的，对未知世界的一种猜想，是一种创造性的形象思维，是人们更为重要的思维品质。它的特点不是凭借逻辑的力量，而是依靠生动鲜活的形象建立起综合事物各种因素的新的网络。它在科研中的作用主要集中在帮助提出假说和建立想象模型。纵观光的电磁理论产生的过程，法拉第的实验研究最富于想象力。1832年，当他思考电磁相互作用的方式时，遇到了难题，按照传统的牛顿力学中"超距作用"的理论不能理解电磁相互作用是怎样传递的，后来，磁铁周围铁屑有规则分布轨迹所描绘出的曲线，使他萌生了"磁力线"的概念，进而把磁力从磁极向外传播，想象成受扰动的水面振动，或者比作声音在空气中的振动，这种振动传播的方式不仅适用于电和磁，而且适用于光，由此创造性地提出了电磁场和电磁波动的新概念。爱因斯坦曾说："想象力比知识更重要，因为知识是有限的，而想象力概括着世界上的一切，推动着进步，并且是知识进化的源泉。"严格地说，想象力是科学研究中的实在因素。

（2）直觉。直觉是指人们在无意识状态中没有经过任何逻辑推理过程而对客观事物、真理、知识产生某种直接认识与理解。它在科学创造中的独特价值，在于能够帮助科学家从纷繁复杂的各种事实材料中敏锐地发现其中含有本质性的因素，对关键性的问题做出甄别与选择，并在此基础上，预见这一问题的未来发展前景，把机敏的判断和丰富的假设结合在一起，迅速做出试验性的结论，提出新的科学思想。爱因斯坦提出的光量子理论凭借的正是他非凡的直觉能力。关于光的本性问题在历史上曾激烈争论了几个世纪，牛顿认为光是微粒，而惠更斯则认为光是波。1905年，爱因斯坦提出了光量子理论，指出连续的光波具有粒子性。光既是波动的，又是粒子，即具有"波粒"二象性。这个科学思想的提出，对研究光的本性新领域起到了开创性的作用。直觉是科学创造的一种特殊形式，它可以跳过一系列中间环节，直接感受到相距很远事物之间的内在逻辑关系，把握事物或现象的本质特征。

（3）灵感。灵感是人类思维活动中的一种常见的思维现象，它客观而又普遍地存在于人们的思维活动之中。正如钱学森教授所说："思维不能以为就只有逻辑思维和形象思维，还有一类，可称为灵感。"

"灵感"这一概念的产生极为悠久。早在古希腊时代就有人提出了灵感概念，并试图对其本质和规律予以说明。在古希腊时期，灵感一词是由"神"和"气息"两个词复合而成的，其意即指神的灵气。现代英语中的灵感（inspiration）一词的意思基本与之相吻合，其意思是"灵气"（spirat）的吸入。《大英百科全书》在"inspiration"的条目中，一开始就说："中国那些被称为'巫'的宗教祭师，自称能够通神或把灵气吸入自己身体里面，因此能做出一些预言。"这种通神的巫术活动其实并不只限于中国，在古代世界是一种普遍的并受到一般人尊重的现象。

恩格斯曾有一句名言："只要自然科学在思维着，它的发展形势就是假说。"这就是说，灵感思维作为人类的一种客观而又普遍存在的思维类型，它的本质在目前人们尚未真正科学地揭示之前，仍然需要对之提出假说。灵感思维的对象和产生基础，是思维主体通过实践获得某一定客观事物的大量信息并对这些信息做了长期的思考；从生理心理方面而言，

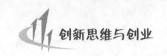

是思维者大脑里的潜意识活动增强到一定程度而与显意识活动通力协作，相互交融作用的结果；从其结果和根本作用方面来看，灵感思维能使人出现顿悟，使认识产生突然质变；从根本性质上说，它是一种高级的创造性思维活动。

灵感思维作为人类的基本思维类型之一，它具有突发性、突逝性、终端性、积累性等特征。特别是在科学探索、技术发明等创造性的思维活动中，更能体现其特殊的功能。例如，英国纺织工人哈格里沃斯经常想着提高只能拉一个线的横锭纺车的效率，但始终解决不了问题。有一次，他与妻子珍妮在谈话时无意中碰倒了纺车，轮子带下那根横装的锭子飞快地转动着。这一现象使他茅塞顿开，从而发明了比横锭纺车效率高8倍的竖锭纺车。而日本著名发明家铃木信一博士则利用面包的特性，触类旁通，举一反三，制成了质坚而量轻的多孔混凝土。

当然，灵感思维给人们提供的仅仅只是有关问题的"胚"，而不是直接提供某种答案或完备的理论。正如T.里布特所说的："灵感并不能导致一个完美的作品。"就是说，灵感及其思维仅仅只是为人们提供了打开成功之门的钥匙，而不是成功本身。

（三）逻辑思维和非逻辑思维的辩证关系

逻辑思维和非逻辑思维是创新思维的两种基本形式。在创新过程中，人们既运用逻辑思维，又采用非逻辑思维。逻辑思维是创新思维的前提和基础，非逻辑思维则在逻辑思维中断时起到"接通"作用，使得逻辑思维能继续进行，是打开创新大门的钥匙。

创新思维固然离不开逻辑思维，也要运用概念、判断、推理的思维方式，但它并不是逻辑上循序渐进地从经验材料导出假说、概念和理论，而是通过形象化构思、想象和直觉等特有的思维形式，跳跃式地直接抓住事物本质的思维过程。它依据于经验，又一下子超出了经验，是一种顿悟、直觉性的思维。

随着体育场馆的发展，篮球运动的正式比赛从室外移入室内，场地也从三合土、水泥等摩擦力较大的地面变成了木板等摩擦力较小的地面，这一变化使原来的球鞋出现了"打滑"现象。但多次想改变原来球鞋突起的花纹，以求不"打滑"的做法都以失败告终。一天，有位设计师见自己孩子在玩玩具手枪，只见打出去的橡皮子弹都"贴"在墙上不掉下来。于是，他取下观察，只见橡皮子弹头都是凹进去的"吸盘"式，这一发现触动了他的灵感——鞋底用吸盘原理设计。经过反复试验和修改，一种由许多菱形吸盘组成的新型鞋底花纹的篮球鞋诞生了。

爱因斯坦指出："物理学家的最高使命是要得到那些普遍的基本定律，……要通向这些定律，并没有逻辑的道路；只有通过那种对经验共鸣的理解为依据的直觉才能得到这些定律。"普朗克也有类似的见解，他说："每一种假说都是想象力发挥作用的产物，而想象力又是通过直觉发挥作用的"。美国麻省理工学院的戈登教授认为："既然发明创造不是阐明已知的事物联系，而是要发现事物间未知的联系，因此，要靠非推理因素来把似乎无关的东西联系起来。"

显然，几位科学家的陈述，都证实了逻辑思维和非逻辑思维在不同阶段发挥着作用。第一阶段，是由非逻辑思维发挥它特有的灵活性和对复杂表象的把握能力，运用视觉和动觉形式表现想象力，在找到解决问题的基本思路后，再由逻辑思维参与整理和评判，运用词语把结果用概念形式传出来。凯库勒从梦中飞舞的蛇而促动灵感，感悟出"苯"的环形结构式,但他在谈到这个问题时说:"先生们,假使我们学会做梦,我们也许就会发现真理。不过,我们务必小心,在我们的梦受到清醒头脑证实之前,千万别公开它们。"这进一步说明,非逻辑思维需要逻辑思维的验证。只有使两种思维有机结合、互相补充和作用,创新才能充分发挥。

 知识链接

http://www.qncg.net/

 **实际案例**

安全气囊发展史

1953 年 8 月 18 日,美国人约翰·赫特里特获得了"汽车缓冲安全装置"的美国专利。赫特里特是一位自学成才的宾夕法尼亚州工程师,他在 1952 年的一次事故后,萌发了设计撞车安全装置的想法。在这次事故中,他为躲避一个障碍物而猛打方向盘进行制动,他和妻子都用手臂本能地保护坐在前座中间位置上的女儿。这次事故后他意识到必须有一个更好的方法来保护乘员,两周之后,他绘好了设计图纸交给了代理人,这份图纸确定了今天安全气囊的雏形。但在美国应用推广中经历了几上几下的波折,足足走过了三十多年的漫长路途,直至 1984 年,汽车碰撞安全标准(FMVSS208)在美国经多次被废除后,又重新被认可并开始实施。其中规定从 1995 年 9 月 1 日以后制造的轿车前排座前均应装备安全气囊,同时还要求 1998 年以后的新轿车都装备驾驶者和乘客用的安全气囊,自此才确认了安全气囊的作用。

 **练习项目**

逻辑思维游戏

兄弟 4 人去露营,他们分别在挑水、烧水、洗菜、洗米。然而,老大不挑水也不洗米,老二不洗菜也不挑水;如果老大不洗菜,那么老四就不挑水;老三既不挑水也不洗米。请问,他们各自分工如何?

(答案:依题分析,老大洗菜,老二洗米,老三烧水,老四挑水。)

第二节　激发创新思维潜能的方法

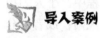 **导入案例**

可口可乐的发明

1885 年,美国南北战争结束已 21 年,这时已发明了"法国酒可乐——提神醒脑的健

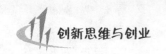

康饮料"和"柠檬柳橙综合营养果汁"。而发明"潘博顿印第安皇后神奇染发剂"的亚特兰大药剂师约翰·潘博顿,一直想要发明一种专供营养过剩的人饮用的饮料。

一天,他正在后院里忙碌。大铜锅里盛满沸腾的液体,潘博顿拿着一只船桨在锅里一边调配,一边搅拌。当煮得差不多时,他才发现,原来自己已经调制出一种能提神解乏、有镇静和减轻头痛作用的饮料。

潘博顿将这锅液体带到雅各药房去,指示他的助理魏纳伯倒入一些糖浆和水,然后加入冰块,使它冷却。两人尝过之后,一致认为味道好极了。不过,在倒第二杯时,魏纳伯不小心添加了含有二氧化碳的水(也就是未加糖的汽水),而不是普通的开水,两人对这味道更是喜欢得很。他们决定不冠以"头痛药"的名衔,而当做一般解渴饮料来卖。因为内含古柯叶和可乐果的缘故,他们将这种饮料取名为"可口可乐"。1886年,可口可乐平均每天卖出 9 瓶。根据可口可乐公司的记录,潘博顿在第一年仅卖出相当于 20 加仑的饮料,赚进 50 美元,却花掉 73.96 美元做广告。

今天,全世界 155 个国家的顾客,平均每天喝掉 3.93 亿瓶可口可乐。当年潘博顿的治头痛药,如今却是世上最受欢迎的饮料之一。

一、正确审视自己

在古希腊奥林匹斯山上有一座神殿,德尔斐的阿波罗神庙。神殿里有一块石碑,上面刻着这样一句话——"人,认识你自己!"这句探讨人生奥秘的箴言,由于"斯芬克斯之谜"的故事而广为流传,成为哲学家们最喜欢讨论的命题。古希腊哲学家苏格拉底说:"这才是人生的至理名言,才是哲学的最高任务。只有'你自己',才是我们必须去面对和不断探究的。"苏格拉底将它作为自己思想的主要部分,要求他的学生用毕生精力研读它。老子也讲:"知人者智,自知者明。"王安石推陈出新,提出自己的看法:"知己者,智之端也,可推以知人也。"他把自知放在了第一位。只有了解自己,认识自己,才能不断提高,不断超越。

在创新活动中,每个人是平等的,人们之间的差异不是智力或创造力上的差异,而是人格心理素质上的差异,并导致创新主体在创新过程出现各种心理障碍。常见的障碍有以下三种。

首先,是自我否定。即不认可自己的能力。实际上,在创新活动中出现一定的自责是正常的,但如果过于看重自己的不足则会使人远离客观,而陷入归因误差,甚至导致自信心丧失。

创新并不是天才们才能做的。在发明历史上,原来是杂货店学徒的列文虎克发明了显微镜,普通裁缝坦莫尼尔和机械工人豪都合作发明了缝纫机;圆锯发明者是个修女,发明两头尖绣针的,是长沙市某小学五年级的一个女学生。由此可见,创新并不神秘,也不是可望而不可即的事情。

其次,是情感障碍。表现为不敢冒险、害怕失败、自恋等。在创新过程中,个人因担心新的设想得不到团体成员的认同而失去团队和社会归属感,致使不敢冒风险;或者过分看重已有的成果,而妨碍进一步的创新。对创新成功者的研究发现,不会幽默、不会放松、不敢有游戏心态都是束缚思维的枷锁。幽默是高情感智慧的标志,幽默感是创新个体的集中体现。

最后,是认知障碍。主要表现在:感知不敏锐、功能固定、过分遵守规则、人云亦云、缺乏独立见解等。其中,感知不敏锐是指认识一开始就不主动、不积极、不敏感的状态。突出表现为:对任何事物都无动于衷,感觉不到新奇,即使对感兴趣的事物也只能维持一小会儿,不爱刨根问底;而感知麻木就是不能善于发现问题,缺乏创新的动力。这正如一个小女孩从小使用剪刀很不习惯,但妈妈会经常说,习惯就好了。于是,一段时间后,我们对周围不方便的事物逐渐缺乏提问的好奇,长此以往,就缺乏了探索的勇气。

事实上,太阳每天都是新的。只要我们学会全新观察,充分运用视觉、听觉、嗅觉,并综合起来感受生活,培养自己敏锐的观察力,就会发现,原来世界上有很多问题需要去提问,有太多的创新需要人们去实践。

二、激发创新思维潜能的方法

(一)建立良性暗示机制

每个人生活在现实世界中,都会接受各种各样的信息,其中有"明示"和"暗示",所谓"明示"就是直截了当的指示、命令,给人以毫无疑义的确定信息;而"暗示"则加入了主体在特定环境和气氛中的个人体会。

(1)暗示

所谓暗示又可分为积极的暗示即"良性暗示"和消极的暗示即"负面暗示"。学者们认为,暗示通过显意识进入潜意识,到达意识的深层部分。从这个方面讲,潜意识乃是暗示的积累与沉淀。它深刻地从根本上影响着、折射着、塑造着人的生命。暗示在深层潜意识中深沉地潜伏着,广大地弥漫着,持久地延续着,多方地沟通着。与显意识相比,潜意识平时处于压抑状态,暗示积淀的各种各样的图景处在被压抑、被封锁、被束缚、少自由、被控制状态。遇到偶然的机会,也会冒出来,在意识中出现,其表现形式即为灵感、直觉、想象等。

积极暗示能够开发头脑中的思维潜能,应该尽可能多地从周围环境和别人那里得到积极暗示,或者直截了当地对自己进行良性暗示,同时要学会拒绝和抛弃那些压抑思维潜能的消极暗示。

(2)负面暗示的消极作用

现代科学证明,若能改变内心的记忆及生理状态,就会影响其身体的生化功能和电波传送,因而感觉会变,行为也会变。

有许多实验显示,当人们沮丧时,免疫系统就会跟着降低效率,也就是白血球的数目会下降。就像一个人的透视照片,它所显示身体的电化能极大地受心态及情绪的影响。由于身心的密切关系,当心态处于昂扬状态时,全身的电流便会改变,使人们做出先前认为自己办不到的事。

班森博士是一位研究身心关系的专家,他在著作中曾谈到一些骇人听闻的故事,描述了世界各地巫术的神奇力量。下面的故事发生于1925年澳洲某个土著部落,巫医为一位被俘的敌人进行一项"穿骨术",使这位受害者相信自己得了可怕的疾病,并且可能会死亡。请看班森的描写:这个人当时的样子令人怜悯,他原地站着,脸上布满惊恐,双眼瞪着巫师，两臂高高挥舞，仿佛要扫去由天而降且已注入体内的毒素。不久他的面色转白，两眼无神，脸上的肌肉扭曲得变形。他想喊叫，可是声音却哽在喉咙间，之后白色的唾沫涌出。他的身子不停地颤动，身上的肌肉控制不住地蠕动。接着，他便前后摇晃，扑倒在地，一下子神志不清。不久他真的死了。

整个过程充分说明生理状态和心态之间的密切关系。实际上，巫医从一开始就没有碰过这个人，只是该人接受了巫医的"负面暗示"，使自己的心态对身体产生令人难以置信的恶果，从而自己杀死了自己。

（3）良性暗示的积极效应

在教育中开发儿童的思维潜能，首先要从良性暗示入手。其中主要的原则就是"多表扬，少批评"，以便在孩子的内心建立起健康的自尊。否则的话，受教育者接受越来越多的负面暗示，就会极大地阻碍他们思维的开发。

设想有一个3岁男孩正在学画画。他在一张画上涂了各种颜色，自以为干了件漂亮活儿。于是他跑到姐姐跟前说："瞧瞧我画的画儿。"姐姐却说："这是什么？真笨，你甚至把颜色涂在线的外面了"。这时男孩对姐姐的评价在内心认可了："姐姐说我又蠢又笨，不会画画。"当他在脑海中进行自我交谈时，他把一枚又大又重的否定的砝码添加在态度的天平上，使他带着"我不会画画，因为姐姐这么说"的观点向一个否定的方向倾斜。

这个男孩又画了一幅画，去给哥哥看："看看我画的画儿。"这时哥哥不想被打扰，因此说道："快出去！真笨。你不会画画。"如果这个男孩对哥哥的评价进行了认可，他的想法积累起来，造就了这样的观点："我很笨，不会画画。"

假设有一次他花了一整天时间画了生平最好的一张画，给他妈妈看："瞧瞧我画的画儿。"她皱着眉头说道："上帝啊，你画的什么？太糟糕了。"这时，男孩在想："我不会画画，这是现实。"

后来这个男孩上了幼儿园，老师说："同学们，今天我们发蜡笔，准备画画。" 这个男孩会自然反应："不，我不会画。上次我画了，受了伤害。我不会画。"

还有一个男孩，因为10岁时到教室讲台上讲故事，而他的裤子拉链此时却开了，这件事成为一次强烈的负面暗示记录在他的头脑"数据库"中，以致在他长大成年之后，他只要遇到当众演讲的场合就会双腿发抖、头发晕。也许他的思维和口才都是第一流的，他之所以害怕演讲，很可能是因为裤子拉链开了带给他的羞辱感。10岁时那次负面暗示的影响终身难以磨灭。

所以，当你消极地对待别人，贬低、小看他们时，就是在破坏他们对现实的自我形象，如果你认同他们的话，他们会十分信任你。

从我们所得到的知识及经验中发现，身体的变化，不论是在积极或消极方面都远比我们所认识的来得大，从中可以看出暗示对人的巨大影响。

（4）良性自我暗示五大原则

根据著名成功学者希尔的研究，积极的带有创新意识的暗示会让你在自发心理中实现自己的目标。在学习"良性自我暗示"时，要牢记五大原则。

① 简洁：你默念的句子要简单有力。例如，"我越来越进步"、"我挣了越来越多的钱"等。

②正面：这一点极为重要。如果你说："我不要挨穷"，虽未言"穷"，但这种消极的言语会将"挨穷"的观念印在你的潜意识里。因此，你要正面说："我越来越富有。"

③信念：你的句子要有"可行性"，以避免与心理产生矛盾和抗拒。例如，"我在今年之内会赚到50万或30万元。"

④观想：默诵或朗诵自己定下的语句时，要在脑海里清晰地形成意象。

⑤感情：观想自己健康，要有浑身是劲的感觉；观想自己创富，要有富裕人生的感受。希尔博士指出："当你朗诵（默诵）你的套句时……要把感情关注进去……否则，光嘴里念是不会有结果的，你的潜意识是依靠思想和感受的协调去运作的。"

（二）创设幽默氛围

幽默是个人生活中"味精"，对缓解生活紧张、协调人际关系，都有重要的作用。引发幽默和欣赏幽默的能力，是个人修养水平的一个标志。从创新思维的角度来说，各种类型的幽默都是言谈举止方面所表现出来的一种创意，也就是说，能够引起我们发笑的地方，一定是出乎意料的新东西，对于众所周知的陈旧的事物，人们是不会发笑的。

列维奈（J.Levine）认为，幽默与创新思维之间存在着密切的关系，一个人为了激发出幽默，必然要摆脱理性思考和固有结论的束缚，而这正是创新思维的必要条件。

阿瑟·考斯勒（Arther Koestler）是美国研究创新思维的著名学者，他在《创新能力的三个范略》中指出，创意具有三种形式，即"艺术创新"、"科学发现"和"戏剧灵感"。

（1）"戏剧灵感"氛围。所谓"戏剧灵感"，就是两种相互排斥的情境之间发生作用。两种本来没关系的思想或事物突然被结合在一起，便会产生幽默。相声中的"抖包袱"正是这个原理。

（2）幽默故事氛围。幽默故事的构成通常都是这样的：起初是一连串合乎逻辑的情节发展，并让听众产生紧张感，急于想知道结局。然后，一条出人意料的线索突然插进来，形势便急转直下，使原先那条线索成为一个虚假的问题，原先的紧张感突然消失，听众便不由自主地笑起来。请看这样一则笑话：弗里茨站在店门外，大声地叫卖："每斤土豆7角5分，最后一天了，明天开始调价，快来买呀……"很多顾客听到他的叫卖，被吸引过来，排着长队等着买土豆。弗里茨太太悄悄地问丈夫："明天调价多少？"弗里茨答道："每斤6角5分。"这个笑话的结构正是一种视角的转换，人们日常理解"调价"就是涨价，顾客听到要"调价"便排着队买土豆，这都是正常现象。岂料在结尾时，视角忽然一变，把"调价"定义为减价，从而使得排队购买的行为失去了意义，笑声就引出来了。

（3）幽默与创新思维具有双重促进关系。一方面，创新思维能够激发幽默，另一方面，幽默也能够激发一个人的创新思维。在一次试验中，首先让一组高中生听一段喜剧表演的录音，尽管喜剧的内容与接下来进行的"创新思维测试"之间没有丝毫关系，但与那些没听录音的学生相比，刚听了喜剧录音的学生，在创新思维测试中得到的分数明显要高。

（三）运用顿悟梦境

有一次，作曲家柴可夫斯基三天三夜没有睡觉。他被一大堆音乐素材困扰着。他走到书桌前，桌子上堆放着各种各样的材料，如何把它们理出一个头绪呢？他思索了很久，但无从着手。最后，柴可夫斯基躺在床上，立即进入了梦乡。在梦中，他把各种音乐素材整理得好好的，非常妥帖。一觉醒来，柴可夫斯基赶紧起床，立即把梦中所谱的曲子写在一

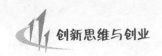

张纸上。后来,他重温这支曲子的时候,只做了一点小小的改动。

(1) 梦是一种形象思维。梦境中稀奇古怪的事物与意象,似乎和搜索、分类、重整资料以图归纳出意义的过程关系密切,这和图书馆管理员每天闭馆之际,都要将所有书籍归位的道理一样。梦的语言不适于有意识的(亦即左脑的)消化,讲究因果关系与逻辑概念的左脑,对大量的资料搜索与分类工作无能为力。若欲解读梦的语言,就必须借助右脑的全面性运作系统。

梦境中从"过去经验"到"有时甚至可以追溯到童年时代"再到"跳出的奇怪意象"证明,右脑进行了一次全面性的搜索行动,企图找出恰当的解决之道。所有被我们视为诡异、毫无道理的意象,几乎都属于特殊的右脑内在沟通模式的一部分。

美国宾夕法尼亚大学的希尔普雷西特是楔形文字的破译者。他在自己的传记中写道:到了半夜,我觉得全身疲乏极了!于是,上床睡觉,不久就熟睡了。朦胧中,我做了一个很奇怪的梦:

一个高高瘦瘦的、大约四十来岁的人,穿着简单的袈裟,很像是古代尼泊尔的僧侣,将我带至寺院东南侧的一座宝物库。然后我们一起进入一间天窗开得很低的小房间。房间里,有一个很大的木箱子和一些散放在地上的玛瑙及琉璃的碎片。

突然,这位僧侣对我说:你在文章的第22页和第26页,所提到的有关刻有文字的指环,实际上它并不是指环,它有着这样一段历史:某次,克里加路斯王(公元前约1300年)送了一些玛瑙、琉璃制的东西和上面刻有文字的玛瑙奉献筒到贝鲁的寺院。不久,寺院突然接到一道命令,限时为尼尼布神像打造一对玛瑙耳环。当时,寺院中根本没有现成的材料,所以,僧侣们觉得非常的困难。为了完成使命,在不得已的情况下,他们只好将奉献筒切割,分成了三段。因此,每一段上面,各有原来文章的一部分。开始的两段,被做成了神像的耳环。而一直困扰你的那两个破片,实际上就是奉献筒上的某一部分。如果你仔细地把两个破片拼在一起,就能够证实我的话了。

僧侣说完了以后,就不见了。这个时候,我也从梦中惊醒过来。为了避免遗忘,我把梦到的细节,一五一十地说给妻子听。第二天一早,我以梦中僧侣所说的那一段话作为线索,再去检验破片,结果很惊奇地发现,梦中所见的细节都得到了证实。

在上述资料里,所涉及的都是些具体的形象化的东西,而没有抽象的推理。形象思维是右脑的特长,也是思维创新的重要途径。对于现实生活中大部分习惯于左脑逻辑思维的人来说,做梦确实是激发潜能的有效方法。

(2) 在梦中找到新方案。纵使人们对梦的了解不尽正确,梦的重要性却毋庸置疑,主要有三个理由:第一,梦的内容通常和人们生活发生的事情有关,即所谓的"日有所思,夜有所梦",梦境似乎能够用最佳的方式来解决人们所面对的现实问题;第二,梦能够从过去的经验,从一些左脑鞭长莫及的有意识的回忆中,收集相关感情及资料;第三,梦会启示那些人们一时未发现却永远无法磨灭的真理。无论人们对梦的了解与诠释多么有限,但可以肯定梦是人们自己最真实的部分。

由此,日本创造学家总结了一套方法,利用梦境来创造性地解决问题。具体要点是:① 充分明确创造的动机,增强创造的欲望;② 准备丰富的材料,最好用图形或图表来表示；③入睡前自己给予暗示；④在枕边放笔记本和钢笔，以备随时记录；⑤对梦的内容进行分析和联想，以求从中找出答案。

保险剃须刀发明出来的时候，因为价格太高再加上人们一时间不能认识它的诸多优点，因此长期销路不畅，发明人吉列很为头痛。

有一天晚上，吉列做了一个奇怪的梦，他梦见刀片与刀架分开了。一觉醒来，他顾不上别的，就把这个怪梦记录下来。回想梦境，他突然产生了一个感悟：这项小发明是由两个部件组合而成，一个是刀架，一个是刀片，使用刀架必须也使用刀片。但刀架寿命长，买一个几乎可以使用一辈子。刀片就不一样了，买一个刀架的人一生不知要买多少刀片，如果把刀架大幅度削价，用低成本的价格卖出去，而从刀片上挣钱，剃须刀不就好推销了吗？接着，他又进一步大胆设想，如果把刀架作为赠品，无偿奉送，那样买刀片的人不就更多了吗？

深思熟虑之后，吉列果断地决定只卖刀片，凡是第一次买刀片者都能得到一个赠送的刀架，这样经营一段时间后，刀片销量剧增，保险剃须刀的优越性很快为人们所知，这又引起刀片销量的持续增长。这时候，吉列把刀片的价格稍提高一些，不但很快把刀架的损失捞回来，而且还因刀片市场的拓展和销量的增加，丰厚的利润源源不断地涌进来。

事实证明，创新思维能开发的另一种途径是梦，人们是可以利用梦境不断开发出自己的创新思维潜能，且在现实生活中构想出更多的新点子、新办法。

（四）培养快乐心境

"快乐"与"幸福"含义相同，在许多种语言中，两者都是使用同一个词来表示的。快乐在我们看来是有价值的东西，是人生追求的重要目标，甚至可以说是最重要的目标。中外历史上很多著名的伦理学家，都把"最大多数人的最大幸福（快乐）"当做全社会的追求目标，用来衡量各类事物是否有价值及其价值的大小。

（1）快乐。快乐，说到底是心理快乐，是主体自我感觉到的一种自在、舒服的心理状态。快乐自身与引起快乐的原因是两回事，快乐可以由物质性的东西引起，但是快乐本身却不是物质性的东西，而是精神性的东西。

既然人们都认为快乐是有价值的，那么，怎样才能得到快乐呢？初看起来，这个问题很简单。快乐是由许多不同的事物引起的，只要我们确认那些作为快乐原因的事物并且想方设法得到它们，我们不就能够在那些事物的刺激下获得快乐了吗？所谓"寻找快乐"，不过是寻找那些能够引起快乐的事物罢了！

然而，问题的关键不在这里。同一种事物，能够引起这个人的快乐，却不一定能够引起另一个人的快乐，甚至只能引起另一个人的痛苦，如抽烟、喝酒、打麻将、通宵读书、在公众场合讲话等。广而言之，同一种事物能够引起某一团体、某一民族的快乐，却不一定能够引起另一个团体、另一个民族的快乐，甚至只能引起他们的痛苦。此外，同一种事物，对于同一个人来说，在此时此地能够引起他的快乐，但换成了彼时彼地，就不一定能够引起他的快乐，甚至只能引起他的痛苦。

（2）快乐与创新密不可分。快乐为什么会产生这么多差别呢？原因就在于，所谓"能够引起快乐的事物"，不过就是"能够满足人的某种需求的事物"。人的需求得到满足，便在心理上产生了快乐。因此，只有当我想抽烟的时候，抽烟对我才是快乐；只有当你需要钱时，得到钱对你才是快乐；只有当他想升官时，升官对他才是快乐……不可否认，生活在相同文化背景中的人们，价值观念也是相同的，人们认同那些能够给他们带来快乐的东西。

但也不可忽视人与人之间、团体与团体之间、民族与民族之间，乃至于今天与昨天、此地与彼地，在价值观念方面的差异与变迁，这种差异与变迁就是人们的需求的差异和变迁，并使人们对由此引起快乐的事物的不同理解。

这样，创新思维的作用便显示出来。因为快乐与人的需求有关，而需求可以通过外界事物来改变，也可以通过内心的调节来改变，即通过思维视角转变求得快乐。

在梁实秋先生的散文集里，曾经有这样的句子："大雪纷纷落，我钻进了柴草垛；看你们穷人怎么过！"能够钻进柴草垛里取暖，就满足了他的需求，由此带给他快乐，是因为他的思维视角设定在自己与那些没有柴草垛的"穷人"之间的比较上。也许就在同一时刻，某些围着火炉的人们，因为没有安装制暖空调而痛苦万分，"空调需求"没有得到满足，他们的思维视角与柴草垛中的乐天派大不相同。

在国外医学界，主张"自然分娩"的医学专家认为，妇女生孩子是自然的生理过程，伴随这种过程的应该是快乐而不是痛哭。那么，为什么在现代国家中，几乎所有的妇女在分娩过程中都会痛苦万状呢？那是由消极的思维定式引起的。年轻的妇女通过各种途径接受了"分娩很痛苦"的观念，于是当她自己分娩时，便会对想象中的痛苦产生恐惧感，这种恐惧感导致子宫肌肉紧张、血流紊乱，终于引发了真实的痛苦。这种痛苦又反过来强化"分娩很痛苦"这种思维定式，由此形成一种负反馈，使得痛苦越来越剧烈。

人生万物都能引起我们的快乐，关键是去寻找。而寻找快乐的最好工具就是创新思维。许多科学实验证明，新的思维视角能够引发快乐，而旧的思维定式则能够导致痛苦。

（3）学会摆脱忧虑与烦恼。许多医生都发现，成功者人群中通常会有以下症状：消化性溃疡、痉挛性大肠炎、高血压、便秘、酒精中毒、饮食过量、肥胖症、食欲不振等。这些都是"成功者"经常抱怨的症状，实际上可能他们的身体器官没有任何问题。其主要原因是他们担忧的事情太多了。他们在工作和生活中怕这怕那，他们的忧虑大多是思维观念问题。有一组有关忧虑的统计数字：人们忧虑的事情中有40%永远不会发生；还有30%的忧虑涉及过去做出的决定，是无法改变的；还有12%的忧虑集中于别人出于自卑感而做出的批评，这其中，有10%忧虑与健康直接有关，而且越担忧问题就越严重。研究者认为，只有8%的忧虑可以列入"合理"范围，是真正值得忧虑的。

人们要摆脱忧虑与烦恼，有效的策略是"重建"，即有意识地用建设性的态度去对情况重新解释。例如，对无故刁难你的人，你可以对自己说：可能他并不是故意的。单独外出"冷静"也是消除怒气的好办法，尤其当你的思路理不清的时候，尽快转换思维热点，去考虑或讨论别的问题，或者是悠然地放松一下，如散步、打球等。如能加上"深呼吸"和"沉思"（即集中思绪于某一令人愉快的环境）这一类放松技巧，你就有了对付不良情绪的有效方法。

（4）把"要我做"变成"我要做"。每个人都会感到生活在这个世界上，有许多事情是我们不得不做的，但是我们从内心深处并不喜欢做。结果呢？人们一边做事，一边怨天尤人，内心没有一点快乐的感受。在这种情况下，就需要创新思维来帮忙了。当我们能够把迫不得已的"要我做"，变为自觉自愿的"我要做"的时候，我们就能够在日常工作中获得充分的满足和快乐。

美国大学生橄榄球运动员们有时会想"我得不让这人跑在我边上"，或是"我得把球传过去"。这是典型的"要我做"思路。

一位美国心理学家指出，绝大多数失败者的生活都是建立在"不得不做"的基础上的，他们不为自己所做的事承担责任。一旦你对自己说"我不得不去做"时，你不但丧失了责任心，而且会有损你的自尊心。"我不得不做"意味着"我不是我自己的，别人在操纵我"。在这种情形下，你会不停地在想："如果让我选择，我才不会这样做呢。"这意味着："我违背自己的意愿被迫在做"。例如，你在心里想："我得熬夜了，老板让我今天就写完这份报告。"这意思是："他们让我做的。"他们是谁？当每个人被他人主宰时，此人已不再有自尊。"我已丧失了主宰自己生活的力量"。此时，每个人反而不如告诉自己："我还不想回去，我愿意呆在这儿做完报告，这样我会轻松满意地离开这里。"

其实，人们不必非得去做什么，譬如：不必非得在冬天开取暖器，人们可以穿上厚厚的夜服坐在屋子里。人们可以做自己喜欢的事，只要乐意面对结果。假如，孩子说"我得学习去了，如果我不做功课，老师会让我不及格。我没办法。"可以这样告诉他们：你有选择余地，你可以不去做功课，也许你会不及格。这不是重大选择。"关键看自己最乐意做什么，建立"我想这样做，我乐意去做"的想法，学会操纵自己。

（五）尝试冥想境界

冥想是种古已有之的锻炼身体与心灵的方法，也是许多宗教所采用的修炼方式。在冥想的过程中，个人把自己意识中的内容印入无意识的层面，使思维中潜伏的能量运作起来。

（1）心灵远足。在人的生命中，经常会面临许多做不到的事情，不是因为别的，就是因为人们画地为牢，自认为自己不行，使个人无限的潜能只化为有限的成就。或者，轻易接受别人给你的限制，从而成为受别人控制的人。

常见"心灵远足"方法：安坐在沙发上，引导心灵到一个遍地都是树木、栅栏、高墙的从来没去过的地方。在那里，空间距离好像就是时间的距离，仿佛就是未来。在心灵深处这样说："我不知道这是怎么回事，这些全都太奇怪了……走这一趟实在很有趣，很庆幸一路平安，我没有走丢，也没受伤。……"

这一趟跳出思维框框的想象远足，是要测验人们投入实验式思考各个阶段的意愿有多强，这种方法有助人们自在运用"框框外"的思考。通过你的想象力带领穿过框框，进入那个陌生地方，任由心灵探索这辽阔的空间，任幻想随意驰骋几分钟，直到觉得安逸自在为止。

日本有位叫中松义郎的发明大王，堪称是当今最成功、也最有钱的发明大王。他有两千多项专利。中松博士有两座工作室，一座叫"静屋"也叫石屋，另一座叫"动屋"。在构思新创意时，他就到"静屋"去，一边听音乐，一边进入"心灵远足"的状态，不久，新创意就会喷发而出，接着再到"动屋"去，把刚才的创意付诸实施。中松先生每天早上8点上班，一直到深夜4点才入睡。他认为夜深人静时正是"心灵远足"的好时光，也是创意爆发的时刻。

（2）自我交谈。冥想的另外一种方式就是"自我交谈"，即自己对自己说话。因为人的发展、变化，都遵循着人自己所想的。当前人们的思维决定着他们未来的命运。在进行自我交谈时，反复对自己说的任何话语都会决定个人的观念和自我形象，从而对行为发生影响。人不可能主动改变自己行为，除非进行自我交谈，以改变头脑里储存的观念。

18世纪后期，只身探险航海之风席卷欧洲。一位名叫林德曼的精神病专家也宣布将横渡大西洋，理由是实验"精神病人常常具有在外界压力下，逐步丧失勇气和信心，进而精神崩溃的特点"。在林德曼出航十几天后，一个巨浪打断了桅杆，船舱进水。此时的林德曼也筋疲力尽，又因长期睡眠不足而开始产生幻觉，出现死去比活着舒服的念头，但他马上对自己大喊："懦夫，你想死在大海里吗？不！我一定能成功！"就这样，在整个航行的日日夜夜中，他不断地在心灵中对自己说："我一定能成功！"以此来控制意念，引发源源不断的潜能。结果，他到达了大西洋的彼岸。事实证明，人可以通过"自我交流"，即自我鼓励来开发内在的潜能，使之产生无限勇气，这种勇气可以战胜肉体上抵御不了的困难。

（3）内心电影。思维学家告诉我们，由于神经系统无法区分生动的想象出来的经验和实际的经验，心理图像就给人们提供一个实践的机会，把新的优点和方法付诸行动。心理图像为我们获得技巧、成功和幸福开拓了一条新途径，故也称为"内心电影"。

一个真实的案例：内斯美是一位周末高尔夫球选手，他通常能打出九十几杆，后来有七年的时间他完全停止玩高尔夫球。令人惊异的是，当他再回到比赛场时，还能打出了漂亮的七十四杆。在那七年时间里，他没有摸过高尔夫球，而他的身体状况也在恶化之中。因为他那七年是住在一间大约四英尺半高的俘房收容所里，是一个越南的战俘。

在那七年的日子里，内斯美一直与世隔绝，见不到任何人，没有人跟他谈话，更无法进行正常的体能活动。起初几个月，他几乎什么事情也没做。后来，他觉得如果要保持头脑清醒并活下去，就得采取特别积极的措施才行。最后，他选择了心爱的高尔夫课程，开始在牢房中玩起了高尔夫球。在他自己心里，每天都要玩整整十八个洞。他以极精细的手法玩高尔夫球，他"看见"自己穿上高尔夫球衣，走上第一个高尔夫球座，心里想象着他所玩的场地的每种天气状况，他"见到"球座盒子的精确大小、青草、树木，甚至还有鸟；他很清楚地"见到"他的手紧提高尔夫球的精确方式；他很小心地使自己的左手臂维持平直；他叮嘱自己眼睛要好好看着球；他命令自己小心，在击杆时要慢而且轻轻地打，同时记住眼睛盯在球上……换言之，他决定成为一个"有意义的特殊人物"，而不是做一个"徘徊的大多数人"。

（六）激发思维潜能的其他方法

除了以上介绍的方法之外，思维潜能还有不少别的开发方法。每个人可以根据自己的具体情况和思维的特点来选择做训练。

（1）潜泳促发法。一位日本创造学家特别欣赏潜泳对于思维潜能开发的意义。他认为，在游泳的过程中，头脑容易开窍，容易获得灵感。他本人就在水中想出了许多新方案，做出了许多发明，这证明在水中时大脑是处于最佳状态的。原因是，潜水时人的身体表面和头脑表面的血液被押送到大脑中，使大脑血流量增大，脑的活动性增强。水的浮力使身体成无重力状态，可以得到解放感和消除紧张感，能自由发想。再加上水中没有声音干扰，看见的只有水底，易于精神集中。同时，潜在水中，人不能呼吸，有缺氧情况，这样大脑会产生意想不到的新想法。有实验证明，缺氧状况下，人很痛苦，但应该坚持和忍耐，在忍耐限度的半秒之前，往往脑中像闪电一样出现灵感。灵感出现得快，消失得也快，所以，事先要做好在水中做笔记的准备。

（2）绝境引发法。人在绝境或遇险时，会展示非凡的能力。据报道，某人瘫痪在轮椅上五年，一次，他不小心打翻了蜡烛，整个屋子迅速弥漫起大火，如果他不逃走将会被火烧死。于是他忘记了一切，起身往门外冲，然后跳下楼梯，在大街上狂奔了很远，当他停下时，突然发现自己居然能行走了。由此可见，当一个人没有退路时，就会产生爆发力，即潜能。

（3）成果激发法。人人都希望自己的体力劳动或脑力劳动能够获得成果，因而，要尝试用未来的成果激发出一个人的积极性，使他的大脑高速运转起来。

一位心理学教授曾做过一个实验，要证实人们对成果的重视程度。他雇了一名伐木工人，要他用斧头的背来砍一根圆木。教授告诉伐木工说，干活的时间不变，但报酬加倍，他唯一的任务是用斧头的背面砍那圆木。干了半天之后，伐木工不干了，说："我要看着木片飞出来。"的确如此，当人们看到成果就感到满足，这是许多人干活的内在动力。汽车工人喜欢看着装配好的汽车准备开出去，大厨师想凭他的手艺使宴会成功，在航天卫星发射基地工作的金铆工，看着航天卫星发射上天就能获得最大的满足。

所以，要让思维潜能得到充分的开发，就要用将来的工作成果来使人们精神有所收获。让他们看到未来的成品，让他们知道他们的贡献在整个工程中的作用，让他们懂得自己工作的重要性，这对他们的头脑和精神是一种莫大的鼓舞。

 知识链接

http://www.success001.com （潜能开发学院）

 **实际案例**

傻瓜相机的发明

这款售价为 15.95 美元的相机创造了便捷操作的奇迹。柯达为了避免业余使用者易犯的错误及使拍照"傻瓜"化，把这款相机使用的胶卷封装进一个塑料暗盒内，这样用户在放入或取出塑料暗盒时，就不用担心胶卷会曝光或发生位移。你还可以使用闪光灯（将其安装在相机顶部的一个小隔间里），来增强被摄物体的亮度。这款相机自面世起，便迅速走俏。据统计，数以百万台此类相机被一抢而空！

 练习项目

1. 创意思维游戏：约翰来到一家西餐厅应聘，面试官出了一道题目来考他："请在正方形的餐桌周围摆 10 把椅子，使桌边每一面的椅子数相等。"约翰想了很久都没答上来，请问该如何摆放呢？

（答案：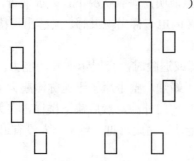）

2. 试一试：钉子上挂着一个系着绳子的玻璃杯，只给你一把剪刀，你能既剪断绳子又不使杯子落地吗？（剪时，手只能碰剪刀。）

本 章 小 结

21世纪是知识经济时代，知识经济的核心是创新。创新首先要有创新思维，本章着重介绍创新思维原理，指导人们正确认识思维和创新思维原理。

在创新活动中，每个人是平等的，人们之间的差异不是智力或创造力上的差异，而是人格心理素质上的差异，并导致创新主体在创新过程出现自我否定、情感障碍、认知障碍等各种心理障碍。因此，科学地激发个人思维潜能，通过建立良性暗示机制、创设幽默氛围、运用顿悟梦境、培养快乐心境、尝试冥想境界等方法，实现个人的创新思维。

复 习 思 考 题

1. 简述"左手思维和右手思维"原理。
2. 暗示对人产生哪些作用？谈谈你将如何运用良性暗示激励自己。
3. 请尝试超越逻辑，列举狗和洗衣机的关系，发明一种新式的洗衣机。

第四章 创新思维方法

每一个时代的思维总要凝聚为一定的思维方法,每一种新的思维方法的出现,都是对既定思维方法上的一种超越。有人说,创新思维既是继承传统的产物,又是超越传统的产物。思维领域中的创新,通常表现为思维方法的创新,这就意味着任何现有的思维方法都处于不断创新过程中。正如法国哲学家笛卡儿在《方法谈》中说的:"我们的意见之所以不同,并不是由于一些人所具有的理解性比另一些人更多,而只是由于我们通过不同的途径来运用我们的思想,以及考察的不是同样的东西。"

【知识目标】
1. 了解创新思维的原则;
2. 掌握创新思维的方法。

【能力目标】
运用创新思维的原则,在实践中积极使用创新思维的方法。

 导入案例

快 乐 芯

"快乐芯"是一款心理和心脏健康管理系统。易造团队专为国家体育总局射击队的队员量身设计。它的原理很简单:只需将特殊设计的夹子夹在使用者的耳朵上,再将其接通电脑,就会在显示器上显示一系列的图像和游戏,通过心理机能的微妙变化来控制游戏通关与否。由于这个产品的概念是首次在全球推出,易造设计师们特地将其外形设计成心形,使产品的功能一目了然的同时,也将健康理疗的概念植入人心。再加上其独特的娱乐性和医疗性,使它成为E时代解决亚忧郁的最佳产品。

第一节 创新思维原则

客观事物发展的无止境,为人类思维准备了广阔无限的创造和超越空间,使得创新思

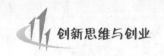

维成为一种非常活跃的思维运动。然而，创新思维也必须有一定的规则，创新思维的独立性、求异性、跳跃性和实践性原则就是人们使自己的思维具有创新必须遵从的原则。

一、独立性原则

心理学对独立性是这样定义的：独立性是指一个人不是屈从于周围环境的压力，不是遵照偶然的影响，而是从自己在一定情况下应如何行事的信念、准则和观念出发规定自己的举止和思维。创新思维就是在"不唯上，不唯书，只唯实"的状况下进行活动的。

思维的独立性表现为善于独立地提出问题、分析问题和解决问题，不是人云亦云，不是迷信权威。许多成就显赫的名人、伟人都具有思维独立性品质，因而就能从人们司空见惯的事物中发现问题，能永不停息地追求真理，最终有所建树。爱因斯坦的老师海因里希·韦贝尔对爱因斯坦说："你是一个聪明的小伙子，可是你有一个毛病，就是你什么都不愿让人告诉。"在这里海因里希·韦贝尔说的毛病其实正是爱因斯坦最为可贵的优点——追求思维的独立性，也正是这一优点，使他敢于突破牛顿力学并经过坚持不懈的努力，创立了相对论。

思维的独立性不仅表现在排除外界因素干扰方面，而且表现在思维主体的思想解放、打破常规方面。每个人在进行活动和思考时，一方面，他要尊重事实，从当前的客观情况出发；另一方面，他还受到自己头脑中已有的思想、观念的影响。那么，如何正确地看待这一方面，就关系到思维主体的思维独立性问题。有些人至死不愿放弃自己头脑中的旧观念，有的人过于谨小慎微，放不开步子，影响其独立性思维的展开。在美国通用汽车公司的一次董事会上，有位资深董事提出了一项决策议案，立即得到大多数董事的附和。有人说，这项计划能够大幅度提高利润；有人说，该议案有助于我们打败竞争对手，于是大家一致建议应该组织力量，尽快付诸实施。但是，会议主持人保持着冷静的头脑，他说："我不赞同这种团体思考的方式，大家刚才的表决明显带有随声附和的色彩，这将导致十分危险的结果。因此我建议把这项议案推迟一个月后再表决，请各位董事独立地思考一番。"一个月后，董事会重新讨论那项议案，结果它被否决了。

独立性原则在创新思维中至关重要。没有独立性，就没有进取、创新。但是，这里强调的独立性，不是孤立、封闭状态下的独立，也不是故意标新立异状态下的独立。在20世纪50年代的一次世界指挥家大赛的决赛上，日本参赛选手小泽征尔从容不迫地走上了指挥台。演奏开始不久，小泽征尔发觉乐谱中有不和谐的地方，于是他要求重新开始，但在第二次演奏中，不和谐的地方再次出现，小泽征尔认真考虑了一下，便向评委们提出："乐谱错了"。评委们平静地回答："乐谱没有问题"。小泽征尔坚定地说："乐谱真的错了。"评委们还是一致否认，并催促小泽征尔不要浪费时间。小泽征尔忽然大声吼道："一定是乐谱错了。"这时，评委们相视一笑，同时起立，向小泽征尔报以热烈的掌声。原来，是评委们故意把决赛的乐谱写错来考验参赛者，在那次指挥家大赛中，只有小泽征尔一个人在众多评委的误导面前坚持了自己的信念，通过了这次别开生面的考试，最终他荣获了冠军。

许多创新思维的成功案例告诉我们，进行创新思维，既要注重他人的经验、现行的理论，又不囿于它们；既要注重自己的经验和知识，又不唯我独尊；既要克服思想上的唯唯诺诺，又要克服思维上的封闭自恋。只有辩证地对待上述各方面，我们才能形成自己新颖别致的思维。

二、求异性原则

求异性原则是创新思维的又一重要原则。求异性原则要求与众不同。以前人们都认为太阳围绕地球转，而哥白尼却认为地球围绕太阳转。创新思维中的求异性，就是要敢于标新立异，独辟蹊径。求异性原则是指，思维主体不能满足于常规和跟在他人后面亦步亦趋，必须具有求异、求新的心理，在求异、求新中迸发创新思维的火花，发现改变现有状况的契机和机遇，是一种在异中求新、新中求变的原则。

事物的发展是多样性的统一，离开了多样性，统一就没有了生机，是一种毫无价值的自身重复。离开了统一性，多样性就会变得紊乱，没有了中心，就是众多事物的机械堆积。求异性思维是把通过对事物共同本质的认识，对具体事物的思考，找出其特殊本质的过程。求异性思维在创新过程中也具有很大的作用。例如，罗巴切夫斯基总结了 2000 多年以来人们致力于证明平行公理失败的教训、认识到平行公理是独立的公理，并证明它是不可能的，并断定还存在着不同于传统的欧几里得几何学的另外一种几何学。在这种求异性的创造性思维的指导下，他创立了非欧几何学，建立了不朽的功绩。再如，哥白尼推翻以地球为中心的宇宙规则，贝多芬改写交响乐的写作规则等，都是求异性思维的杰作。

事物不仅是多样性的统一，也是在多样性中求得发展的。事物一旦失去了多样性，就失去了活力。所以马克思曾说过："人类社会的进化与发展，不是在自然资源十分富饶的地区，而是在自然资源种类丰富且差异性大的地方得到发展的。过分富饶的资源只会使人离不开它，就像小孩离不开引带一样。"这就是说，社会是在多样性的基础上发展的。战后的日本，为了重新崛起，他们采取了多项措施，注重各个方面的发展，如教育、文化、科技、工业、农业、交通业等，总结自己的经验和吸收西方的一切有利于自己发展的因素。广泛地涉猎，多方面并进，最终跻身于世界经济强国之列。同日本形成鲜明对比的是处于冷战时期的前苏联，为了同西方世界对抗，单独地发展重工业和军事工业，而忽视甚至牺牲其他行业，这种单一性的直接后果是国民经济停滞不前。差异性和多样性推动事物的发展，这是求异性原则的又一客观根据。

正因为上述两方面的原因，人们在思维活动和实践活动中，就不能满足于现状，或满足于某一方面的长足发展，要在现状和单方面发展基础上寻求新的发展，寻求不同于现状的新的方面和关系，这种新的方面或关系对于现状来说，既是新、多样性，又是异。所以，求异性原则在一定意义上，就是求新原则或求多样性原则。

三、跳跃性原则

创新思维的第三个原则是跳跃性原则，是指我们在进行创新思维活动中，要善于省略事物的次要步骤，抓住事物的本质和结论，或是善于超越思维的时间跨度，抓住不同时期事物的相同之处，从而以最快的思维速度去揭示未知。

任何思维过程，无论是简单的还是复杂的，通过科学抽象，最终都可以归结为三部分，即出发知识、接通媒介和结论性知识。所谓接通媒介，即通过接通有关的联系，从而导出结论知识的那个（或一系列的）中间环节。如在写作活动中，若在成文时合理地使用跳跃性思维，可以增加文章的容量和跨度，使文章显得生动、活泼、富于表现力。若不能合理地使用，则会导致文思不畅，文气不能顺通，人物言行不合情理，事物发展不合逻辑。

由此可见，跳跃性原则的客观依据是事物发展连续性和跳跃性特征。任何事物都有产生、发展到衰亡的过程，事物与事物之间又是因转化而生成的。例如，现今的南非作为一个独立国家有一个形成、发展过程，南非今天的民主是从过去的种族歧视和黑奴制发展而来的。过去与现在之间虽在时间上相隔若干年，但在源流上有一致之处。另一方面，事物的发展并非都是循序渐进的，有时以跳跃的方式进行，跳跃的两端尽管时间跨度大，却有一定的联系。事物的连续和跳跃，使思维的跳跃成为可能。

正确运用思维的跳跃性原则，不仅能提高思维效率和思维速度，而且能够攻克思维堡垒，同时指导我们的实践取得创新的成就。爱迪生是美国伟大的发明家，他的发明数不胜数，我们应该知道他的一切发明都是和他活跃的思维分不开的。某日，爱迪生在实验室里工作，急切需要知道电灯泡容量的数据。由于手头工作太多，他便叫来助手，递给他一个没上灯口的玻璃灯泡，吩咐道："请帮我把灯泡的容积量出来，要准确。这对我很重要。"助手接过灯泡郑重地点点头，就去了隔壁的房间。过了很长时间，爱迪生手头的活早已干完，然而，助手仍未将数据送来。于是，爱迪生便亲自到隔壁去找助手，看看他是怎么量的。一进门，爱迪生就看到助手正在忙于计算，桌子上的演算纸多的惊人。爱迪生问："还需要多长时间？"助手满头大汗地说："一半还没完呢。这真是太复杂了，涉及很多的图形和公式，还有更麻烦的事情。"爱迪生看到纸上都是运算的数据和画出的图形，把灯泡包含的种种图形都分别画在了纸上。爱迪生明白了，原来，他的助手用软尺测量了灯泡的周长、斜度、口的周长、深度等，正在用复杂的公式计算呢。助手还把计算程序说给爱迪生听，证明自己的思路没错。爱迪生摸着下巴笑了，他拍了拍助手的肩膀说："别忙了，小伙子，来，像我这么干！"说着，爱迪生拿着那个灯泡，在水管下接满了水，交给助手说："现在把这里面的水倒进量杯里，马上告诉我它的容量。"助手听到后，看看桌子上的演算纸，脸一下子红了。爱迪生毕生的成就都在于他的思维活跃，勇于探索未知领域。从这个小故事中可以看出，思想僵化的人是不可能有所建树的。同样，人们在学习和生活中，也更应该避免这种情况的出现。用心去找到好的解决方法，比手忙脚乱地花费大量的时间去蛮干，也许更好、更快、更轻松。

四、实践性原则

实践性原则是创新思维中的根本原则，是指人们在进行创新思维的过程中，必须参与实践，必须在实践中促进思维能力的进一步发展，在实践中检验思维成果的正确性。没有实践，思维的发展就失去了动力，就不会有创新的思维。没有实践，创新思维其他原则就会变形或是被误用，如独立性原则，就会变成"孤僻性"原则，求异性就会变成主观的多样性，跳跃性就会变成臆想中的胡乱联系。故而，实践性原则的贯彻、实行与否，直接关系到其他原则的贯彻与否。

第一，人类思维能力产生于实践。人类同猿人告别之后，在日常的活动中，最初是借助于手势、动作、物体等形象性事物进行交流。随着实践的发展，劳动范围的扩大，人在劳动中到了非说不可的地步，于是产生了语言。语言的出现是人类发展史上的一个重要标志，但语言不等于意识。只是在日后的劳动中，语言和劳动一起促使意识得以产生。所以，从自然发展史的角度看，人类是自然界长期发展的产物，从社会发展史的角度看，人类是在劳动中产生的，人的思维、意识能力也是在劳动、实践中形成的。根据生物学的重演律，个体的发展史重演着人类的发展史。这就是说，人类的发展史以个体的发展史的形式现实存在着，如人类思维的发展史与个人由小孩到成年的思维能力发展过程相似。没有现实的生活，小孩的思维能力不会形成，如"狼孩"、"猪孩"；没有现实的生活，业已具备的思维能力也会衰退，如布什总统等各国前领导人，退出了政治生活实践，他们当年的政治敏感性和敏锐的思维能力会有所减弱。

牛顿是世界上最伟大的科学家之一，他对科学的贡献是史无前例的。牛顿的一生有许多伟大的发现：力学三定律、万有引力、光学环、光微粒说、冷却定律以及微积分，然而到了晚年，他的研究陷入了亚里士多德的柏拉图学说的范围而不能自拔。他花了10年的时间来研究上帝的存在，结果毫无所得。由此看来，即使是一个伟大的学者，一旦落入陈旧的范畴，就谈不上有丝毫的成就。

个人思维能力发展如此，人类的思维能力发展亦如此。

第二，人类的思维能力随实践的发展而提高。用进废退，这是自然界的一条颠扑不破的真理。思维能力产生之后，还必须随实践的发展而发展，时刻同实践紧密相连。例如，先有了量子理论，而后促进了集成电路和电子计算机的发展，奠定了信息产业的基础；运用相对论原理，形成了核技术，引发了核工业；运用生物学的原理发展了生物技术，并且催生了有巨大价值的生物产业。所以，人类的每一项思维成果都是在实践的需要下产生的。随着当今实践的不断发展，给人类思维提供了越来越广阔的思维空间，也提供了越来越多的需要解决的思维难度。可以说，人类思维总是在实践给予它的机遇与挑战的两难中发展。

第三，创新思维的成果要在实践中接受检验。创新思维是在已有知识和经验的基础上，运用逻辑抽象能力、想象能力及直觉顿悟能力而发生的，但由于认识的主客观条件的复杂性，就使人的认识难免发生偏差，思维活动也会有出轨的危险，而认识成果的对与否，思维活动本身无法验证，只有实践才能检验思维活动成果的真理性。例如，以DNA双螺旋结构的发现为标志的分子生物学的诞生，由此带来了一场涉及整个生命科学的革命。思维活动只能在实践基础上发生，其成果也只能在实践中接受检验，正确的就会得到推广、应用，错误的会得到修正。

创新思维的几个原则是紧密联系在一起的，交互发生作用，所以，每一项原则都是人们在进行创新思维时所必须遵守的。

知识链接

http://id.m6699.com/

http://www.chinadesign.cn/index.php

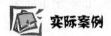

经济又环保的铅笔打印机

这个世界上有才的人还真不少,一款环保的铅笔打印机日前就由设计师 Hoyoung Lee 发明。只要将小铅笔头塞进打印机,打印机就能将木质与铅锌分离,无须墨盒,即可实现文档打印。而另一方面,打印机还具有橡皮擦功能,将打印后的纸张放进打印机的另一端,纸上的痕迹就会被擦除。这样的创意不仅经济,还十分环保。

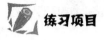

创新思维游戏

1. 《糊涂交易》

硅谷的一家大集团致电给欧洲供货商,要求订一批半导体材料,这家集团非常精确地指定交货日期。但是,信誉良好的欧洲供货商,其每一批交货日期都至少有一个月的误差,有些货物是太早送到,有些是迟到。硅谷集团的经理打电话质问原因,欧洲供货商则说他们的货物都是有物流公司经营,而物流公司也说他们是按照合约上的日期准时送达的。究竟问题是出在哪一个环节?

(答案:问题出在日期的书写方式不同。美国公司用的日期格式是月/日/年,欧洲供货商的日期格式是日/月/年。例如:美国公司要求是 2004 年 7 月 5 日送货,就标示为 7/5/2004,而欧洲供货商便会认为是要在 5 月 7 日送达。)

2. 技术高超的发型师

小婷来到镇上,发现全镇只有两位发型师并各自拥有自己的发廊。她想剪发却不知哪一位技术好,于是便先察看其中一家,结果店内不仅非常脏,发型师更是不懂打扮、头发凌乱,让她认为该发型师技巧不纯熟。接着,她再看另一家,发现:店面崭新,发型师穿着时髦,头发修得相当好。但小婷没有马上进去,稍作思考后,却返回了第一家!为什么?

(答案:由于镇上只有两位发型师,他们必然是替对方剪发,小婷挑选的是给对方剪出最好发型的设计师。题目中有关两位发型师外形叙述,容易混淆人们思考而多作联想,导致判断错误。)

第二节　创新思维的方法

**导入案例**

太阳能眼镜 SIG

戴太阳眼镜的时候什么最多？没错，就是阳光，阳光啊！

一想到阳光，我们当然就要马上联想到太阳能发电，反正都得晒太阳，不如顺便回收些阳光旺盛的能量，将它转换成随身小玩意所使用的电力。而这也就是 Hyun-Joong Kim 及 Kwang-Seok Jeong（感觉起来应该是韩国设计师）所设计的太阳能眼镜。该款的镜片具有太阳能集电的能力，收集的电力则通过镜架的电力线传输并进一步保存。

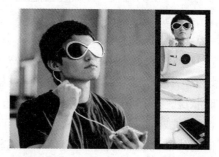

做任何事情都有一个诀窍或窍门，这里的窍门就是指在做事情时，找到解决问题的最佳方法，从而有效地达到目的。所以，只要人们掌握解决问题的方法，问题就会迎刃而解。进行创新思维也不例外，要有自己的方法。

一、相关法

相关法是指人们在进行创新思维，寻找最佳思维结论时，由于思路受到其他事物已知特性的启发，便联想到自己正在寻求的思维结论的相似和相关的东西，从而把两者结合起来，达到和实现由此及彼的目的的方法。相关法的运用要依赖于较强的联想力。

世界万物之间存在普遍联系，是唯物辩证法的基本观点和总特征。唯物辩证法认为：联系是指事物内部诸要素之间以及事物与事物之间的相互影响、相互作用和相互制约。联系是客观的，凡真实的联系都是事物本身所固有的联系，而不是人们强加给事物的主观臆想的联系。

由于事物间的普遍联系，因而相互作用，相互影响。一事物的解决，往往影响到周围的众多事物。例如，环境问题，它不单单是某个人、某个单位的事情，而是大家共同面对的生存空间的境况问题，因而，一定空间范围内某个人、某单位对环境的破坏，必殃及其他人、其他单位，同样，某个人、某个单位对环境的重视、消除破坏环境的因素，必将使大家共同受益。如果一个化工厂每天排除大量废气，并进入空气中，不仅影响该厂职工的身心健康，而且危及邻近厂区居民的身心健康。不仅破坏人们的生存空间，还破坏了空气各元素之间的平衡，影响气候、农业生产等。反之，如果该厂在废气进入空气中之前，就进行处理，那么，各方面就会获益。

要把相关方法灵活运用于自己的创新思维活动中，也非一件易事。它要求人们大力培养洞察事物间相关性的能力，善于抓住事物的本领和问题的关键，善于把自己所思考的内容进行要素分类和分解，提高见此思彼、由此及彼的能力，获得创新思维方法。

二、正向思维法

所谓正向思维法，就是人们在创新思维活动中，沿袭某些常规去分析问题，按事物发展的进程进行思考、推测，是一种从已知进到未知，通过已知来揭示事物本质的思维方法。这种方法一般限于对一种事物的思考。

正向思维法是依据"事物都是一个过程"这一客观事实而建立的。任何事物都有产生、发展和灭亡的过程，都从过去走到现在、由现在走向未来。只要我们能够把握事物的特性，了解其过去和现在，就可以在已掌握的材料的基础上，预测其未来。例如，硝烟弥漫了几年，刚刚停战的阿富汗、伊拉克，多方参战、涉及领土和民族独立等诸多问题，是一场非常复杂的战争。但尽管如此，它必有产生的缘由，必有双方共同感兴趣、也是共同争执的地方，各方之间的军事力量也是可以估算的。正是在分析了上述问题——战争的原因和现时状况之后，联合国的调解员及西方一些国家的首脑人物分析、预测其发展趋势，提出解决这场战争的和平方案。这种思考问题的方法就是一种以正向思维法为主的方法。说"正向思维法为主"，是因为任何一个方法，尤其是解决复杂问题的方法都不是某一种单一的方法，而是多种方法的综合运用，只不过某一种方法占主导地位罢了。

正向思维方法虽然一次只限于对某一种事物的思考，但它都是在对事物的过去、现在做了充分分析，对事物的发展规律做了充分了解的基础上，推知事物的未知部分，提出解决方案，因而它又是一种较深刻的方法，是一种不可忽视的工作与研究方法。例如，汽车已成为发达国家的灾祸，大量的汽车阻塞、交通事故、环境污染等问题日益困扰着发达国家。1994年，法国农民罢工，不再以传统的示威游行方式进行，而是开车游行，并把车停放在交通要道，让车"静坐"。要解决此问题，可以增加警力，进行疏通；也可以增修高速公路立交桥，以保畅通；可以限制车辆上路时间等。但这终究是治标不治本，要想真正解决，就得思考从汽车引入家庭至今，它给人民生活、环境、社会发展、安全等带来了哪些方便与不便，还将继续向何方向发展等，即从家庭拥有汽车这件事情本身的产生、发展过程入手，寻求解决方法。目前，在发达国家已基本达成共识：发展公交事业，提倡公民出入乘公共交通车。这是根本的解决方法。

坚持正向思维法，就应充分估计自己现有的工作、生活条件及自身所具备的能力，就应了解事物发展的内在逻辑、环境条件、性能等。这是人们获得预见能力和保证预测正确的条件，也是正向思维法的基本要求。

三、反向思维法

反向思维法是在思维路线上，与正向思维法相反的一种创新思维方法，是指人们在思考问题时，跳出常规，改变思考对象的空间排列顺序，从反方向寻找解决方法。如从A事物与B事物的联系中，反向推出B事物与A事物的另一种联系。

利用了事物可逆性的思维方法即反向思维法。人们从事物反方向进行推断，寻找常规的岔道，并沿着岔道继续思考，运用逻辑推理去寻找新的方法和方案。这种方法在科学思维中运用得较为普遍。例如，马克思从人体解剖理解猴体，就是著名的例子。马克思认为人是通过劳动由猴子变来的，而猴子生活的时代已不可复返；再者，猴子相对人类来说，是不成熟的。理解了人体就能理解猴体。所以，马克思是从人体研究反推猿猴的特征及那种早已逝去，只可在思维中重塑的猿猴生存条件、状况，这一思考问题的思路，既科学解剖了人类社会，又正确解析了猿猴。

反向思维法是从反向看问题，寻找常规的岔道，但它的运用是有条件的。这种"寻找"不是主观地搭配，任意地推理。日本科学家江崎玲于态在研制索尼二极管过程中遇到了杂质问题。对于杂质过多，他不是设法"去掉"杂质，相反的采用增加杂质的方法解决了杂质问题。中田腾三朗解决圆珠笔笔头漏油问题也是逆向思维的一个典型例子。他对笔头漏油问题不是想尽办法从笔珠、油性上进行考虑，而是干脆将笔芯做得短一些，以致笔珠磨损到漏油时油已用完，从而解决了问题。

传统的破冰船，都是依靠自身的重量来压碎冰块的，因此它的头部都采用高硬度材料制成，而且设计得十分笨重，转向非常不便，所以这种破冰船非常害怕侧向漂来的流水。前苏联的科学家运用逆向思维，变向下压冰为向上推冰，即让破冰船潜入水下，依靠浮力从冰下向上破冰。新的破冰船设计得非常灵巧，不仅节约了许多原材料，而且不需要很大的动力，自身的安全性也大为提高。遇到较坚厚的冰层，破冰船就像海豚那样上下起伏前进，破冰效果非常好。这种破冰船被誉为"本世纪最有前途的破冰船"。

20世纪60年代中期，当时在福特一个分公司任副总经理的艾科卡正在寻求方法，改善公司业绩。他认定，达到该目的的灵丹妙药在于推出一款设计大胆、能引起大众广泛兴趣的新型小汽车。在确定了最终决定成败的人就是顾客之后，他便开始绘制战略蓝图。以下是艾科卡如何从顾客着手，反向推回到设计一种新车的步骤：顾客买车的唯一途径是试车。要让潜在顾客试车，就必须把车放进汽车交易商的展室中。吸引交易商的方法是对新车进行大规模、富有吸引力的商业推广，使交易商本人对新车型热情高涨。说得实际点，他必须在营销活动开始前做好小汽车，送进交易商的展车室。为达到这一目的，他需要得到公司市场营销和生产部门百分之百的支持。同时，他也意识到生产汽车模型所需的厂商、人力、设备及原材料都得由公司的高级行政人员来决定。艾科卡一个不漏地确定了为达到目标必须征求同意的人员名单后，就将整个过程倒过来，从头向前推进。几个月后，艾科卡的新型车——野马，从流水线上生产出来了，并在20世纪60年代风行一时。它的成功也使艾科卡成为福特公司的副总裁。

同理，运用反向思维法，必须掌握事物内部的各要素之间的因果关系。没有这种因果关系，反向思维法就难以成立。

四、转向法

转向法是创新思维的又一方法。转向法是指人们在思考问题时，其思路在一个方向上受阻时，便马上转到另一个方向，经过多次转向，直到获得创新思维成果和创新行动的方法。

事物都是由多方面、多层次构成的复合体，事物的发展也都会受到各种各样因素的影响，具有多种发展可能性。因此，当我们思考事物和改造事物，在一个方向受到阻力时，便可在事物自身另寻他径。例如，18世纪，一位奥地利医生在给一个患者看病时，尚未确诊，患者突然死去。经过解剖发现，其胸腔化脓并积满了脓水。能否在解剖前诊断出胸腔是否积有脓水？积了多少？一直困扰着他。一天，在一个酒店里，他看到伙计们正在搬运

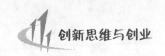

酒桶，只见他们敲敲这只桶，敲敲那只桶，边敲边用耳朵听。他忽然领悟到，伙计们是根据叩击酒桶发出的声音来判断桶内还有多少酒的，那么人体胸腔的脓水的多少是否也可利用叩击的方法来判断呢？他大胆地做了试验，结果获得了成功。这样，一种新的诊断法——"叩诊法"从此诞生了。

转向法在社会生活中运用得非常广泛，如各国政府都很重视教育，都希望自己的国民尽可能多地接受高等教育。然而，由于各种原因，能够进入高等学府接受正规高等教育的，必是公民中的一小部分，即使像美国、日本等发达国家也是如此。随着世界各国的成人高等教育相继兴起，这就使一些由于各种原因不能进入高等学府的人都有了接受高等教育的机会。成人高等教育的兴起，不仅提高了公民的文化素质、文化技术等，而且减轻了政府在教育投资方面的负担，并保证了社会各方面工作的正常开展。

但是，转向法不是随意发生的，如果一个人没有进取和彻底的精神，对事物反应迟钝，观察力差，发现不了问题，那么，即使他想转向，也不知转向何方。所以，转向法要求运用者必须有较敏锐的观察问题能力，善于发现问题苗头，能为思维转向提供思维入口；必须具有不厌倦于再做转向思考的毅力和追求完善、尽职尽责、积极进取的精神，使思维转向成为创新思维链条的一个又一个环节，最终使人们的思维和工作获得一个又一个的突破性成果。

五、放松法

放松法是指人们在思考问题时，经过长期的冥思苦想，却找不到创新的答案，此时，思维主体已是因注意力高度集中、眼睛过分紧张而处于身体非常劳累、大脑非常疲乏的状态，思维主体应放下手边的工作，并暂时忘掉它，去散步、闲聊、观赏自然风光、参加某项体育活动，使身体状况得到恢复，大脑神经得到调节，并让大脑松弛一下，这样，当思维主体体力充沛、心情愉快、大脑放松时，在不经意间会发现创新答案的方法。放松法是一种不成其为方法的方法。

阿基米得是希腊著名的科学家，一天，国王想考考他，就故意给他出了一道难题：计算皇冠的体积。皇冠枝枝杈杈凸凹不平，毫无规则可言，阿基米得整天冥思苦想，但这哪是"长×宽×高"能够算出来的。无可奈何之下，阿基米得暂时把它抛到九霄云外，去浴池洗澡，先放松一下。而正是在这放松之中，阿基米得忽然找到了答案，这就是著名的"阿基米得定律"。由此可见，创新思维需要思维主体具备目标专一、精神集中的品格。尽管放松法是一种不成其为方法的方法，但如果陷入思维僵局后，再一味地苦苦思索，不仅白白耗费精力，有时还会产生负面影响，即因屡战屡败而产生畏难情绪，影响今后的思维活动和工作。此时，不妨利用放松法，让放松法帮助人们走出思维低谷，找到创新的答案。

总之，创新思维的方法很多，不限于上述论述的五种。在实际的创新思维活动中，可以随时总结，发现其他方法。但不管是已有的，还是将要总结出的，每种方法只能具体地加以运用，即只能根据实际情况而选择某一种方法，而不能事前主观地规定解放某一问题必须用某一种方法，这样是与创新思维的特性相悖的，也有悖于上述几种方法的共性：灵活性。所以，对于创新思维的方法，也需客观、创新地加以运用。

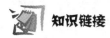 **知识链接**

吃废纸吐废纸篓的回收器

设计师 Qianqian Tao 设计了一款废纸回收器 Waste Paper Recycle Trash Bin，它吃进废纸后，只需"消化"一小会，就能吐出一只布满斑点的废纸篓。这样你又可以重复利用它一阵子了，比塑料垃圾袋环保多了。

 **实际案例**

创新思维的成功典范——麦当劳公司：老"题目"新贡献

麦当劳公司是闻名全球的快餐王国。至今，麦当劳公司已在美国 50 个州和世界四十多个国家和地区开设了 1 万多家快餐连锁店。它的法式炸薯条采用计算机控制，制作时间不超过 7 分钟。不满 10 分钟就能烘制好汉堡包，每天售出近 2 亿个。所制出的冻肉馅饼规格、大小、重量都相同。食物送至顾客手中只需 60 秒。它的年销售额已逾 100 亿美元，资产总额达 10 多亿美元，股票市价一直处于稳定增长之中。然而，麦当劳公司所拥有的另一项无形宝贵财富是：美国一公司调查世界消费者所得出的世界十大名牌中，麦当劳名列第八，成为美国企业的典范。麦当劳公司的创始人雷·克洛克，作为一个新企业的开创者，被人们永远记忆。他在食品服务业这一"老题目"上做出的新贡献，足可与洛克菲勒在石油提炼业、卡内基在钢铁业、福特在汽车装配流水线的功绩相媲美。

1954 年，当麦当劳汽车餐厅在加利福尼亚州圣贝纳迪诺市开张营业时，克洛克便一眼看出了麦当劳公司正在填补食品服务业的一个巨大空白。他在这一行业干了 25 年，比任何专家更清楚方便食品巨大的潜在市场。他意识到，正可借此机会大力开拓麦当劳公司已占领的快餐市场。麦当劳公司是由莫里斯·麦当劳和莫查德·麦当劳兄弟俩于 1928 年建立的。他们发展了流水线生产汉堡包搭售法式土豆煎片的经营方式，率先采用标准化牛肉小馅饼、标准化配菜系列，并用红外线灯光照射保持土豆片清脆爽口。餐馆前上方竖有一面大型双拱招牌。食品价格相当便宜，生意好得出奇，年营业额高达 25 万美元。当时除了加州外，另有 6 家分店。但麦当劳兄弟却十分保守，不愿进一步发展，克洛克对它的印象极为深刻。他随即前往与麦当劳兄弟谈判，购买了出售麦当劳店名的特许权，并负责向其他特许经营者出售全套服务标准和项目。6 年后即 1960 年，克洛克出资 270 万美元，全部买下了麦当劳兄弟的资产和经营权，以"麦当劳"为名开创了一番新天地。

克洛克首先大刀阔斧地着手改革麦当劳的联营分销体系。向对公司发展有重大影响的 4 种人发动了宣传、广告攻势：未来的供货者、年轻有为的经理、公司第一批贷款者和联营者。他娓娓不倦地描述和开诚布公的态度终于打动了这些合作者，从而使他的计划得以迅速推广。克洛克的联营思想确实别具一格，与众不同；不但为自己，而且为别人着想，想方设法使联营者取得成功。克洛克认为，敲诈一下，发一笔财并非长久之

计,相反必须为联营者提供服务,与其建立相互信任的关系。一旦联营者失败,他自己也无法得到成功。所以,他总是鼓励联营者发表新设想,以有利于改进麦当劳的餐馆分销体系,并以惊人的坦率与联营者以诚相见。在克洛克的努力之下,麦当劳公司赢得了一大批具有开拓精神的联营者,而这批联营者的创新的工作为推动麦当劳公司的发展和树立良好的公众形象起了巨大的作用。

可以说,麦当劳对美国企业界的最大冲击是在顾客看不到的领域内——食品业的流水作业。50年代末期,大部分工业都实现了专业分工,提高了生产效率,唯有食品业例外,最明显的阻力是食品业的各项配料涉及面太广,且批量小,无法搞流水作业。克洛克认为,麦当劳的快餐服务与以往的餐馆服务迥然不同,其经营模式为实现专业分工提供了一个大好的机会。麦当劳公司的成功,一个重要原因是得益于它的专业分工。麦当劳的一些早期经营者,大多没有经营餐馆的经历,然而,这都使他们摆脱了传统的框框,反而成为一件好事。为了麦当劳的发展,没有什么想法是不值得一试的。麦当劳的每一步发展都是反复试验的结果。麦当劳公司的专家沿着生产链溯源而上,对食品供应和设备供应进行了大胆的改革。他们改变了农民种植土豆的习惯和农产品公司加工土豆的工序,改变了牧场饲养菜牛的方式和生产乳制品的方法,改革了肉制品厂成品生产程序,还发明了前所未有的高效率的烹调设备,探索了食品包装和分发的新途径。确实,近30年来,麦当劳公司在实现食品加工和分发现代化方面取得了无与伦比的功绩。这一变革是从美国最受欢迎的普通食品——汉堡包、法式炸薯条和冰淇淋牛奶开始的。特别是法式炸薯条,麦当劳花费了10年时间和300万美元资金获得了重大的成功。销售量从原占土豆制成品总销量的5%弱,激增到25%强。这一变革极大地改善了麦当劳的形象,因为10美分一包的法式炸薯条被认为是最理想的大众食品。今天在麦当劳经营的餐馆就餐的顾客中,每6个就有4个买法式炸薯条。

麦当劳公司认识到,快餐业的"产品"服务不仅限于食品一项,但能否提供上乘的食品却是经营成功的关键所在。为此,麦当劳公司投入了大量的资金、精力改进它的食品系列,尽力向顾客供应简单易得、色香味正、品种繁多、引人回头的各种大众食品。麦当劳的主要产品——汉堡包,最初出现在中世纪的东欧国家,用钝刀剁碎生牛肉塞进面包即成。波罗的海商人将这种吃法带到德国的汉堡港,在那里直到现在还有人按以前的方法进食生牛肉馅饼。德国移民后将其带到美国,起初只在辛辛那提和圣路易斯等地流行。据记载,第一次大规模供应汉堡包是在1904年的圣路易斯世界博览会上。麦当劳公司在强调产品和服务工作标准化的同时,鼓励员工进行新产品开发和现有产品及服务的改进完善。公司不但组织专业技术人员积极研制,而且大胆吸收特许经营者反映的各种改进意见。公司发展史上的许多重大突破和创新就是这些特许经营者提出的。例如,特许经营者卢·格罗恩在辛辛那提市一个罗马天主教徒比较集中的地区开有一家快餐店,平时生意都不错,可是一到星期五销售量就会下降一半以上,他试着推出一种鱼片三明治,结果销售量大增。后来这一品种成了麦克纳各分店菜单上的固定项目,名字就叫"鱼片"。这是公司第一次突破了汉堡包、法式炸薯条和饮料的一贯制品种范围。匹兹堡的特许经营人杰姆·德利加蒂发现附近一家快餐店出售一种大个的汉堡包,生意兴隆,吸引走了不少顾客。于是他在芝麻饼中夹进两份牛肉馅,几片莴苣、葱花、奶酪、外加少许特别果酱,做成了味足量大、营养全面的巨型汉堡包,突破了克洛克以前定下的标准:肉馅必须是 1.6 盎司,小面包直径必须是 3.5 寸。销售量果然增长可观。后来公司全盘采用这种制式,起名为"大麦克",很快成为各分店的头号畅销品种。另外有一位名叫赫伯特·彼得逊的特许经营人,在 1972 年对营业时间和经营品种进行了令人注目的改革。他在加利福尼亚州圣巴巴拉开有数家分店。彼得逊想到顾客中喜欢鸡蛋的一定大有人在,就像他非常喜欢"本尼迪克特蛋卷"一样。如果他将鸡蛋按麦当劳方式加工,并将原 10 时开门营业提前至 7 时,一定会吸引大批早餐顾客。经过半年试验,他推出了"快速早餐",即在英式松饼中夹进一些加拿大火腿、奶酪和一只鸡蛋。到 1976 年,大部分麦当劳快餐店都采取了彼得逊这一做法。结果一年内仅此一项便增加 10%的销售额。随后,早餐食品新添了许多花样,如水果汁、丹麦油酥面饼、英式松糕、香肠热饼、摊鸡蛋土豆泥等。1975 年,公司成功推出了"麦当劳世界"小甜饼系列产品,口感适中,属香草型。小甜饼形状采用公司广告中早已为人熟知的奇人怪物造型。这一产品极受儿童喜爱,畅销不衰。早在 1971 年,麦当劳便开始全面详尽研究鸡肉系列食品了。这一领域开拓困难较大。因为以外表酥脆、内部柔软为特点的肯德基炸鸡已领先占领了市场。1980 年麦当劳推出两种鸡肉产品进行试销。一种是"麦克鸡三明治",包括一块圆面包、莴苣碎片、一块红白鸡肉相掺的无骨鸡肉馅以及足量的相似于蛋黄酱的调味汁。另一种叫"天然块金鸡",将鸡肉切成一口一块大小,辅以各种酱和蘸汁料,出售时由顾客选用。经过一段相当长时间的试销,证明具有较高的竞争力,于是公司食品单上又添了一个品种。在一般情况下,麦当劳公司总有 20 余种新产品处于不同试制阶段,一种产品即将试销结束,早有数个建议通过初步审查,进入配方研究、口味调查、制作工艺确定等不同研究阶段。大多数研制的新产品往往到不了最后试销阶段就被放弃。原因很多,最主要的是食品市场对新产品的考验特别严峻,人们从未对普通食品的优劣定下过什么标准,正是没有标准,人们的随意性就大,所以就显得格外困难。这种情况并非仅是麦当劳所有,整个快餐业都是如此。因此,麦当劳公司对新产品的试销特别谨慎,不仅审查严格,而且试销的时间长、范围大。尽管这样,麦当劳仍然经历了无数次开发失败。例如,烤牛肉三明治、菠萝汉堡包、三波冰淇淋蛋卷、碎牛肉三明治、麦克牛排等。但是,从整个行业看,麦当劳的成功率还是很高的。

麦当劳在激烈的市场竞争中保持不败之地,在很大的程度上有赖于其坚持"Q、S、C"方针,即品质上乘(Quality)、服务周到(Sevice)、地方清洁(Cleanness)。① 品质上乘:麦当劳公司对产品的质量有严格的标准,要求端到顾客面前的所有食品均须处于最佳状态。汉堡包出炉 10 分钟尚未出售一律倒进垃圾箱,法式土豆片的保鲜时间为 7 分钟,咖啡冲好后最多可以保留半小时,并对食品的原料、配料和制作过程有相应的规定。② 服务周到:为了保证服务质量麦当劳物色经理人员,要求能够懂得"人际关系学",善于接待顾客,必须在"汉堡大学"接受专门训练,获得"汉堡包学"学士学位。新招的职工必须经过 10 天职业训练,合格后才能正式担任服务员。因此,麦当劳快餐店的服务效率很高,顾客一站到柜台前面,放在纸盒和纸杯内的汉堡包和咖啡便热气腾腾地送到顾客面前。即使在最忙时,也只需一两分钟。为了做到能快速服务,服务员一身三任:即负责管理收银机,又开票,还供应食品、顾客只需排一次队,就能取到所需食品。③ 地方清洁:麦当劳快餐店敢于向"廉价餐厅不清洁"的偏见挑战,制定了严格的卫生标准。其中包括工

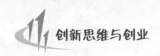

作人员不准留长发,妇女带发网,餐馆内不许出售香烟和报纸,器具全部用不锈钢的,顾客一走便要清理桌面,凡是丢落在地下的纸片,必须马上捡起来等。平时,总店还经常派人员到各处搞突击式检查,发现问题,及时处理纠正。这使得麦当劳快餐店始终保持着清洁的环境。虽不豪华,但窗明几净,许多人乐意前来就餐。

　　麦当劳公司在营销上,成功地塑造了"麦当劳叔叔"的生动形象。这个麦当劳叔叔原是德国的一家分店发明的,由于形象可爱,容易给顾客尤其是少年儿童欢乐的感觉,于是,麦当劳在世界各地快餐分店都推广了令孩子们喜爱的麦当劳叔叔,并经常出现在电视广告上,演出逗人的节目。麦当劳每年的广告费多达3亿多美元,占全年销售额的4%。麦当劳叔叔成为世界各地少年儿童的亲密伙伴,不仅仅是因为他形象可爱,麦当劳为这些小"上帝"动了不少脑筋,开创了另一番新世界。为了吸引孩子,各分店都专门设有儿童游乐园,供孩子们边吃边玩。并重金聘请著名小丑表演滑稽逗乐节目,拍成录像播放,常使孩子们笑得前仰后合,非常开心。因此,每当星期六、星期日孩子们总要吵着让父母带他们到麦当劳快餐店去。在麦当劳快餐店,孩子们可以在儿童乐园里游玩,父母既可以隔着大型玻璃窗注视孩子们的安全,又可以不受孩子们干扰静心用餐。这两天,快餐店总是顾客盈门,热闹非凡。

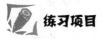

巧倒豆豆

　　先将绿豆倒入袋子里,用棉绳系紧袋子的中间,接着倒进红豆。然而,在没有任何容器,也不能将绿豆倒在地上或其他地方的情况下,要如何将绿豆移入另一个空袋子中呢?

　　(答案:先将袋子上半部的红豆倒入空袋子,解开袋子的绳子,并将它扎紧在已倒入红豆的袋子上;接着把袋子的里面外翻,再把绿豆倒入袋子。这时候,把已倒空的袋子接在装有红豆和绿豆的袋子下面,将手伸进绿豆里解开绳子,红豆就会倒入空袋子中,另一个袋子就只剩绿豆了。)

本 章 小 结

　　创新思维方法是建立在认知、知识和理论的基础之上的,没有认知、知识和理论,也就无所谓创新思维。在遵循创新思维的独立性、求异性、跳跃性和实践性等原则的同时,创新思维的方法成为人类获得科学理论和科学知识的工具。伯恩斯坦在《爱因斯坦》一书中写道:"其实,在某种非常寻常的含义上说,他的'方法'比之人们可以想到的从牛顿以来(包括牛顿在内)的任何物理学家的方法来,更近似于柏拉图的哲学态度以及柏拉图所强调的完美的形式。实现观念的飞跃和科学的飞跃,总是应用一定的创新思维方法的结果,而在产生创新成果时,也往往要产生一些认识世界和改造世界的新思维方法来。"

复习思考题

1. 在开展创新思维时,我们必须掌握哪几个原则?
2. 人们应依照哪五个方法来进行创新思维?
3. 伯恩斯坦认为:"在某种非常寻常的含义上说,他的'方法'比之人们可以想到的从牛顿以来(包括牛顿在内)的任何物理学家的方法来,更近似于柏拉图的哲学态度以及柏拉图所强调的完美的形式。"请分析这段话的内涵,对你有何启示?

第五章　创新思维的核心

发散思维是创新思维的核心和基础。无论在文学、艺术、生活，甚至是科学的领域，问题的答案并非只有一种。1+1=2是数学理论，人人皆知，但若使用在工作上，我们透过做事方法及解决困难的能力，也许经过加乘效果，答案或许大于3，甚至更多！著名的心理学家吉尔福特指出："人的创造力主要依靠发散思维，它是创造性思维的主要部分。"发散思维在于人们通过全脑思考运作，重组问题中所提供的条件以及大脑中的记忆信息，经过整合得出众多可能的答案，打破思维定式，破除墨守成规的封闭思路，以无限拓展思维空间获取更多丰富创新的经验。

【知识目标】
1. 了解发散性思维的特点和产生的基础，理解发散性思维是创新思维核心的原因；
2. 了解发散思维和收敛思维、横向思维和纵向思维的基本概念和特点。

【能力目标】
1. 在理解发散性思维的基本知识后，能采用科学方法训练自己的发散思维能力；
2. 注重日常生活中发散思维等创新思维的训练，提高创新能力。

第一节　发散性思维概述

 导入案例

铅笔的用途

1983年，一位在美国学习的法学博士普洛罗夫在做毕业论文时发现：50年来，美国纽约里士满区一所穷人学校圣·贝纳特学院毕业的学生犯罪记录最低。

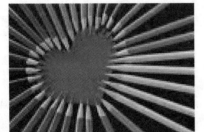

普洛罗夫在将近6年的时间里进行调查，问一个问题："圣·贝纳特学院教会了你什么？"共收到了3 756份回函。在这些回函中有74%的人回答，他们在学校里知道了一支铅笔有多少种用途，入学的第一篇作文就是这个题目。

当初，学生都知道铅笔只有一种用途——写字。后来都知道了铅笔不仅能用来写字；必要时候还能用来替代尺子画线；还能作为礼品送朋友表示友爱；能当商品出售获得利润；铅笔的芯磨成粉后可以做润滑粉；演出的时候可以临时用来化妆；削下的木屑可以做成装饰画；一支铅笔按照相等的比例锯成若干份，可以做成一副象棋；可以当作玩具的轮子；在野外缺水的时候，铅笔抽掉芯还能当作吸管喝石缝中的水；在遇到坏人时，削尖的铅笔还能作为自卫的武器等。贝纳特学校让这些穷人的孩子明白，有着眼睛、鼻子、耳朵、大脑和手脚的人更是有无数种用途，并且任何一种用途都足以使我们成功。

一、发散性思维是创新思维的核心

发散思维又称"辐射思维"、"放射思维"、"多向思维"、"扩散思维"或"求异思维"，是指从一个目标出发，沿着各种不同的途径去思考，探求多种答案的思维，与聚合思维相对。不少心理学家认为，发散思维是创新思维最主要的特点，是测定创造力的主要标志之一。

发散思维是大脑在思维时呈现的一种扩散状态的思维模式，比较常见，它表现为思维视野广阔，思维呈现出多维发散状。可以通过从不同方面思考同一问题，如"一题多解"、"一事多写"、"一物多用"等方式，培养发散思维能力。不墨守成规，不拘泥于传统的做法，有更多的创造性。在很长时期，电冰箱市场一直为美国人所垄断，几乎每个家庭都有，这种高度成熟的产品竞争激烈，利润率很低，美国的厂商显得束手无策，而日本人却异军突起，发明创造了微型冰箱。人们发现除了可以在办公室使用外，还可安装在野营车娱乐车上。于是，全家人外出旅游，舒适条件全部具备。微型冰箱改变了一些人的生活方式，也改变了它进入市场初期默默无闻的命运。

由此看到：微型电冰箱与家用冰箱在工作原理上没有区别，其差别只是产品所处的环境不同。日本人把冰箱的使用方向由家居转换到了办公室、汽车、旅游等其他侧翼方向，有意识地改变了产品的使用环境，引导和开发了人们的潜在的消费需求，从而达到了创造需求、开发新市场的目的。

二、发散性思维的特点

发散性思维具有以下四个基本特点：

1. 流畅性

流畅性就是观念的自由发挥，指在尽可能短的时间内生成并表达出尽可能多的思维观念以及较快地适应、消化新的思想观念。

机制与流畅性密切相关。流畅性反映的是发散思维的速度和数量特征。

2. 变通性

如果流畅性是纵向思维，能在一个面上流畅地产生多种同类型解决问题的方案，那么，变通性则是横向思维，即在不同方向上产生多种类型解决问题的方案。流畅性是以广博的知识和牢固的记忆为基础，它是思维量的线性延伸；变通性以灵活性为基础，它是思维量的扇状扩张。灵活性，扇状扩张，这就是变通思维的基本特点。它在思维遇到困难时能随机应变，及时调整思考方式，开拓新的思路，而不只是进行单向发散或局限于一隅。有人把变通性称为思维的弹性。没有弹性的思维不可能是创造性的思维。如以图形"∩∩"的测试为例，从发散量最高的受试者答案发现，其思维不是沿着一个方向发散，而是沿着四个不同的方面发散的：第一，他把"∩∩"视为水平线上的两个不同的物体，如窑洞、坟墓等；第二，他把"∩∩"视为水平线上的两个相同的物体，如隧道进出口；第三，他从侧面看，把"∩∩"视为乌篷船；第四，他把"∩∩"视为运动的形体，如双鱼跃水等。而变通差的受试者，一般只把上述图形看成同一水平线上的两个物体，这等于说，他们只做了单向发散，凡变通性差的人，往往存在着把自己的思路局限于一隅的弱点。

心理学家蒙德·波诺认为，变通思维是"对各种事物提出新看法"、"试图多处钻孔"。变通性就是克服人们头脑中某种自己设置的僵化的思维框架，按照某一新的方向来思索问题的过程。例如，吉尔福特的"非常用途测验"，在 8 分钟之内列出"红砖"的所有可能用途。有一学生说：盖房子、盖仓库、建教室、修烟囱、铺路、修炉灶等。所有这些反应，都是把红砖的用途局限于"建筑材料"一个范围之内，缺乏变通。而另一学生说：打狗、压纸、支书架、打钉子、磨红粉等，这些反应的变通性较大，多数是红砖的非常用途。因此后者的创新能力比前者高。

所以，变通性需要借助横向类比、跨域转化、触类旁通，使发散思维沿着不同的方面和方向扩散，表现出极其丰富的多样性和多面性。

3. 独特性

独特性是发散思维的归宿和最佳思维成果。创造的根本标志是创新，独特的不一定是创新，但创新必须是独特的。独特，即独辟新路，自成一格。清代袁枚主张"以出新意，去陈言为第一者"。而清代另一学者徐增也说："学人能以一棒打尽从来的佛祖，方是个宗门大汉子；诗人能以一笔扫尽从来窠臼，方是个诗家大者。"

思维为什么要追求独特性？人为什么要追求新奇感？从审美心理的角度来看，审美注意是心理活动对一定事物的指向和集中。人的注意总是最先落在对人刺激性最强的一点上，一种刺激物与其他刺激物存在明显差别，即具有独特性的刺激物，就像"万绿丛中一点红"那样，会特别引起人的注意。如果这个刺激物没有独特性，仅是其他刺激物的重演，人的注意力就会变得分散和迟钝。独特的对象刺激物则可以使被刺激者大脑神经系统处于兴奋状态，使注意不断强化，这就是人们求新、求异的心理依据。从信息论的观点看，具有独特性的文章才有最大的信息量，才能赢得人们的喜爱。人为什么认为曲线美，为什么曲线比直线美？因为直线的变化只有长短的不同，而曲线则有起伏、跳跃的千变万化。人们通过曲线，可以联想到波涛澎湃的大海，曲折盘旋的羊肠小道，美妙诱人的海滨浴场，少女丰满窈窕的身影……总之，曲线包含着丰富多彩的思想、情感、意志、力量等无限多的信息。

与流畅性相比，变通性是较高层次的特性，而发散思维最高层次的特性还数独创性。它表示人们在思维中产生不同寻常的"奇思妙想"的能力，这一能力可以使人思维不落俗套，突破常规和经验的束缚，获得创造性的思维成果。体现发散思维的这些特点的例子，在人类文明史中不胜枚举。19 世纪中叶，欧洲疟疾流行，天然奎宁不够，著名化学家霍夫曼提议用化学合成的方法合成。他的学生，18 岁的柏琴按照老师的意图积极地进行这方面的试验，但一次又一次地失败了。一天柏琴用苯胺和重铬酸钾做实验，虽未成功，却发现反应后的黏液呈现出鲜艳的紫红色。小伙子灵机一动,虽然奎宁没有搞成,可现在纺织工业缺染料,这不是好的染料吗?他沿着这个思路进一步试验,最终开辟了人造染料的新工业部门。他思维的变通性和独创性在这里突出地表现了出来。

独特性指人们在发散思维中做出不同寻常的异于他人的新奇反应的能力,是超越固定的、习惯的认知方式,以前所未有的新角度、新观点去认识事物,提出不为一般人所有的、超乎寻常的新观念。例如,英国著名作家毛姆的小说有一段时间销售不畅,他便在报刊上刊登了一则征婚启事:本人年轻英俊,家有百万资产,希望获得和毛姆小说中主人公一样的爱情。结果毛姆的这一独特举动使他的小说在短时间内被抢购一空。吉尔福特认为题目定得越是与众不同并能揭示故事的内涵,表明这个人的思维越具有独特性。案例中,毛姆在推销他的小说中,就运用了思维的独特性,收到了意想不到的效果。独特性是发散思维的最高目标。

4. 多感官敏感性

发散性思维不仅运用视觉思维和听觉思维,而且也充分利用其他感官接收信息并进行加工,提升观念。发散思维还与情感有密切关系。如果思维者能够想办法激发兴趣,产生激情,把信息情绪化,赋予信息以感情色彩,会提高发散思维的速度与效果。

总的来说,发散性思维是流畅、变通、独特、多感官敏感的四者兼备。人们进行发散思维的普遍趋势是:流畅性可在限定时间内产生许多观念;变通性表现了思考者跨界限、跨类别的特征;多感官敏感性增加细节和提升观念;独特性则是三个特征合成的结果。其中,变通性和独特性代表着发散性思维的本质。

三、发散性思维的生成基础

当代学者从未停止对创新思维基础的探究,但观点众多。吉尔福特在多年因素分析研究的基础上提出的智力三维结构模型(Structure of Intellect,SOI)理论,把发散思维看做创新思维和创新能力的核心因素,为以后的智力研究和创新思维研究提供了新的线索。智力三维结构模型理论为世人瞩目,如图 5.1 所示。

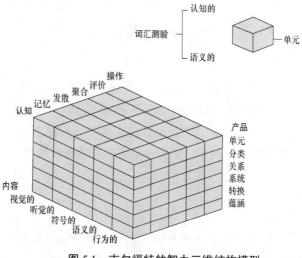

图 5.1 吉尔福特的智力三维结构模型

吉尔福特认为，发散性思维和转化能力与创新有密切关系。所谓转化能力就是从一种体验产生另一种新的体验形式的能力，包括对问题的敏感性、对产生和评估创新能力的重要性的评价。

作为智力结构一部分的发散性思维是怎样定义的？吉尔福特认为，发散性思维在解决某个问题由五个环节构成，即自由发挥环节、思维形象化环节、吸收异议环节、持续努力环节、适时停止环节。

自由发挥环节是追求问题解决方案的数量，其实现技术主要是自由发挥和追求数量；思维形象化环节不对各种不同的解决方案予以评价，思维形象化和暂缓评价是该阶段实施的技术；吸收异议环节主要采用开放和分歧的方式对方案进行加工，通过吸收异议和持续努力技术来完成任务；持续努力环节是指在难以确定优选方案时，不妨暂时搁置一下；适时停止环节对于问题解决的发展进程起到积极作用。

根据吉尔福特描述的发散性思维构成环节和基本实现技术，我们都可以在科学发现、发明活动，以及社会问题解决、经济发展的推动中找到成功案例。哈佛商学院师生对中国伊利案例的研讨持续了将近一年，引起哈佛师生研究兴趣的原因是：美国的 50 个州都有自己的乳制品企业，但几乎没有一个美国本土的乳制品企业能够称霸全美国。为什么伊利集团却能够在和美国版图差不多的中国大地上，从数十家跨国对手的围追堵截中脱颖而出，成为唯一一家产品遍布中国的民族乳制品企业？在哈佛商学院案例中，专门有一个章节讲述伊利在控制原奶质量方面创新的举措：为了提高产品品质，在家庭牧场附近设立挤奶站，与奶源牧民建立协议关系，甚至进入上游饲料业务等。"创新"是伊利管理哲学中一个关键字眼，在伊利董事长潘刚撰写的一篇关于创新的文章中他这样描述：iPod 也好，iPhone 也罢，都只是苹果的创新产品，我们真正应该重视的是这个公司创新的本质，是其真正致力于发掘顾客潜在需求，为向顾客提供差别化价值而进行了一轮又一轮的企业革新活动，从而扭转了企业生存的局面。

 知识链接

何谓逻辑思维？

（1）逻辑思维的概念

逻辑思维是指符合某种人为制定的思维规则和思维形式的思维方式，我们所说的逻辑思维主要指遵循传统形式逻辑规则的思维方式，常称为"抽象思维"或"闭上眼睛的思维"。

逻辑思维是人脑的一种理性活动，思维主体把感性认识阶段获得的对于事物认识的信息材料抽象成概念，运用概念进行判断，并按一定逻辑关系进行推理，从而产生新的认识。逻辑思维具有规范、严密、确定和可重复的特点。

（2）逻辑思维的特征

概念的特征：内涵和外延。

判断的特征：一是判断必须对事物有所断定；二是判断总有真假。

推理的特征：演绎推理的逻辑特征是，如果前提真，那么结论一定真，是必然性推理；非演绎推理的逻辑特征是：虽然前提是真的，但不能保证结论是真的，是或然性推理。

（3）逻辑思维的方法

定义：是揭示概念内涵的逻辑方式。是用简洁的词语揭示概念反映的对象特有属性和本质属性。定义的基本方法是"种差"加最邻近的"属"概念。定义的规则：一是定义概念与被定义概念的外延相同；二是定义不能用否定形式；三是定义不能用比喻；四是不能循环定义。

划分：是明确概念全部外延的逻辑方法，是将"属"概念按一定标准分为若干种概念。划分的逻辑规则，一是子项外延之和等于母项的外延；二是一个划分过程只能有一个标准；三是划分出的子项必须全部列出；四是划分必须按属种关系分层逐级进行，不可以越级。

练习项目

把握好发散思维和想象思维的关系。发散思维和想象思维是密不可分的，我们向四面八方任意地展开想象时，也就是在进行发散思维。所以，我们在做发散思维训练时，应尽量摆脱逻辑思维的束缚，大胆想象，而不必担心其结果是否合理，是否有实用价值。

要注意流畅性、变通性和独特性的要求，在训练中要尽量追求独特性。当然，如果一开始产生不了独特性的思维结果也不要着急。从流畅性到变通性再到独特性，循序渐进，逐渐就可以进入较高水平的发散思维状态。

注意跳出逻辑思维的圈子。

在课堂上，每道题以2~3分钟为宜。在课后自我训练时，时间可以长一些。

1. 观念的流畅：列举"红砖的用途"。

（答案：建筑材料：盖房子（包括盖大楼、宾馆、教室、仓库、猪圈、厕所……）、铺路面、修烟囱等；从砖头的重量：压纸、腌菜、凶器、砝码、哑铃锻炼身体等；从砖头的固定形状：尺子、多米诺骨牌、垫脚等；从砖头的颜色：水泥地上当笔、画画、压碎做红粉做指示牌、磨碎掺进水泥做颜料等；从砖的硬度：凳子、锤子、支书架、磨刀等；还可以从红砖的化学性质（如吸水）刻成一颗红心献给心爱的人、在砖上制成自己的手、脚印变成工艺品留念。）

2. 观念的流畅：列举"清除的功能"。

（答案：清除设备：橡皮擦除字体、锄头除草、车拉走泥土等；家用电器：吸尘器吸去灰尘、洗碗机清洗碗碟、刮胡子刀片、洗衣机洗去衣服油污；清洁剂：清除玻璃的、汽车的、锅炉的、暖壶的油渍；服务行业：清洁工清除垃圾、花园主人清除杂草；突发事件：毒药毒死了鱼、核泄露使人搬迁；自然事件：秋天赶走炎热的夏天；非法行为：小偷、吸毒；社会生活：爱赶走了恨、原谅赶走了嫉妒。）

3. 雨伞存在的问题：容易刺伤人；拿伞的那只手不能再派其他用途；乘车时伞会弄湿乘客的衣物；伞骨容易折断；伞布透水；开伞收伞不够方便；样式单调、花色太少；晴雨两用伞在使用时不能兼顾；伞具携带收藏不够方便等。

（解决方案：增加折叠伞品种；伞布进行特殊处理；伞顶加装集水器，倒过来后雨水不会弄湿地面；增加透明伞、照明伞、椭圆形的情侣伞、拆卸式伞布等；还可以制成"灶伞"，除了挡风遮雨外，在晴天撑开伞面对准太阳，伞面聚集点可产生500℃的高温，太阳伞成了名副其实的"太阳灶",用途一下子就拓宽了许多。)

实际案例

《喜羊羊》走红的思考:早教市场呼唤轻松专业的培育

"别看我只是一只羊,绿草也为我变得更香,天空因为我变得更蓝,白云变得更柔软……"随着五百集《喜羊羊与灰太狼》动画片的连续热播,这首主题曲早已成为孩子们最喜欢的歌曲。从最早一段、一段的 Flash 动画到现在的产业化发展,这只小绵羊已成为 2009 年中国婴幼儿家庭中最富有、最当红、最受喜爱的卡通形象,在迷倒万千婴幼儿、扭转大灰狼传统形象的同时,也让我们的眼光从不屑到震惊。

2005 年 8 月,《喜羊羊与灰太狼》的电视版正式推出,收视率达 17.3,成为各地电视台的动画片收视之冠。而后,其动画电影《牛气冲天》,仅仅 600 万元左右的投资,票房收入到目前就已经超过 9 000 万元。粗略估计其衍生产品利润可能达几亿元,带来的收益已经超过动画片播出收入本身,目前已经超过了 50%。接近年底,喜羊羊也没闲着,动画电影《喜羊羊与灰太狼》第二部《虎虎生威》于 2010 年寒假公映,参与到今年贺岁档的竞争中来。

这么一只小羊为什么能创造如此巨大的财富?专家分析:首先,婴幼儿市场需求旺盛,购买力强。根据调查发现,婴幼儿服务及相关产品市场"涨声"一片,服装生意红火,价格上涨;玩具经销商年前备货,市场火暴;奶粉价格不菲,需求增加;早教更是幼儿市场的重要组成部分,相关机构挤爆棚。据业内人士分析,随着第一代独生子女进入婚育高峰,两个家庭的财力培养一个孩子,为幼儿市场带来了巨大的购买力。根据人口统计分析,婴幼儿群体在 5 年内的人数保守估计将达到 1.2 亿左右,每年新增婴幼儿约 1 500 万,潜在消费人群数量保守估计约 5 484 万人(按城市人口计算)。庞大的基数、稳定的增长与更新,奠定了婴幼儿市场坚实的客户基础。

随着中国社会层次的发展,除了中国的婴幼儿娱乐市场的蓬勃发展,中国家庭教育也已经发生了本质的改变,像娱乐性的教育和培养方向类别的产品,已开始潜移默化的影响家长,并被家长们所推崇。如同"喜羊羊",它的好恶、价值观等方面的信息通过艺术加工成为有趣的动画,很多家庭都作为教育产品买回来给孩子观看。

喜羊羊和传统动画的鲜明对比,反映出中国家庭对素质教育方面的渴求,中国的家长在选择动画片、故事书等儿童教育产品上,慢慢地从传统表现形式的产品向西化产品转移,越来越多地针对孩子生活习惯、感官刺激、社交等潜在影响力的产品走进了中国的千家万户。

另一方面,年轻家长对中国传统教育观念中的"填鸭式教学"、"说教式灌输"普遍排斥,年轻家长喜欢通过更自由的一些项目来对宝宝进行一些早期教育,他们更渴望了解孩子们的心理,渴望有专业知识的指导,在欢乐中提高孩子的思维、素质。社会竞争的激烈,使年轻的父母们能够深刻地体悟到"孩子绝不能输在起跑线上"。正是由于对婴幼儿科学教育意识的逐渐觉醒,造就了中国围绕0~5岁婴幼儿的蓬勃市场,越来越多的早教品牌开始陆续进入中国市场,花样繁多,比动画片、故事书更叫人眼花缭乱,70％的家长面对"如何对孩子进行因材施教、开发其潜在能力"的问题时都坦然承认自己煞费苦心却仍找不到正确答案!产品的同质化更是模糊了年轻父母的眼睛,中国的妈妈大多十分缺乏科学的育儿知识,对专业的早期教育机构需求迫切,对品质的要求也很高。因此国内婴幼儿教育市场潜力巨大,投资前景非常可观。

众多的投资人眼中一个商品的成功与否不是现阶段的成功标准,而是可持续发展的市场基础及理论支撑,这一点在早教投资市场尤其重要,中国稚嫩的早教市场经过了一轮各种机构疯狂圈地圈钱后,专业性机构的低存活率使很多专业的投资人瞠目结舌。虽然有的机构达到了覆盖率,有的机构达到了会员过百万的规模,但随着消费者与市场的共同进步,机构的后续专业性研究到底在哪里?而没有专业支撑的机构将何去何从?

西化教育的概念风靡当下,越来越多的家长发现孩子在这种早教机构所面对的只是堆满了婴儿房的玩具、教具。孩子在接受完全西化的教育之后在幼儿园所体现的那种自主意识无限扩大的情况,开始叫家长不知所措,早教的目的是为了孩子更好地发展、更好地生活和学习。显然,眼前我们看见琳琅满目的教具与玩具或者因孩子看起来更有自主意识、更有创造力、更活泼,但忽略了纪律性、注意力、自我控制行为的能力培养,我们并不是否定创造力与自我意识的培养工作,这种教育方式是不平衡的,在幼儿期显现出更多的惊喜,但是当我们的孩子进入了幼儿园、小学、初中,在学习和生活过程中,会出现很多纪律性差、注意力不集中、自我控制能力差等方面的困难,而国际流行的专业早教理论,均是以避免学习和生活中的困难为基础!

素质教育在众多家长中分成两个概念:一是西化的自我意识的培养;二是完全依靠自我意识的发展;所谓的素质其实包含很多层面,其中脑神经早教理论专家玛格丽特曾经说过:"早期教育应该遵循人成长过程中的脑神经发育的特点,旨在培养孩子的秩序性、规律性方面的能力基础,通过行为的锻炼和适当的刺激,尽量避免将来学习和生活中可能出现的困难。"这可能是唯一一个符合世界各地教育制度的早期教育理论,并没有灌输和知识教育,而是彻底在发育过程中通过脑神经的刺激、行为锻炼培养一个孩子秩序性、规律性的习惯,更好地接受合理的指令进行知识的吸收和能力的学习,真正地做到从零起步、奠基一生!

婴幼儿的早期教育应该通过外部感知的官能刺激来激发出婴幼儿的脑神经系统(Neural System)中与生俱来的先天性学习机能,打开自然赋予人类的学习潜能,使其在今后的自我学习和自我发展中受益终身。

到底是简单的玩耍,还是科学的早教课程?专业在家长的眼睛里是晦涩的代名词,每个人都有对孩子深深的爱,那我们就要考虑,是让数不清的玩具在家里陪伴我们的孩子,还是通过专业的早教机构去学习家庭锻炼方式,时刻为我们孩子的将来乃至一生做出努力和帮助!

庞大的市场商机背后是对中国消费者的责任和义务,投资在这个重要的行业,我们都希望将最优秀、最专业的早教课程带给中国的孩子,教育行业的商业运作不应该仅仅只有

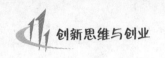

商业,更应该用专业去爱!

从喜羊羊到早教市场、从早教市场到早教机构的选择,随着社会的进步和发展,中国的家庭将和世界家庭一起去寻找适合全世界的家庭教育产品,动画片、早教、图书、玩具……

第二节 创造性思维的方向

 导入案例

把梳子卖给和尚的故事

甲先生说,他跑了三座普通寺院,无数次被和尚们臭骂和追打,但仍然不屈不挠,终于感动了一个小和尚,买了一把梳子。

乙先生去了一座名山古寺,由于山高风大,把前来进香的善男信女的头发都吹乱了。乙先生找到方丈,说:"蓬头垢面对佛是不敬的,应在每座香案前放把木梳,供善男信女梳头。"方丈认为有理。那庙共有10座香案,于是买下10把梳子。

丙先生来到一座颇负盛名、香火极旺的深山宝刹,对方丈说:"凡来进香者,多有一颗虔诚之心,宝刹应有回赠,保佑平安吉祥,鼓励多行善事。我有一批梳子,您的书法超群,可刻上'积善梳'三字,然后作为赠品。"方丈听罢大喜,立刻买下1 000把梳子。

公司认为,三个应考者代表着营销工作中三种类型的人员,各有特点。甲先生是一位执著型推销人员,有吃苦耐劳、锲而不舍、真诚感人的优点;乙先生具有善于观察事物和推理判断的能力,能够大胆设想、因势利导地实现销售;丙先生呢,他通过对目标人群的分析研究,大胆创意,有效策划,开发了一种新的市场需求。由于丙先生过人的智慧,公司决定聘请他为市场部主管。

一、发散思维和收敛思维

1. 发散思维和收敛思维的定义

发散思维和收敛思维是美国心理学家吉尔福特定义的一组互逆的思维形式。发散思维是一种多向性和开放性的思维活动,其过程是从某一点出发,任意发散,通过联想、想象、灵感和直觉,产生创造性的设想。

发散思维是创新思维中最基本、最普遍的方式方法,是人类思维创新的原动力。发散思维广泛地存在于人的创新活动中,它承认事物的复杂性、多样性和生动性,在联系和发展中把握事物,有助于开拓思维视野、扩展创新视角,在人的思维创新活动中起着至关重要的作用。

发散思维拓展了思维视角,而要进行思维创新,还必须集中有价值的东西,设定明确的目标,这就是收敛思维。收敛思维,也称聚合思维,是在已有的众多信息中寻找最佳的解决问题方法的思维过程,包括分析、综合、归纳、演绎、科学抽象等逻辑思维和理论思维形式。收敛思维在创新活动中具有重要的作用。

发散思维和收敛思维在思维方向上和思维过程上是互补的,美国创造学家M.J.科顿形象地描述了发散思维与收敛思维之间必须在时间上分开,即分阶段。两者都是解决问题所必需的,如果混在一起,就会大大降低思维的效率。发散思维在解决问题早期起着重要作用,而到解题后期,收敛思维扮演着主要角色。

2. 发散思维与收敛思维的对立统一

发散思维与收敛思维是思维创新最基本的方法,是人们进行创造活动时运用的两种不同方向的思维。创新思维的特征,决定了人们的思维必须突破传统的知识界面和思维定式,超越事物现有的发展状态和已知层面。因而,在创新的开始阶段,首先要开拓思维的自由度,采取发散思维;而在最终确定创新方案时,则需要以创新目标为核心进行收敛思维。发散思维是扩散性的思维活动,收敛思维则是集中性的思维活动;发散思维以最大限度地扩展思维视角为特点,收敛思维则确定了思维关注的方向,明确了创新目标。任何思维创新都是发散思维与收敛思维的对立统一。在思维活动中,发散思维和收敛思维相互联系、相辅相成,并在对立中相互转化。

人们在实际生活中最常用的就是集中思考,如学生在课堂接受各种教育,主要内容之一就是训练收敛思维,培养集中思考能力,成千上万次的考试与测验,其目的是为了培养学生根据所掌握的信息资料得出正确结论的能力。在工作中,当人们遇到问题和障碍时,惯性的集中思考往往会显得无能为力,而运用扩展思考来解决看似处于绝境的问题,常常会获得出人意料的成果。例如,在日常使用的烧水壶盖上开了一个小孔,目的是为了不让沸水溢出。

二、横向思维和纵向思维

1. 横向思维

横向思维(Lateral Thinking),顾名思义,是指人的思维有其横向、往宽处发展的特点。具有这种思维特点的人,思维面都不会太窄,且善于举一反三。有一个形象的比喻,这种思维就像河流一样,遇到宽广处,很自然地就会蔓延开来,但欠缺的是深度不够。

生活中有时碰到的问题,当用常规方法无法解决时,人们应该尝试换个角度,使用迂回或反向的思考方式来寻求问题的解决之道。例如,一个人的笔迹,如果其笔画组合有一定的章法,但字体结构却是上下短,左右扁的话,似说此人则具备了横向思维的基本特征。一个横向思维的人,他的思路打开了,有的可能具有逻辑性,有的则可能较散漫无序,这就需要通过他字体结构的稳定与否来判断。

横向思维是爱德华·德波诺教授针对纵向思维,即传统的逻辑思维提出的一种看问题的新程式、新方法。他认为纵向思维者对局势采取最理智的态度,从假设—前提—概念开始,进而依靠逻辑认真解决,直至获得问题答案;而横向思维者是对问题本身提出问题、重构问题,它倾向于探求观察事物的所有的不同方法,而不是接受最有希望的方法,并按照去做。横向思维是一种快速、有效的工具,用于帮助个人、公司和团队解决疑难问题,并且创造新想法、新产品、新程序及新服务。横向思维最大的特点是打乱原来明显的思维顺序,从另一个角度找到解决问题的方法。这对打破既有的思维模式是十分有用的。

横向思维的缺点是深度不够,但这只是一般性,一个具有横向思维笔迹特征的人,如果他的笔画非常富有弹性,且都有一个统一的重心和指向的话,那么这个人则可能是一个思路宽广且很有深度的人。

在一次讲座中,博诺先生提出了这样一个问题:某工厂的办公楼原是一片2层楼建筑,占地面积很大。为了有效利用地皮,工厂新建了一幢12层的办公大楼,并预备拆掉旧办公楼。员工搬进了新办公大楼不久,便开始抱怨大楼的电梯不够快、不够多。尤其是在上下班高峰期,他们得花很长时间等电梯。

针对问题,顾问们想出了几个解决方案。具体有:一是在上下班高峰期,让一部分电梯只在奇数楼层停,另一部分只在偶数楼层停,从而减少那些为了上下一层楼而搭电梯的人;二是安装几部室外电梯;三是把公司各部门上下班的时间错开,从而避免高峰期拥挤的情况;四是在所有电梯旁边的墙面上安装镜子;五是搬回旧办公楼。你会选哪一个方案?

博诺先生说,假如你选了一、二、三、五,那么你用的是"纵向思维",也就是传统思维。假如选了四,你就是个"横向思维"者,你考虑问题时能跳出思维惯性。

这家工厂最后采用了第四种方案,并成功地解决了问题。"员工们忙着在镜子前审阅自己,或是偷偷观察别人,"博诺先生解释说,"人们的注意力不再集中于等待电梯上,焦虑的心情得到放松。大楼并不缺电梯,而是人们缺乏耐心。"

2. 纵向思维

爱德华·德波诺教授将传统思维称为纵向思维。纵向思维是立足某一点,在一定范围内,向上向下思索的创意思维。它是一种历史性的思维方式,具有相对严格的时序特点,也称垂直思考法或顺推法。例如,我国50年代的"苏联的今天就是我们的明天"就是一种纵向思维产物。

纵向思维是垂直的、向纵深发展的、直线式的思维,就如在某地方挖井一般。人们的垂直思考是一种重分析的传统的科学思维方式。分析是把研究对象分解为客观存在的各个部分,然后分别研究,既要分析事物在空间分布上整体的各个组成部分,又要分析事物在时间发展上整个过程的各个阶段,还要分析复杂统一体的各种要素、方面、属性。分析给人们带来对事物的深入认识,但另一方面也限制了人们,使人局限于片面和狭隘中,而缺少活力。

3. 横向思维与纵向思维之间的区别与联系

(1)区别:纵向思维是分析性的,横向思维是启发性的;纵向思维按部就班,横向思维可以跳跃。即一个人在进行纵向思维时,他一次挪一步,下一步总是直接产生于上一步,两步之间紧密联系。一旦做出结论,结论的合理性由导出这一结论各步骤的合理性证实。而横向思维不必按部就班,可以向前跳跃,而由此产生的空白以后再填补;在纵向思维中,使用否定来产生某些途径,在横向思维中没有否定。横向思维为了最终的正确,有时错误是必需的;一个人在进行纵向思维时,他集中于一点并排除一切不相干的东西,而在进行横向思维时,他欢迎偶然闯入的东西;对于纵向思维,范围、类别及名称都是固定的,对于横向思维则不是;纵向思维遵循最有希望的途径,横向思维探测最无希望的途径。

(2)联系:横向思维不能代替纵向思维,横向思维是生成性的,而纵向思维是选择性的,两者相辅相成;横向思维可以提高纵向思维的效率,纵向思维能发展由横向思维生成的思想。

三、"两面神"思维

列宁同志曾精辟地指出:"世界上一切事物都有两面。"这是因为自然界充满了辩证法,矛盾对立面的转化无时无刻不在进行。如果创造主体根据创造和变革的需要,主动地、有意识地从矛盾对立面相反方面考虑,促进矛盾对立面转化和对立面新的组合。于是,"两面神"思维就这样提出来了。

精神病学家卢森堡曾把具有创造性的人物的思维归结为"两面神"思维。两面神,是古罗马神话中的门神,它有两个面孔,能同时转向两个相反的方向。所谓"两面神"思维,是指同时积极地构想出两个或更多并存的,或同样起作用的,或同样正确的相反的,或对立的概念、思想或印象。逆向思维和正向思维的结合产物就是"两面神"思维。

鲶鱼又叫鲇鱼,鱼身光滑有刺,好动善钻,常使别的鱼不得安宁,而沙丁鱼密集群息,喜欢紧靠在一起。渔民捕捞沙丁鱼赶往市场出售时,常常是鱼已经死了,唯独有一个老渔民能出售鲜活的沙丁鱼,生意自然好。别人问他,他总是笑而不答,临终前才把奥秘口传其儿子 ——只要在沙丁鱼群中放入几条有刺好动、不安分的鲶鱼即可。这个故事的道理很简单:沙丁鱼好静不好动,捕后挤在一起因缺氧而死;鲶鱼好动不安分,身上又有刺,以动制静,沙丁鱼也动了,也就存活得久了。大自然充满了对立统一,鲶鱼和沙丁鱼习性相反产生了转化,形成了在存活上的统一。

"两面神"思维虽在 20 世纪被科学家当做新发现,但它在哲学上自古有之,并非新颖的东西。这种思维实质上是一种从对立之中去把握新的更高级的统一的辩证思维方法,这种善于从差异中见到统一,或从相反的两极来构想统一的积极思维,是一种高级的创造性思维。

爱因斯坦就是"两面神"思维的典型。对立统一原则在爱因斯坦那里有了具体化的丰富内容,并被赋予了科学哲学的形式,这无疑是爱因斯坦的一大成果。例如,他认为在科学研究中发现对立面的途径应是:先了解原来理论之中的统一性、和谐性、对称性等表现在何处及其所受的限制或所受影响的方面,对立的另一方面就存在于被限制或影响的范围之中。1905 年,爱因斯坦创造了科学史上最令人惊讶的奇迹。次年,年仅 26 岁的爱因斯坦在量子理论、狭义相对论和布朗运动等方面相继发表了 5 篇论文,做出了具有划时代意义的贡献,掀起了一场影响百年的物理学革命。

练习项目

(一)发散思维训练题

买东西

一位哑巴去商店买钉子,他先把右手食指立在柜台上,左手握拳向下做敲钉子的动作,于是店员拿了一把槌子给他。哑巴连连摇头,店员立即明白他想买的是钉子,便从架子上拿给他。哑巴买完后,便高兴地走了。此时,又进来一个盲人,他想买一把剪刀,此时他会怎么做？

（答案：根据调查显示，多数人会回答："用手比划出剪刀状。"事实上，由于题目对哑巴购物的描述详细，因此直线思考便会误导正确判断。因题目最后指的是"盲人"，所以直接说出买剪刀即可。）

（二）逆向思维训练题

1．有个教徒在祈祷时来了烟瘾，他问在场的神父，祈祷时可不可以抽香烟。神父回答"不行"。另一个教徒也想抽烟，但他换了一种问法，结果得到了神父的许可，你知道他是怎么问的吗？

（答案：他这样问神父："在抽烟的时候可不可以祈祷？"神父回答："当然可以。"同样是抽烟和祈祷，祈祷时要求抽烟，那似乎意味着对耶稣的不尊重；而抽烟时要求祈祷，则可以表示在休闲时也想着神的恩典，神父当然也就没有反对的理由了。）

2．据说俄国大作家托尔斯泰设计了这样一道题:从前有个农夫，死后留下了一些牛，他在遗书中写道：妻子得全部牛的半数加半头；长子得剩下的牛的半数加半头，正好是妻子所得的一半；次子得还剩下的牛的半数加半头，正好是长子的一半；长女分给最后剩下的半数加半头，正好等于次子所得牛的一半。结果一头牛也没杀，也没剩下，问农夫总共留下多少头牛？

（答案：思考和解答这道题，如果先假设一些情况（如假设共有20头牛或共有30头牛），然后再对它们逐一验证和排除，自然是可以的。但这样不免有些烦琐，要费很多的时间和精力，是一个较笨的方法。）

解这道题最好是倒过来想，倒过来算。

长女既然得到的是最后剩下的牛的"半数"再加"半头"，结果1头都没杀，也没有剩下，那么，她必然得到的是：1头。

次子：长女得到的牛是次子的一半，那么，次子得到的牛就是长女的2倍：2头。

长子：次子得到的牛是长子的一半，那么，长子得到的牛就是次子的2倍：4头。

妻子：长子得到的牛是妻子的一半，那么，妻子得到的牛就是长子的2倍：8头。

把四个人得到的牛的头数相加：1+2+4+8=15，可见，农夫留下的牛是15头。

 知识链接

1．人物介绍

爱德华·德·波诺博士，英国人，牛津大学心理学、医学博士学位、剑桥在学医学博士。曾任职于牛津大学、伦敦大学、哈佛大学和剑桥大学。他在历史上第一次把创造性思维的研究建立在科学的基础上，是思维训练领域的国际权威。德·波诺是横向思维理论的创立者，如今"横向思维"一词作为语言的一部分，已经被收入《牛津英语大词典》《朗文词典》。目前已著书50多部，其中《我对你错》一书受到三位诺贝尔奖得主推崇。他在神经学、医学、心理学等跨学科的基础上创立了最宏大的创造性思维训练体系。德·波诺这个名字已经成为创造力和新思维的象征。

2．http://game.lansin.com/nixiang.shtml

 **实际案例**

红罐王老吉品牌定位战略——本案例受邀《哈佛商业评论》整理

品牌释名

凉茶是广东、广西地区的一种由中草药熬制,具有清热去湿等功效的"药茶"。在众多老字号凉茶中,又以王老吉最为著名。王老吉凉茶发明于清道光年间,至今已有175年,被公认为凉茶始祖,有"药茶王"之称。到了近代,王老吉凉茶更随着华人的足迹遍及世界各地。

20世纪50年代初,由于政治原因,王老吉凉茶铺分成两支:一支完成公有化改造,发展为今天的王老吉药业股份有限公司,生产王老吉凉茶颗粒(国药准字);另一支由王氏家族的后人带到香港。在中国内地,王老吉的品牌归王老吉药业股份有限公司所有;在中国内地以外的国家和地区,王老吉品牌为王氏后人所注册。加多宝是位于东莞的一家港资公司,经王老吉药业特许,由香港王氏后人提供配方,该公司在中国内地独家生产、经营王老吉牌罐装凉茶(食字号)。

背景

2002年以前,从表面看,红色罐装王老吉(以下简称"红罐王老吉")是一个活得很不错的品牌,在广东、浙南地区销量稳定,盈利状况良好,有比较固定的消费群,红罐王老吉饮料的销售业绩连续几年维持在1亿多元。发展到这个规模后,加多宝的管理层发现,要把企业做大,要走向全国,就必须克服一连串的问题,甚至原本的一些优势也成为困扰企业继续成长的障碍。

而所有困扰中,最核心的问题是企业不得不面临一个现实难题——红罐王老吉当"凉茶"卖,还是当"饮料"卖?

现实难题表现一:广东、浙南消费者对红罐王老吉认知混乱。

在广东,传统凉茶(如颗粒冲剂、自家煲制、凉茶铺煲制等)因下火功效显著,消费者普遍当成"药"服用,无须也不能经常饮用。而"王老吉"这个具有上百年历史的品牌就是凉茶的代称,可谓说起凉茶想到王老吉,说起王老吉就想到凉茶。因此,红罐王老吉受品牌名所累,并不能很顺利地让广东人接受它作为一种可以经常饮用的饮料,销量大大受限。

另一个方面,加多宝生产的红罐王老吉配方源自香港王氏后人,是经国家审核批准的食字号产品,其气味、颜色、包装都与广东消费者观念中的传统凉茶有很大区别,而且口感偏甜,按中国"良药苦口"的传统观念,消费者自然感觉其"降火"药力不足,当产生"下火"需求时,不如到凉茶铺购买,或自家煎煮。所以对消费者来说,在最讲究"功效"的凉茶中,它也不是一个好的选择。

在广东区域,红罐王老吉拥有凉茶始祖王老吉的品牌,却长着一副饮料化的面孔,让消费者觉得"它好像是凉茶,又好像是饮料",陷入认知混乱之中。

而在加多宝的另一个主要销售区域浙南,主要是温州、台州、丽水三地,消费者将"红罐王老吉"与康师傅茶、旺仔牛奶等饮料相提并论,没有不适合长期饮用的禁忌。加之当地在外华人众多,经他们的引导带动,红罐王老吉很快成为当地最畅销的产品。企业担心,

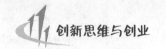

红罐王老吉可能会成为来去匆匆的时尚,如同当年在浙南红极一时的椰树椰汁,很快又被新的时髦产品替代,一夜之间在大街小巷上消失的干干净净。

面对消费者这些混乱的认知,企业急需通过广告提供一个强势的引导,明确红罐王老吉的核心价值,并与竞争对手区别开来。

现实难题表现二:红罐王老吉无法走出广东、浙南。在两广以外,人们并没有凉茶的概念,甚至在调查中频频出现"凉茶就是凉白开"、"我们不喝凉的茶水,泡热茶"这些看法。教育凉茶概念显然费用惊人。而且,内地的消费者"降火"的需求已经被填补,他们大多是通过服用牛黄解毒片之类的药物来解决。做凉茶困难重重,做饮料同样危机四伏。如果放眼整个饮料行业,以可口可乐、百事可乐为代表的碳酸饮料,以康师傅、统一为代表的茶饮料、果汁饮料更是处在难以撼动的市场领先地位。

而且,红罐王老吉以金银花、甘草、菊花等草本植物熬制,有淡淡的中药味,对口味至上的饮料而言,的确存在不小的障碍,加之红罐王老吉3.5元的零售价,如果加多宝不能使红罐王老吉和竞争对手区分开来,它就永远走不出饮料行业"列强"的阴影。这就使红罐王老吉面临一个极为尴尬的境地:既不能固守两地,也无法在全国范围推广。

现实难题表现三:推广概念模糊。

如果用"凉茶"概念来推广,加多宝公司担心其销量将受到限制,但作为"饮料"推广又没有找到合适的区隔,因此,在广告宣传上不得不模棱两可。很多人都见过这样一条广告:一个非常可爱的小男孩为了打开冰箱拿一罐王老吉,用屁股不断蹭冰箱门。广告语是"健康家庭,永远相伴"。显然这个广告并不能够体现红罐王老吉的独特价值。

在红罐王老吉前几年的推广中,消费者不知道为什么要买它,企业也不知道怎么去卖它。在这样的状态下红罐王老吉居然还平平安安地度过了好几年。出现这种现象,外在的原因是中国市场还不成熟,存在着许多市场空白;内在的原因是这个产品本身具有一种不可替代性,刚好能够填补这个位置。在中国,容许这样一批中小企业糊里糊涂地赚得盆满钵满。但在发展到一定规模之后,企业要想做大,就必须搞清楚一个问题:消费者为什么买我的产品?

重新定位

2002年年底,加多宝找到成美营销顾问公司(以下简称"成美"),初衷是想为红罐王老吉拍一条以赞助奥运会为主题的广告片,要以"体育、健康"的口号来进行宣传,以期推动销售。成美经初步研究后发现,红罐王老吉的销售问题不是通过简单的拍广告可以解决的——这种问题目前在中国企业中特别典型:一遇到销量受阻,最常采取的措施就是对广告片动手术,要么改得面目全非,要么赶快搞出一条"大创意"的新广告——红罐王老吉销售问题首要解决的是品牌定位。

红罐王老吉虽然销售了7年,其品牌却从未经过系统、严谨的定位,企业都无法回答红罐王老吉究竟是什么,消费者就更不用说了,完全不清楚为什么要买它——这是红罐王老吉缺乏品牌定位所致。这个根本问题不解决,拍什么样"有创意"的广告片都无济于事。正如广告大师大卫·奥格威所说:"一个广告运动的效果更多的是取决于你产品的定位,而不是你怎样写广告(创意)。"经过一轮深入沟通后,加多宝公司最后接受了建议,决定暂停拍广告片,委托成美先对红罐王老吉进行品牌定位。按常规做法,品牌的建立都是以消费者需求为基础展开,因而大家的结论与做法亦大同小异,所以仅仅符合消费者的需求并不能让红罐王老吉形成差异。而品牌定位的制定,是在满足消费者需求的基础上,通过了解消费者认知,提出与竞争者不同的主张。

又因为消费者的认知几乎不可改变,所以品牌定位只能顺应消费者的认知而不能与之冲突。如果人们心目中对红罐王老吉有了明确的看法,最好不要去尝试冒犯或挑战。就像消费者认为茅台不可能是一个好的"啤酒"一样。所以,红罐王老吉的品牌定位不能与广东、浙南消费者的现有认知发生冲突,才可能稳定现有销量,为企业创造生存以及扩张的机会。

为了了解消费者的认知,成美的研究人员一方面研究红罐王老吉、竞争者传播的信息,另一方面,与加多宝内部、经销商、零售商进行大量访谈,完成上述工作后,聘请市场调查公司对王老吉现有用户进行调查。以此基础研究人员进行综合分析,理清红罐王老吉在消费者心智中的位置——即在哪个细分市场中参与竞争。

在研究中发现,广东的消费者饮用红罐王老吉主要在烧烤、登山等场合。其原因不外乎"吃烧烤容易上火,喝一罐先预防一下""可能会上火,但这时候没有必要吃牛黄解毒片"。

而在浙南,饮用场合主要集中在"外出就餐、聚会、家庭"。在对当地饮食文化的了解过程中,研究人员发现:该地区消费者对于"上火"的担忧比广东有过之而无不及,如消费者座谈会桌上的话梅蜜饯、可口可乐都被说成了"会上火"的危险品而无人问津。(后面的跟进研究也证实了这一点,发现可乐在温州等地销售始终低落,最后两乐几乎放弃了该市场,一般都不进行广告投放)而他们对红罐王老吉的评价是"不会上火","健康,小孩老人都能喝,不会引起上火"。这些观念可能并没有科学依据,但这就是浙南消费者头脑中的观念,这是研究需要关注的"唯一的事实"。

消费者的这些认知和购买消费行为均表明,消费者对红罐王老吉并无"治疗"要求,而是作为一个功能饮料购买,购买红罐王老吉的真实动机是用于"预防上火",如希望在品尝烧烤时减少上火情况发生等,真正上火以后可能会采用药物,如牛黄解毒片、传统凉茶类治疗。

再进一步研究消费者对竞争对手的看法,则发现红罐王老吉的直接竞争对手,如菊花茶、清凉茶等由于缺乏品牌推广,仅仅是低价渗透市场,并未占据"预防上火的饮料"的定位。而可乐、茶饮料、果汁饮料、水等明显不具备"预防上火"的功能,仅仅是间接的竞争。

同时,任何一个品牌定位的成立,都必须是该品牌最有能力占据的,即有据可依。如可口可乐说"正宗的可乐",是因为它就是可乐的发明者,研究人员对于企业、产品自身在消费者心智中的认知进行了研究,结果表明,红罐王老吉的"凉茶始祖"身份、神秘中草药配方、175年的历史等,显然是有能力占据"预防上火的饮料"这一定位。

由于"预防上火"是消费者购买红罐王老吉的真实

动机,自然有利于巩固加强原有市场。而能否满足企业对于新定位"进军全国市场"的期望,则成为研究的下一步工作。通过二手资料、专家访谈等研究表明,中国几千年的中医概念"清热祛火"在全国广为普及,"上火"的概念也在各地深入人心,这就使红罐王老吉突破了凉茶概念的地域局限。研究人员认为:"做好了这个宣传概念的转移,只要有中国人的地方,红罐王老吉就能活下去。"

至此,品牌定位的研究基本完成。在研究一个多月后,成美向加多宝提交了品牌定位研究报告,首先明确红罐王老吉是在"饮料"行业中竞争,竞争对手应是其他饮料;其品牌定位——"预防上火的饮料",独特的价值在于——喝红罐王老吉能预防上火,让消费者无忧地尽情享受生活:吃煎炸、香辣美食,烧烤,通宵达旦看足球……这样定位红罐王老吉,是从现实格局通盘考虑,主要益处有四个方面。

其一,利于红罐王老吉走出广东、浙南,由于"上火"是一个全国普遍性的中医概念,而不再像"凉茶"那样局限于两广地区,这就为红罐王老吉走向全国彻底扫除了障碍。

其二,避免红罐王老吉与国内外饮料巨头直接竞争。

其三,成功地将红罐王老吉产品的劣势转化为优势。淡淡的中药味,成功转变为"预防上火"的有力支撑;3.5元的零售价格,因为"预防上火"的功能,不再"高不可攀";"王老吉"的品牌名、悠久的历史,成为预防上火"正宗"的有力的支撑。

其四,利于加多宝企业与国内王老吉药业合作。

正由于加多宝的红罐王老吉定位在功能饮料,区别于王老吉药业的"药品",因此能更好地促成两家合作共建"王老吉"品牌。两家企业共同出资拍摄一部讲述王老吉凉茶创始人行医的电视连续剧《岭南药侠》。

成美在提交的报告中还提出,由于在消费者的认知中,饮食是上火的一个重要原因,特别是"辛辣"、"煎炸"饮食,因此建议在维护原有的销售渠道的基础上,加大力度开拓餐饮渠道,在一批酒楼打造旗舰店的形象。重点选择在湘菜馆、川菜馆、火锅店、烧烤场等。凭借在饮料市场丰富经验和敏锐的市场直觉,加多宝董事长陈鸿道当场拍板,全部接受该报告的建议决定立即根据品牌定位对红罐王老吉展开全面推广。

"开创新品类"永远是品牌定位的首选。一个品牌若能够将自己定位为与强势对手所不同的选择,其广告只要传达出新品类信息就行了,而效果往往是惊人的。红罐王老吉作为第一个预防上火的饮料推向市场,使人们通过它知道和接受了这种新饮料,最终红罐王老吉就会成为预防上火的饮料的代表,随着品类的成长,自然拥有最大的收益。

确立了红罐王老吉的品牌定位,就明确了营销推广的方向,也确立了广告的标准,所有的传播活动就都有了评估的标准,所有的营销努力都将遵循这一标准,从而确保每一次的推广,在促进销售的同时,都对品牌价值(定位)进行积累。这时候才可以开始广告创意,拍广告片。

品牌定位的推广

明确了品牌要在消费者心智中占据什么定位,接下来的重要工作,就是要推广品牌,让它真正地进入人心,让大家都知道品牌的定位,从而持久、有力地影响消费者的购买决策。

紧接着,成美为红罐王老吉确定了推广主题"怕上火,喝王老吉",在传播上尽量凸显红罐王老吉作为饮料的性质。在第一阶段的广告宣传中，红罐王老吉都以轻松、欢快、健康的形象出现，避免出现对症下药式的负面诉求，从而把红罐王老吉和"传统凉茶"区分开来。

为更好地唤起消费者的需求，电视广告选用了消费者认为日常生活中最易上火的五个场景：吃火锅、通宵看球、吃油炸食品薯条、烧烤和夏日阳光浴，画面中人们在开心享受上述活动的同时，纷纷畅饮红罐王老吉。结合时尚、动感十足的广告歌反复吟唱"不用害怕什么，尽情享受生活，怕上火，喝王老吉"，促使消费者在吃火锅、烧烤时，自然联想到红罐王老吉，从而促成购买。

影视广告

红罐王老吉的电视媒体选择主要锁定覆盖全国的中央电视台，并结合原有销售区域（广东、浙南）的强势地方媒体，在2003年短短几个月，一举投入4 000多万元广告费，销量立竿见影，得到迅速提升。同年11月，企业乘胜追击，再斥巨资购买了中央电视台2004年黄金广告时段。正是这种急风暴雨式的投放方式保证了红罐王老吉在短期内迅速进入人们的头脑，给人们一个深刻的印象，并迅速红遍全国大江南北。

2003年年初，企业用于红罐王老吉推广的总预算仅1 000万元，这是根据2002年的实际销量来划拨的。红罐王老吉当时的销售主要集中在深圳、东莞和浙南这三个区域，因此投放量相对充足。随着定位广告的第一轮投放，销量迅速上升，给企业极大的信心，于是不断追加推广费用，滚动发展。到2003年年底，仅广告投放累计超过4 000万元（不包括购买2004年中央台广告时段的费用），年销量达到了6亿元——这种量力而行、滚动发展的模式非常适合国内许多志在全国市场，但力量暂时不足的企业。

户外广告

在地面推广上，除了强调传统渠道的POP广告外，还配合餐饮新渠道的开拓，为餐饮渠道设计布置了大量终端物料，如设计制作了电子显示屏、灯笼等餐饮场所乐于接受的实用物品，免费赠送。在传播内容选择上，充分考虑终端广告应直接刺激消费者的购买欲望，将产品包装作为主要视觉元素，集中宣传一个信息："怕上火，喝王老吉饮料。"餐饮场所的现场提示，最有效地配合了电视广告。正是这种针对性的推广，消费者对红罐王老吉"是什么"、"有什么用"有了更强、更直观的认知。目前餐饮渠道业已成为红罐王老吉的重要销售传播渠道之一。

在频频的消费者促销活动中，同样是围绕着"怕上火，喝王老吉"这一主题进行。如在一次促销活动中，加多宝公司举行了"炎夏消暑王老吉，绿水青山任我行"刮刮卡活动。消费者刮中"炎夏消暑王老吉"字样，可获得当地避暑胜地门票两张，并可在当地度假村免费住宿两天。这样的促销，既达到了即时促销的目的，又有力地支持巩固

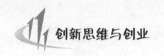

了红罐王老吉"预防上火的饮料"的品牌定位。

同时,在针对中间商的促销活动中,加多宝除了继续巩固传统渠道的"加多宝销售精英俱乐部"外,还充分考虑了如何加强餐饮渠道的开拓与控制,推行"火锅店铺市"与"合作酒店"的计划,选择主要的火锅店、酒楼作为"王老吉诚意合作店",投入资金与他们共同进行节假日的促销活动。由于给商家提供了实惠的利益,因此红罐王老吉迅速进入餐饮渠道,成为主要推荐饮品。

这种大张旗鼓、诉求直观明确"怕上火,喝王老吉"的广告运动,直击消费者需求,及时迅速地拉动了销售;同时,随着品牌推广的进行,消费者的认知不断加强,逐渐为品牌建立起独特而长期的定位——真正建立起品牌。

推广效果

红罐王老吉成功的品牌定位和传播,给这个有175年历史的、带有浓厚岭南特色的产品带来了巨大的效益:2003年红罐王老吉的销售额比去年同期增长了近4倍,由2002年的1亿多元猛增到6亿元,并以迅雷不及掩耳之势冲出广东,2004年,尽管企业不断扩大产能,但仍供不应求,订单如雪片般纷至沓来,全年销量突破10亿元,以后几年持续高速增长,2008年销量突破100亿元大关。

红罐王老吉能取得巨大成功,总结起来,以下几个方面是加多宝公司成功的关键所在:为红罐王老吉品牌准确定位。广告对品牌定位传播到位,这主要有两点,广告表达准确。投放量足够,确保品牌定位进入消费者心智。企业决策人准确的判断力和果敢的决策力。优秀的执行力,渠道控制力强。量力而行,滚动发展,在区域内确保市场推广力度处于相对优势地位。

附录:王老吉相关数据

附录一:王老吉饮料历年销售额

2002年,1.8亿元。

2003年,6亿元。

2004年,14.3亿元。

2005年,25亿元(含盒装)。

2006年,近40亿元(含盒装)。

2007年,近90亿元(含盒装)。

2008年,近120亿元(含盒装)。

附录二:加多宝公司历年建厂的投资

1995年,加多宝公司成立,在广东东莞长安镇投资建厂,一期投资金额2 000万美元。

1999年,在广东东莞长安镇投资扩建二期,投资金额3 000万美元。

2003年,在北京经济技术开发区投资建厂,投资金额3 000万美元。

2004年,在浙江绍兴袍江工业区投资建厂,投资金额2 500万美元。

2005年,在福建石狮市祥艺镇投资建厂,投资金额3 000万美元。

2006年,在广东南沙开发区投资建厂,投资金额1亿美元。

2007年,在浙江杭州下沙经济开发区投资建厂,投资金额约2 500万美元。在湖北武汉经济技术开发区投资建厂,投资金额9 980万美元。

本章小结

发散思维是创新思维的核心，它表现为流畅性、独特性、变通性和多感官敏感性的特点。以美国心理学家吉尔福特为代表的科学家们，对创新思维方向的研究，逐步揭开人类思维的规律，人们思维视角不同，决定思维朝着哪个方向前进。思维形式有助于在微观上把握创新过程，而思维方向则关系到战略大局。转变方向即使人的注意力转移到别人不易想到、比较隐蔽的方面，于是所谓的新颖、独特的点子、创意、策划就出现了。实践证明，灵活性是提高发散质量的最有效方法，会使人一鸣惊人、获得成功。思维的灵活性其本质就是思维方向的不断转变和拓展。

复习思考题

1. 什么是发散思维？发散思维对人们开展创新活动的作用有哪些？
2. 你能运用创新思维设计一套方案，帮助生活在山区的儿童重返校园吗？

（背景：山区有熊猫、野猴等动物资源，山民们以经营熊掌、兽皮等为生，孩子们为了帮父母做生意而不去上学。）

第六章 创新思维训练

人类的创新思维拥有无限潜能，适时进行全脑的思维训练，便能产生举一反三、触类旁通的渊源创意，并带给人们更便利的生活。创意创新大师赖川生说："创意创新是可以'练'的！"此话，颠覆了"创新来自天生才赋"的普遍想法。通过人们的灵活思考，对任何问题寻求多种解决方式，以不同于常人的思维，找到迅速成功的快捷方式，并达到事半功倍的效果。

【知识目标】
1. 了解创新思维训练的研究与实践；
2. 学习和掌握思维发散训练、创新思维训练计划、创新思维训练技法；
3. 学习和领会团队创新思维训练的方法。

【能力目标】
1. 掌握思维发散训练、创新思维训练计划、创新思维训练技法，并尝试在实际学习、工作和生活中运用；
2. 能熟练团队创新思维训练方法中的某一种，尝试在实际活动中使用。

第一节 创新思维训练的实践与研究

 导入案例

新奇自行车

这款脚踏车事实上是一个独轮车，而且它的设计理念与双轮自行车的本质恰恰相反。

  这款名为"本田 U3-X"的独轮车是一种电动车，它似乎专为懒汉设计，使用起来非常方便。"本田 U3-X"独轮车体积很小，由电池提供动力，最高时速只有每小时4英里（约合每小时6.4公里）。

一、培养优良思维品质的意义

思维是人类的共同特点，它是通过概念、判断、推理等形式能动地反映客观存在，同时又能动地反作用于客观存在。人们如果离开了思维，便无从认识客观事物及其规律，更不可能改造客观世界。

思维品质这个概念，最早由美国心理学家吉尔福特提出，1956年苏联出版的《心理学》开始对思维品质设立专节阐述。国内心理学著作中涉及思维品质稍晚一些。20世纪80年代初，钱学森同志倡导思维科学，有关思维品质的问题受到各方面的重视。北京师范大学朱智贤教授和林崇德教授所著《思维发展心理学》一书有专门章节阐述思维发展的差异，其核心就是思维品质问题，提出："思维品质是思维心理学的一个重要的理论问题，又是培养思维、发展智力的一个重大突破口。"

思维品质一般又被称为思维模式或思维定式，它是人们在认识和改造主观世界时所采取的根本立场、坚持运用的主要观点和方法形成的相对稳定的联结。思维品质规定了人的视野和思路；对人的活动具有定向和规范作用。思维品质对人的认识和实践活动具有举足轻重的影响和作用。优良思维品质是一个人事业顺利发展并获得成功的重要条件。古往今来的各个大家，往往都具备优良的思维品质。一个人、一个国家、一个民族如果想要站在科学的最高峰，就一刻也离不开优良思维品质。

脑科学的研究和人类的实践表明，优良思维品质是可以通过培养和训练得到发展的。另外，从人类思维发展历程也可以得出这样的结论。要使人的思维品质得到培养和发展，就必须遵循人类思维的发展规律，采用一定的方式和手段，训练人的思维器官、思维心理和思维方式，以改善其思维品质特征，从而达到培养优良思维品质的目的。具体来说应包括以下三个方面。

第一，优良思维品质的形成有赖于思维哲理性的推广。爱因斯坦说过："哲学的推广必须以科学成果为基础，可是哲学的推广一经建立并广泛地被人们接受以后，它们又常常促使科学思维的进一步发展。哲学有助于人们在进行思维活动时拓展其思维的深度和广度。如马克思主义哲学就是培养优良思维品质的有力武器。"

第二，优良思维品质的形成有赖于思维特性的挖掘。主要包括思维的开放性、逻辑性、深刻性和批判性。开放性是优良思维品质的根本特性，现代系统论认为思维是一个开放式的系统，它与外部环境进行着物质、能量和信息的交换，把思维从狭窄和封闭的定势中解放出来达到思维的广阔性和综合性，避免思维的狭隘性和片面性，从而形成更为优良的思维品质。思维逻辑性的挖掘使人们更有序地理性地认识和思考问题，思维深刻性的挖掘促使人们从复杂的现象中准确把握住事物的本质，思维批判性的挖掘不但能使人们在思维过程中独立地分析，而且能批判地吸收其他优秀的成果。

第三，优良思维品质的形成有赖于思维品质系统间互补性的增强。各种思维品质系统之间的关系，既不是相互对立也不是相互从属，它们紧密联系，相辅相成，是互补的。任何一个完整的思维过程不可能只是一个思维品质在起作用，而是几种思维品质相互配合互补进行的。

二、创新思维训练的理论依据

创新思维品质是创新主体以创新能力去把握事物的本质和规律的思维品质，它包括灵感、直觉和顿悟等思维方法开发的创新能力。创新思维品质是在人类已有科学知识的基础上，突破传统的思维定式，摆脱陈规旧习的束缚，开创新的研究方向或研究领域，提出新的假说或理论。这种思维品质具有新颖性和开拓性的特点，如果拘泥于传统的思维定式，把现存的事物神圣化、凝固化、绝对化，那么就不可能产生优良的创新思维品质。一个人是否具有创新思维品质，最关键的是看他是否敢于怀疑，不惧权威，独立思考，勇于批判。

目前，国外的思维训练主要有两种：一种是依据心理学和社会学的原理展开的；另一种是依据生理学和脑医学的原理展开的。两者各有自己的长处和短处。如：国际思维训练大师德波诺创立的"横向思维法"就是建立在心理学基础之上的。

近几十年来，脑结构与功能研究已取得一系列重大成就，特别是对人脑会发生神秘的电波的破译，被认定为是20世纪末在脑科学研究一次"哥白尼式的革命"。借助突飞猛进的电子技术，人们对脑电波的研究有了突破。美国密苏里大学的科学家，已经能够将部分脑电波译出来，目前可鉴别27个音节的脑电波图形。据说，日本一家跨国公司的科学家们对死者进行了脑电波测试，发现10名死者中，有两名可以测出脑电波。这两位都是死后第三天脑电波才消失的。根据思维、语言和脑电波波形的相互关系，科学家对死者的"语言"，通过波形进行破译，发现他们说了一些"话"。其中那个弗迪"说"了20遍"没有痛苦"的话后，脑电波才最终消失了。

何为脑电波？科学家的研究已经证明，人的大脑由140多亿个脑细胞组成，这上百亿个细胞，又相互组合形成亿万个复杂的神经网络，所有生物的组织和器官，都是由带电的复杂分子组成的，大脑自然也不例外。我们在思想时，大脑中复杂的生物电流也会感生出磁波，通常称为脑电波。

近年来，国外许多脑生理学家也在探索创新思维之谜。通过大量的科学实验，他们认识到，人的脑电活动是有规律的。当一个人在清醒的时候，他的脑电图波形最常见的是α波和β波，当一个人在打盹和熟睡的时候，脑电波则呈现出"θ"波和"δ"波。一般来说，正常人在清醒状态下不会出现"δ"波，也很少有"θ"波，否则就意味着头脑发生了某种病变。

科学家在检测世界闻名的科学家爱因斯坦博士工作时的脑电波发现，当他计算非常顺利的时候，脑波是α波；一旦出现错误的，立即变成β波。研究表明，人脑在不同状态下分别发生四种不同频段的特定脑电波：一般人在睡梦中醒来或说话时的所有意识状态发生的是β波；人在放松、神经安定、闭眼状态发生的是α波；人在创思性状态、超学习状态、缓解紧张发生的是θ波；人在熟睡状态发生的是δ波。

经过科学家与心理学家的联合研究，人们发现，当大脑处于紧张或者睡眠状态的时候，α波都不会出现，只有当大脑处于平静而轻松的状态时α波才会出现，换句话说，如果能让头脑经常出现α波，则大脑就能够摆脱紧张。美国和日本的一些科学家认为，脑电图出现α波的时候，头脑处于潜意识的影响之下，个人可以充分利用这个时机，抓住潜意识中的各种信息，尽情地发挥潜在的聪明才智，取得在完全清醒的状态下所难以达到的效果。

根据这种理论，国外一些地区创办了很多以强化α脑电波为目的的培训班。据说，这类培训班在开发头脑潜能等方面已经产生了不错的效果。有人还发明了"生物反馈仪"，用于训练者个人使用。这种反馈仪能随时报告训练者的脑电波状态。训练者不断调整自己的心理状态，以达到最佳的α波，并尽力保持这种波形，以便彻底放松神经系统并激发自己头脑潜能的显现。

三、创新思维训练的研究

既然人脑思维时可以发射出电波,那么,是否也可以用一定频率和强度的电磁波"输入"人脑来影响人的思维呢?进一步设想,通过这种方式,是否也可以将知识直接传授?

对脑电波的破译,首先使韩国为之疯狂,以脑电波原理为科学依据研制成功的脑潜能开发仪"右脑记忆器",在韩国居然每八个学生中就有一人拥有一台。欧美为它沸腾,日本为它痴迷,这场人类深刻的脑革命正悄悄来到中国。

1985年1月,世界著名的《时代周刊》评选出了1984年度的"世界名人",当选者有位叫魏特·尤伯罗斯,他成功组织了当年的洛杉矶奥运会。

在尤伯罗斯之前,举办现代奥运会简直是一场经济灾难。例如,蒙特利尔奥运会亏损了10亿美元,1980年的莫斯科奥运会,耗资竟达90亿美元,而尤伯罗斯组织的第23届奥运会,在洛杉矶市政府不提供任何资金的情况下,竟获得纯利润1.5亿美元,令全世界为之惊叹。

尤伯罗斯采取了什么魔法呢?在接受《华盛顿邮报》记者采访时,尤伯罗斯透露,在组织这次奥运会的过程中,他运用了许多行之有效的新观念和新创意。这些新观念和新创意的获得,很大程度上归功于"横向思维法",它是由国际思维训练大师德波诺创立。尤伯罗斯曾是德波诺所开设的"年轻总裁训练班"学员。

思维训练和企业界的成功,引起了某些政府部门的注意。有些国家把思维训练引入大中小学各级各类教育,借此提高全民族的文化素质。最为突出的国家是南美洲的委内瑞拉。该国大概是最早成立"智力开发部"的国家,政府任命马迦多博士为部长,在全国推行思维方法训练。马迦多博士排除各种习惯势力的干扰,历时多年,终于大见成效,全国一共培训了10万多名思维学教师。

现在,委内瑞拉法律的形式明文规定,每个小学生每星期必须用2个小时的时间,来学习和训练自己的思维技能。各级各类学校都有"思维训练"类的课程,为整个国民素质的提高打下了良好的基础。

 知识链接

http://amag.bokee.com/5517155.html

 **实际案例**

α波强力放出时,象棋僵局迎刃而解

我很早就想在好些被称为天才或超人的人们发挥自己最大限度的能力时,来测测他们的脑波。很幸运地经过出版社的介绍,我测了象棋棋士米长邦雄的脑波。

不仅是米长先生,凡象棋或围棋的顶尖职业棋士,说他们天才并不为过。我虽外行人,但也了解没有超人的能力和集中力的人在这领域中是无法成功的。

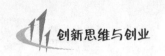

首先我请米长先生做"棋谱回想",然后测定此时的脑波。让他在脑中排下棋盘,回想过去所下的象棋,从头一招直到终局。当他闭着眼开始回想,马上就出现了漂亮的α波,且持续不断。直到回想结束,α波也未中断。

更令人惊讶的是,在测定中,米长先生家里的狗狂吠个不停。而且外头时常传来汽车的喇叭声。普通人在集中意识时,若有这些杂音干扰,脑波是会变的。但是,米长先生却一点儿也没改变。

在测定结束后一问,才知道他根本没听见狂吠、喇叭声——居然专注到这种地步。

禅僧处于"冥想"状态时,α波虽然持续着,但是只要有任何声音,在那瞬间α波会忽地消失,但马上再一次出现α波。这是凡人所办不到的。

像我们普通人在学冥想时,也是会出现α波。但一旦受到干扰α波消失之后,就很难回来了。只要头脑一乱,要再出现α波就又得等了。而米长先生在回想棋谱时,却能完全对干扰无动于衷。

接下来,是请他解一盘僵局。将僵局的棋盘给米长先生一看,"这个问题您见过吗?"、"没有"、"那请您解开这个僵局吧!"这个僵局是两个实力伯仲者下的,属于五段的问题。米长先生略带腼腆地说道:"五段吗?解不开的话,那我岂不得降级到五段之下吗?"

刚开始他好像提不起兴趣,α波不出来。但是当他盯着盘面直看之后,α波开始出现。这次,和刚才棋谱回想有所不同的是眼睛是睁开着的,但注意力却没有什么变化。我做脑波测定时,大多是要受测者闭着眼睛使α波比较容易出来。

后来不到两分钟,"啊,解开了!"当他说完的同时,α波也消失了。据米长先生自己说,他其实一下就想到方法了,但他仍然将整个棋路推完。看来α波开始出现就是在那个时候的样子。

"当方法一想到时,就有感觉应该是错不了。"他说。对于他这种直观力,我真是佩服极了。

(选自《α脑波革命》是"日本α脑波研究第一人"志贺一雅先生的著作。志贺一雅简介:日本科学家,日本脑力开发研究所所长,工学博士。)

 练习项目

思维训练游戏:分蛋糕

今天是明明的10岁生日,舅舅送给他一个大蛋糕,但同时还出了一个题目考他。"如果你能将这块蛋糕分成质量、形状完全相同的两份,且蛋糕形式必须全部由曲线组成,不能有直线,那我就再奖励你一份礼物。"

请问:明明该怎样做呢?

(答案:"太极图"画法。)

第二节　创新思维训练的方法

 **导入案例**

把小事做好就是创新

以生产男性刮胡刀著称的吉列公司，最新一项创新就是三片刮胡刀 Mach3 的接班产品 M3Power，是世界第一个三刀片振动刮胡刀，让男性在刮胡子的同时，也感受按摩的舒适。对于以创新自居的吉列来说，这项产品的创新实在谈不上轰轰烈烈，创新的规模大概只配得上"防垢领带"的创新程度，与录放机的创新相比，相差甚远。

但是，吉列该项产品的创新，却透露出一个重要的商业趋势：一鸣惊人的新产品已越来越难出现。在我国家用电器市场上，近年来一波又一波的价格战此起彼伏，只有海尔集团"无动于衷"。为什么呢？海尔不靠打价格战取胜，靠的是不断开发出的新产品占领市场。

海尔在搜集的用户信息上看到：农民兄弟提出，农村用洗衣机洗土豆、地瓜，虽然能洗，但是不太好用。海尔人并没有认为洗衣机不能洗地瓜，而是设计研究并生产出专门销往农村的大地瓜洗衣机。这款洗衣机推出后，又有人提出土豆洗出来后，削皮很费劲，海尔又推出削土豆皮洗衣机，之后，驻守海岛和边疆缺水地区的战士们提出，我们这儿没有干净水洗衣服，白衬衣都洗黄了，海尔接着专门为战士们生产能使黄泥水、海水变清的洗衣机。西藏地区爱吃酥油，可打酥油是个费力的活，藏民提出能否帮我们解决，海尔又研究出专门销往西藏的打酥油洗衣机。有人提出用搓板洗衣干净，洗衣机要像搓板那样就好了，于是又有了搓板式洗衣机……这样不断创新，推出多姿多彩的产品，还用去打价格战吗？海尔集团总裁张瑞敏曾说："当大家都在分市场的这一块蛋糕时，我们再另做一块如何？"

海尔集团成功的例子告诉我们：任何一个产品、一个事物都不是完美的，只有把小事做好就是创新。

（选自 http://www.qncg.net/Article/qygl/yrjy/200701/219.html）

一、思维发散训练

突破思维的桎梏，不仅需要我们具有主观意向，而且需要不断地锻炼我们的思维。我们可以从图形发散、词语发散和功能发散三个方面进行思维发散练习。

（一）　图形发散训练

1. 图形发散的定义

图形发散是指以图为思维对象的思维发散。

2. 图形发散的训练方法

可以有很多种，视觉图形的发散能力在广告设计、产品设计上有重要作用。具体表现在以下几个方面。

（1）基本元素发散。以某　图形为基本单元，进行不同的变化和组合形成新的图案。如以六角形的不同排列组合构成各种图案。

（2）组合设计发散。例如，以三角形、圆形和正方形三个图形进行组合，并注明组合图形的名称，如图 6.1 所示。

（3）图像构成发散。例如，这个图形加上几条线使它成为有确定意义的图像，如图 6.2 所示。

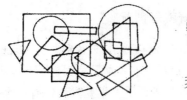

图 6.1　复杂的关联　　　　　　　图 6.2　路灯

（二）词语发散训练

词语发散是思维发散训练的基本方法。词语发散可以是名词发散、动词发散、反义词发散、标题发散、情节发散等多种训练。词语发散在写作和广告语言设计中被经常使用。请看下面这些保险公司的经典广告词：

世事难料，安泰比较好——安泰保险
聆听所至，真诚所在——信诚保险
财务稳健，信守一生——美国友邦
人生无价泰康有情——泰康人寿
平时注入一滴水，难时拥有太平洋——太平洋保险
天地间，安为贵——天安保险
中国平安，平安中国——平安保险
盛世中国，四海太平——太平人寿
诚信天下，稳健一生——太平洋保险

这些保险公司的名字和它们的广告词莫不是从安全、保障和诚信这几个词扩展出来的。类似的例子很多，可以说，词语的发散在生活中处处可见。优秀的作家和诗人都是词语发散的大家，他们有感而发，并能在想到的许多相近的词中，选择最贴切的一个。

词语发散不仅在写作以及设计广告词的时候有用，在发明中也同样用得着。让我们先玩个游戏，在 10 分钟内尽可能多地写出与开有关的动词。

拉开、打开、错开、揣开、撬开、翻开、弹开、拔开、割开、揉开、冲开、碰开、砸开、推开、射开、点开、踩开、踏开、捏开、碰开、摆开、劈开、拧开、敲开、吹开、减开、挣开、撕开、拿开、拦开……

动词发散训练对科学技术工作者和有志于发明创造的人特别有益。因为这些人所要解决的问题常常涉及动作，如过去罐头只能撬开，很难打开，我们就可以用上面开的动词发散方法，找出一些简便易行的新方法，像拉开、翻开、捏开、点开、碰开等，这些词语可以启发我们发明实现不同动作的工具。通过刚才的游戏，我们可能会产生新的创意。

（三）用途发散训练

如果楼下着火了，你在二楼，就会撕开窗帘，用它当绳子逃难。这取决于人的一种洞察力，能发现视野之内的事物所具有的潜在功能。这种能力就是用途的发散能力。

美国一家制糖公司每次往南美洲运方糖时糖都受潮，损失很大。公司里的一位工人据说受到轮船上有通风洞的启发，建议在方糖包装盒的角落里戳个针孔使之通风，以达到防潮的目的。这个建议的成功使他获得了 100 万美元的嘉奖。

钻小孔还能用在哪儿呢？日本盛行一时的"香扣子"出口贸易，就是因为有人发现，在妇女的衣扣上开个小洞注入香水，香水不但不易散失，而且"永远"香味扑鼻。美国的一家飞机制造公司也尝试在飞机的机翼上钻了无数微孔，结果发现，微孔可吸附周围的空气，消除紊流，从而大大减小空气的阻力。他们据此做出样机后，发明了可节油 40% 的飞机。你瞧，"钻小孔"的设想威力竟有这么大！

通常来看，玻璃球只不过是小孩弹着玩的玩具。其实，玻璃球还可以用来刷瓶子，搅拌涂料，做按摩器等。根据"他用法"，试想一下：玻璃球有更多的其他用途吗？是否注意过那些物品带有"环形"的结构，如果把它推广到生活的各个领域，会激发出更多的奇思妙想吗？

二、创新思维训练计划

根据国外专家研究的成果，国内梁良良等教授提供了个人创新思维训练的计划，每个人可依据自己的具体情况，有选择性地进行训练。下面就详细介绍这套训练计划。

1. 第一阶段：理念确立和身心准备

创新理念的建立是一个长期的过程，需要经过大量的训练。只有在正确认识自己的前提下才能建立起创新理念。具体训练步骤如下。

（1）写一篇自传

围绕下列 10 个问题，从思维的角度写一篇自传：

① 生活中最有意义的 10 次经历是什么？
② 我的哪些早期经历对形成我的行为产生了影响？是什么影响？
③ 我生活中做得最好的 12 件事是什么？
④ 我生活中做得最坏的 12 件事是什么？
⑤ 对我的观念和行为的形成产生最大影响的 12 个人是谁？
⑥ 我生活中什么时候最幸福？为什么此时比其他时候幸福？
⑦ 我生活中什么时候最悲哀？为什么此时比其他时候悲哀？
⑧ 我从自传中发现自己最有意义的事是什么？
⑨ 阅读自传后，我想在哪些方面改变自己？
⑩ 我怎样计划未来才能使自己掌握自己的命运？我对未来有什么要求？

对每个问题都要给予最充分的回答。仔细思考问题并回答。认清你过去的行为，但不要评价自己。从过去的经历中吸取经验，找出适合自己进行创新思维的最佳情境，这样你便能充分利用现在，拓展自己思维的路径。

（2）集中注意力训练

集中注意力或精力可以说是大脑最基本的功能之一。它直接与记忆、学习和工作效率有关，对直观能力的加强、灵感的产生等都有推动作用。如果干什么事都无法集中精力，那么思维肯定是紊乱的，会使人一事无成。

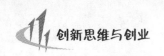

一般可采用静坐、声音感应法、注意观察事物等方法来训练并达到集中精力。

静坐是经常采用的方法。静坐既可以放松神经，缓解脑细胞的疲劳，又能改变脑的活动方式，使脑处于高度的安静状态，给人一种自我超越的感觉。做法是：先使手脚稍活动一会儿，然后正襟危坐，两手放在膝盖上或大腿部，两眼向前凝视数秒钟，头正颈直，但不过分僵硬，胸、腹微收，以自然状态入静，将思想集中在下腹的肚脐周围。

声音感应法是一种把注意力集中于声响方面的训练法。可以专注地倾听小溪的潺潺流水声或海浪的冲击声；听固定节奏的音响，如节拍器产生的节奏，每分钟六七十次，1、2、3地往下数，到10后再重新从1数起，逐步将杂念清除。

注意观察事物法，如观察树叶、远山、云朵、星星等静态物，或飞鸟、飘扬的旗帜、袅袅炊烟等动态物。

每天进行这样的训练，过一段时期就能培养出集中精力的习惯，提高直观能力。训练集中精力的方法多种多样，日本专家高桥浯曾总结过许多方法，例如，可以倾听钟声、铃声等人工音响；也可以倾听小鸟的鸣叫等自然界的声响；还可以倾听自己的声音，如喊一声"唉——"，然后自己倾听。认真地听取别人谈话也有助于集中精力。

（3）身心准备

人的思维在很大程度上不仅是个头脑问题，而且是个心灵问题。也就是说，人的心理和精神状态对于思维的深度、广度和活跃程度有着相当大的影响。因此我们必须把头脑和心灵放在一起进行训练。

① 放松身心法。

每个人在自己的人生道路上，都会遇到烦恼和痛苦，都有不顺心的时候，在这种时候，做一套心理保健操将大有裨益。具体做法如下。

第一段：我要开始休息了……我正在休息……我正在摆脱一切紧张……我正在放松……我感到轻松自如……我是平静的……平静的……平静的……我什么也不期待……我正在摆脱拘束和紧张……我感到了轻松和愉快……

第二段：左臂的肌肉放松了……左肩的肌肉放松了……左前臂的肌肉放松了……左手和手指肌肉放松了……右臂的肌肉放松了……右肩的肌肉放松了……右前臂的肌肉放松了……右手和手指的肌肉放松了……两只手臂都放松了……感到两只手臂非常沉重……一股舒服的暖流通过两只手臂……暖流已到达手指……暖流在十个指尖上跳动……我是安静的……安静的……安静的……

第三段：左腿的肌肉放松了……左大腿的肌肉放松了……左小腿的肌肉放松了……左脚很放松……右腿的肌肉放松了……右大腿的肌肉放松了……右小腿的肌肉放松了……右脚很放松……双腿双脚都已经放松了……能够感到双腿双脚很沉重……我是安静的……安静的……安静的……两腿有舒服的暖流通过……暖流已经到达双脚……暖流已经到达脚趾……我已经排除了所有的紧张……我感到轻松自如……我非常安静……我非常非常安静……

第四段：全身都放松了……后背的肌肉放松了……两肩很沉重……两肩的肌肉放松了……胸部的肌肉放松了……腹部的肌肉放松了……放松的肌肉很沉重……放松的肌肉有暖流通过……全身都放松了……全身都有暖流通过……我非常安静……我非常非常安

静……

第五段：我的头部也放松了……面颊的肌肉放松了……双眉自如地舒展开来……前额舒展开了……眼皮下垂、柔和地闭上……两侧鼻翼也放松了……口唇的肌肉放松了……感到前额很凉爽……整个面部没有一丝紧张……我非常安静……我非常非常安静……

第六段：我的全身都放松了……我完全摆脱了紧张……我感到轻松自如……我的呼吸很通畅……我的呼吸均匀而平稳……我感到甜甜的空气通过鼻孔……甜甜的空气进入肺部……肺部很舒服地一起一伏……我非常安静……我非常非常安静……

第七段：我的全身都放松了……我的心脏在平稳地跳动……心跳的节奏很舒服……甚至都感觉不到心脏的跳动……只感到全身心地轻松自如……我正在休息……我正在很舒服地休息……

第八段：我已经休息很长时间了……我已经休息好了……我浑身爽快……我浑身轻松……我精神百倍……我要睁开眼睛……我要起来去工作……我要精力充沛地去工作……好，起立！

② 成功性格训练

找到成功性格所要采取的步骤是：第一，随意找到四个你的熟人，问他们对你的印象如何，确定你是否喜欢他们的回答，判断你为什么喜欢或不喜欢留给别人的那种印象；第二，确定一下，如果你是一名演员的话，愿意扮演什么角色，以及你为什么喜欢这个角色；第三，选择任何一个你所崇拜的人，列出他身上那些使你崇拜的特征和品质；第四，把第二和第三综合为你自己所选择的性格；第五，改变你的形象、行为、个性中你所不喜欢的东西，强化你所喜欢的东西；第六，去表现你的新个性。

要成功地改造自己的性格，还必须以自己性格内核为基础。上述性格选择模式，只是提供一个出发点。失败型性格的人，要经历一个极为困难的时期。以积极的态度去设想自己的个性方能成功。这里提供的模式，将有助于你在发展自我的过程中迈开第一步。

③ 手指旋转运动

提倡手指旋转运动的人是东京大学医学系附属医院的栗田昌裕医生。其做法很简单：将两手的手指稍微碰触在一起合并成一个圆天棚的球形状，然后从大拇指开始旋转，接着换食指、中指、无名指、小指依序轮流旋转。右手手指以顺时针的方向旋转，而左手手指则是以逆时针方向旋转。左右手的手指尽可能不要相互碰到。每一次不同边的两只手指各转10圈，等到习惯了，转顺了，就可以试着逆向旋转。一般比较困难的是中指、无名指、小指，在初学时可以慢慢旋转、适应。

栗田昌裕医生意外发现，这个手指旋转运动可以应用于速读法上。他将这两种方法合并，在各地进行实验研究。例如，以10天为期的研究训练中每天2小时，共计训练20个小时。就这样，每人的读书速度平均提高了10倍。有的人甚至可提高28倍。速读内容各式各样。

这项实验主要是证明手指旋转的运动，至少有提高思维能力的效果。这种运动没有场所的限制，一般在企划的时候，或是想要集中精神，甚至在人际关系上遇到困扰，都可以试着运用这个运动来改善。

④ 用右脑绘图

请用你平常惯用的那只手画图，但是，要将图上下颠倒着画。你在画的时候不能把画翻正了来看，要到画完之后，你才可以这么做。否则，便会降低这项练习的意义。你也许从来没有用上下颠倒的方式看过该图，但这并不要紧，你就直接照眼前所见依样画葫芦。以下便是几项要求：

找一个安静的地方，让你可以在不受任何干扰的情况下作画。如果你愿意，也可以一边画画，一边播放令你轻松的音乐。你必须一口气完成整幅图。在开始画之前，先花一两分钟仔细凝视这幅上下颠倒的图画，用心观察图中线条连接配合的方式，线条的角度、交叉方式以及线条和全图之间的关系。然后从图的上方开始一条线接着一条线往下画。不要去想这个人的五官及特征。在你画的时候，他不是一个人，只是一些线条与形状的组合而已。

在你由上而下的画图过程中，你的左脑将不得不停止运作，因为它找不到任何熟悉的图形和概念（如鼻子、手臂或手指头）。其实这是一项非常简单的练习，不要把它过分复杂化。让自己尽情享受用右脑工作的乐趣。整幅图已经呈现在你面前，你要做的只是把形状照样描绘下来而已。

希望你在画完之后会惊喜地发现，自己的绘画水平提高了不少，更重要的是，使你的右脑得到了训练。

（4）创造性思维开发训练活动

这是一个很有趣味的创造性思维开发训练活动。"零"或"0"是人尽皆知的一种最简单的文字符号。它除了数字表意功能以外，如果发挥创造性想象力，静心苦想一番，或许可以揭开"0"到底是什么？能有多少种？当然想得越多越好。

2. 第二阶段：让思维长出翅膀

对于人来说，思维的翅膀是天生的，但是人与人之间的思维飞翔能力却差距很大，其中一个重要原因就是有些人缺乏必要的思维训练。通过训练能够让我们的翅膀更加硬朗，思维飞得更高更远，就更具有创新精神。

通过"单项感觉的意象训练"和"多感官参与的综合意象训练"方式，使人们达到缩小思维能力差距，提升思维飞翔能力，提高个人思维的广度和深度。

（1）意象的理论

所谓意象，就是客观物象经过创作主体独特的情感活动而被创造出来的一种艺术形象。所谓意象训练，就是通过自己身体的感官，去创造各类的经验。

在语言产生之前，人类思考问题的唯一方法是通过图像。但语言的使用却使人类大脑的意象能力萎缩。我们时常可观察到小孩或一些残障人士常常暴露出惊人的意象能力；当小孩子接受了教育之后，很快就忽视了意象的这种思维形式，我们的教育较重视发展大脑的左半部的分析和语言中枢，而忽略了右半脑的意象中枢。意象中枢，正好支配运动学习，我们可以通过反复进行意象，使缺乏使用而萎缩了的意象技能重新获得，就像通过反复训练使体力增加一样。

（2）单项感觉的意象训练步骤

不同感官的能力对于头脑思维的广度都具有影响作用，请在头脑中再现下列各种不同的感觉，逐项检验，看一看自己哪种感觉的再现能力最强。

① 某位朋友的笑声；隆隆的雷声；饭勺刮锅的声音；持续不断的蝉鸣声……

② 爱人头发的手感；深水中浮力的感觉；鼻涕流到嘴唇的感觉；注射器针头刺进肌肉的感觉；一只蚂蚁在手背上爬的感觉；乘飞机或者电梯的上升感觉……

③ 橘子的气味；刚被太阳暴晒过的棉被的气味；塑料制品燃烧的气味；肮脏厕所的气味；柴油的气味……

④ 牙膏的味道；烈性酒的味道；黄瓜的味道；麻辣汤的味道；苦药的味道……

⑤ 伸懒腰的感觉；连续打嗝的感觉；浑身冻得起鸡皮疙瘩的感觉；吃得太饱肚子胀的感觉；小腿抽筋的感觉；快活得发晕的感觉；突然受到惊吓的感觉……

（3）多感官参与的综合意象训练法

闭上眼睛，头脑中出现一幅公园草坪的画面。请体验如下感觉，体验得越真切越好，以此练习感觉的超越性，扩大对外界事物的观察和感受范围。

你坐在草坪中间的一张木椅上，请用手摸一摸这张木椅，有什么感觉？……周围的树是绿色的柏树和垂柳，仔细看一看，柏树的树枝，垂柳在微风中的摆动……天上挂着炫目的太阳，晒得身上暖烘烘的，甚至后背都渗出了一些汗粒……一群孩子跑过来，唱着、跳着、嚷着。孩子们唱的歌你听着有些耳熟，你小时候也唱过，请想一想它的旋律？……孩子们在丁香花、野菊花下，请闻一闻那沁人心脾的花香！……

（4）鹰眼训练法

鹰的眼睛极为敏锐和准确。现在，想象你是一只飞翔在天空的鹰，迅速地扫视一下地面，抓住你所需要的东西，如小动物或者其他事物。

这样连续想象几次之后，再进行实际的训练；迅速扫视一眼你的书桌，找出你需要的钢笔或者橡皮；迅速扫视一遍你面前的书架，从中找出你所需要的书；迅速扫视周围的人群，找出你熟悉的面孔。

此外，还可以训练看清快速移动的物体，如驶过你身边的汽车，它的标志和牌号；从你头上飞过的鸟，它的模样和颜色；你坐在火车或汽车上，车窗外飞速后退的行人、树木、田野等。

这个项目主要训练视觉的速度和准确性，执行特殊任务的军警经常需要做这种练习。

（5）意识渗入物体的练习

这种练习在印度瑜伽中很流行，对于训练思维深度很有帮助。注意做的时候要集中全部注意力。

你的意识进入了一堵墙；你能感觉到其中水泥和砖头的坚硬，感觉到其中分子的紧密度；你在墙体内上升下降，穿过来穿过去；最后你自由地"渗"出来。

你的意识进入了一朵花，是一朵你非常喜欢的花，你从花瓣钻到花蕊，闻到了花的香味，感觉到了花叶中的水分，最后你自由地"渗"了出来。

你的意识进入了一个发动机，你闻到了机油的味道，你看到了发动机的活塞在不停地上下运转，发出"噗噗噗"的声音，最后你自由地"渗"了出来。

练习时，环境要安静，每次练习 30 分钟至 1 小时，每天 2~3 次。在练习过程中，自己设想渗入对象，坚持练习，直到思考某个具体问题的时候，你的意识也能够"渗"入到

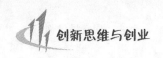

问题当中,全身心地思考它,察看问题的各个细节,追寻问题的过去和可能的发展方向,从而抓住问题的要害,找出解决问题的有效方法。

(6) 抽象化能力训练

为了提高创新思维的深度,可以通过训练人的抽象化能力的方式来实现。一般从两个角度来进行。一方面,我们从不同的物体中抽象出相同的属性,如雪花、淡云、石灰等物体中抽象出"白花",也可从雪花、冰棍、空调等物体中抽象出"寒冷"。另一方面,找出一种属性为哪些不同的事物所拥有,如拥有"红色"属性的事物是:旗帜、墨水、袖章、印泥、消防车、信号灯等。

(7) 现象因果的练习思考

同一种现象可以由无数种原因造成。请列举出下列现象的各种可能的原因,列举出的越多越奇特越好:总经理上班迟到了;街对面的霓虹灯不亮了;两个国家突然打起仗来;盛夏时空调大减价。

请认真读一读以下两段论证,注意其中的因果关系推论,是否存在着什么问题?

第一段:猫为什么要捕鼠?其中的奥秘已经被动物学家们揭开了。有一个动物研究小组发现,一种叫"牛黄酸"的物质,能够提高动物的夜间视觉能力。而猫不能在体内合成牛黄酸,如果长此以往,猫就会失去夜间的视力,无法在黑暗的环境中活动。而老鼠却能够在体内合成牛黄酸,所以猫总是大量地捕食老鼠,用来补充自己体内的牛黄酸,以便维持和提高夜间的视觉能力,正常地生存下去。

第二段:人为什么一天吃三顿饭呢?有的医学家认为,在早上、中午和晚上三个时间内,人体内的消化酶特别活跃,因此可以说,人一天吃几顿饭,是由体内的生物钟所控制的。

3. 第三阶段:突破思维定式的桎梏

我们的经验大部分是通过感觉得来的,而在我们所有的感觉中,由视觉获得的信息占全部信息的85%以上,由于这个原因,过分发展的视觉反而妨碍了其他感觉功能的发挥,"仿盲人训练"、"逆经验反应"、"风险意识测定"等就是通过暂时取消视觉或破除以往习惯的方法,来充分发掘其他感觉的潜在功能,使你获得意想不到的丰富的外界信息,冲淡单纯依赖的思维定式。

(1)"仿盲人训练"的具体做法:用黑布蒙上自己的双眼。如果觉得蒙上双眼显得太离奇而怕受到别人的围观,也可以戴上潜水用的眼镜,在镜片的里边贴上黑纸,使自己看不到外界的物像。首先在室内走一圈,再到室外自己熟悉的地方走一圈,最后可在一位朋友的引领下,到陌生的地方走一圈。在整个过程中,完全依赖你的听觉、触觉、方向感和平衡感。这样练几次,你肯定会有十分丰富的收获。

(2) 逆经验反应

大量的日常经验使每个人对外界的刺激都形成了一套固定的反应模式,就像听到电话铃一响立即就要去接,在马路上总是靠右走。这类事我们已经习惯成自然,想都不用想。打破这种固定的经验反应模式,对于增强创新意识是大有帮助的。

"逆经验反应"训练的一些做法:睡觉前不要关电视,让它开一夜;洗完手之后不要关水龙头,让它哗哗地流;早上不刷牙就吃饭;看着小孩把家里弄得一团糟而无动于衷;让电话铃响着,不去接;下暴雨的时候不打伞走出去等。

体验之后，请总结，说说与之前不同之处。

（3）风险意识测定

打破经验定势同样要承担很大的风险。以下的问题只是测试一下你有多大的冒险勇气，并不是要你实际去做。实际不敢做并不要紧，关键首先是敢想，"连想都不敢想"，那就无法训练创新思维。

① 在时速 100 公里的火车上，你敢站立在车厢门口的踏板上吗？

② 如果驯兽师说，他能保证你的安全，你敢和他一起进入关着老虎的铁笼内吗？

③ 没有经过训练，你敢不敢驾驶帆船？

④ 一匹马受惊狂奔你敢不敢抓住它的缰绳？

⑤ 有一根裸露的高压线，供电局说这根线的闸刀已经拉断了，没有电，你敢不敢用手去摸它？

（4）突破戒律的训练

试着做一些与社会常理相悖的事情，你会获得什么感受？如：当众把自己的顶头上司臭骂一通；掏出 100 元钱送给街头卖唱的小孩；无缘无故地向一位异性朋友送花；乘火车不买票；邀朋友到高级饭店猛吃一顿；在一处热闹的地方放声大唱；主动去拜访一位不认识的名人；穿一件奇装异服去上班诸如此类的事。

（5）破除书本定势

① 书本与现实的差距：人们都知道书本与现实的差距，但是在面对具体问题的时候，往往忘记了两者的差距。请想一想，怎样从现实中找到具体事例反驳下列知识性论断？男人比女人有力气；开卷有益；众人拾柴火焰高；冬天比春天冷；瑞雪兆丰年；用电脑写作既方便又迅速等，诸如此类的论断。

② 设想多种答案：书本上提供的答案往往是"唯一的"、"标准"答案，这种答案有时会束缚头脑、减低人们的创新意识。儿童们读的书少，反而不受这种束缚，能够自由地发挥自己的思维活力。看下列故事：

有一天，幼儿园的老师问一群孩子："花儿为什么会开？"第一个孩子说："花儿睡醒了，它想看看太阳。"第二个孩子说："花儿一伸懒腰，就把花骨朵给顶开了。"第三个孩子说："花儿想跟小朋友比一比，看看哪一个穿的衣服更漂亮。"第四个孩子说："花儿想看一看，有没有小朋友把它摘走。"第五个孩子说："花儿也有耳朵，它想出来听一听，小朋友们在唱什么歌。"年轻的幼儿园老师被深深地感动了。老师原先准备的答案十分简单、简单得有几分枯燥："花儿为什么会开？""因为天气变暖和了！"

请模仿儿童们的思维，想一想如下问题的答案。得出的答案越多越新奇越好：大雁为什么向南飞？面条是怎样做成的？天空为什么是蓝的？浪花为什么是白的？熟人见面为什么要打招呼？花朵为什么颜色不同？等等，诸如此类的简单问题。

③ 正反合读书法

当你拿到一本理论类书籍的时候，要反复阅读三遍，每一遍都用不同的思维角度，从而在深度和广度两方面拓展你对书中内容的认知范围，以获得最大的收益。

第一遍阅读称为"正读"，即首先假定书中的说法完全正确，假定你十分赞同作者的观点，在"正读"的思维框架指导下，你一边读书，一边赞同，一边为书中的观点补充新的证据、新的材料和新的论证方法。由于你和原书作者在社会经历、教育背景等方面的差别，你一定能找到许多新的事实和材料去论证书中已有的观点。这样，当你读完全书后，你对书中内容的认识就有可能超过原作者，至少会在某一个片段超过原作者，你甚至能够很有把握地说："这本书（或这一片段）要是让我来写，我会比原作者写得更好！"

第二遍采取的是"反读"，即假定书中所有的观点都是错误的，都是漏洞百出的。而你读此书的目的，就是找出这些错误，并且一一驳倒它们。在这种"反读"的思维框架指导下，你一边读书，一边驳斥，一边找出与书中观点相反的事实材料和论证方法。也许你一开始感到这样做很困难，你甚至感到书中的论点是无懈可击的，那只是说明你还没有真正把握书中所讲的内容，因为任何理论上的阐述，都不可能天衣无缝。当你能够把某书"反读"一遍之后，你才算真正跳出了原作者的理论框架，走上了自己的思维创新之路。你甚至能够很有把握地说："根据原书的题材，我能写出一本观点恰好相反的书来！"

第三遍为"合读"，就是说把"正读"和"反读"的结果综合起来，在此基础上对书中所讨论的内容，从更高的层次上提出自己的新看法。能做到这一点，才说明你对这本书既读"进去"了，又读"出来"了，这是读书的最高境界。因为"正读"式的思维框架，是紧紧地跟随原作者，不敢稍有偏离；而"反读"式地思维框架，则是与原作者针锋相对，同样没有离开原作者的思维路径，在很大程度上受着原作者的制约。只有达到"合读"的阶段，才真正摆脱了对原作者的依附，在思维框架方面完全独立起来，形成了自己的新思路和新看法，获得了高层次的知识和智慧。

"正反合读书法"属于"精读"类的读书法，适于读那些经典型名著以及需要我们学深吃透的理论作品，因而一般需要反复阅读三遍才能完成。但是，对于某些自己熟悉的题材，"正反合"三个阶段也可以在一次阅读中完成。就是说，你可以一边阅读，一边开动头脑高速运转，对于书中的每个论点进行一番"正"、"反"、"合"的考查，并随时记下自己思考所得到的结果，这样读一遍，同样能达到读三遍的效果。

（6）角色转换式脑力激荡

人处在不同的社会地位，从事不同的社会职业（或中心任务）都要有相应的个人行为模式，即扮演不同的社会角色。因此，社会角色就是个人在社会关系体系中处于特定的社会地位、并符合社会要求的一套个人行为模式。

角色转换，通常是指一个人会经常变换自己的角色，比如说下班回家，就要从职业角色变换为家庭成员角色。这种经常性的由上级到下级、由领导到子女、由学生到老师、由主人到客人等杂乱无章的变换即为角色转换。从事职业（或中心任务）的变化，职务的升迁，家庭成员的增减等，都会产生新旧角色的转换。把自己扮演成这些角色，闭上眼睛，想象一下这个角色的生活、思想和环境，然后以这个角色的身份，回答你所遇到的问题。

角色转换式脑力激荡，能突破平时的思维定式，帮助激发创造性思维和更广阔的想象力。

如果人们通过长期、系统而科学的思维训练，就会习惯用一种新的眼光来观察周围的世界，于是人们就会发现原来每一件事情都有它新的一面。

三、创新思维训练技法

（一）联想法

1. 什么是联想

联想的思维方法是沟通新旧知识的内在联系，在处理新问题的数量关系时，能够对已掌握的旧知识与新问题之间，产生丰富的联想，并运用知识的正迁移规律，变换审题的角度，使问题得到更顺利、更简捷的解答。

联想是形成创新的一条重要途径，也是应用最为广泛的途径。所谓联想，就是由于某人或某事而想起其他相关的概念。联想实际上是对头脑中已有的各种表象的一种重组，在思维中把割断了联系的、甚至风马牛不相及的事物重新联系起来。因而，这样的联想一旦产生，就必然形成幻景。由于事物存在多种属性，不同事物中只要有一种属性相似或相同，我们就可能通过联想在它们之间建立联系，其实在职业工作和生活中，特别是在碰到一些有趣的现象或意外情况时，善动脑筋善于灵活地变换思考角度，运用相似联想不断地转换思路，发现不同事物的相似点，就能柳暗花明，转入佳境，得到有益的创新启示。

2. 联想分类

联想分为自由联想和强制联想。

（1）自由联想是不受拘束地随意联想，如由河水想到大海，由大海想到鲸鱼。荷兰生物学家列文虎克就曾从自由联想中，发现了微生物。

这是 1675 年的一天，天上下着细雨，列文虎克在显微镜下观察了很长一段时间，眼睛累得酸痛，便走到屋檐下休息。他看着那淅淅沥沥下个不停的雨，思考着刚才观察的结果，突然想起一个问题：在这清洁透明的雨水里，会不会有什么东西呢？于是，他拿起滴管取来一些水，放在显微镜下观察。没想到，竟有许许多多的"小动物"在显微镜下游动。他高兴极了，但他并不轻信刚才看到的结果，又在露天下接了几次雨水，却没有发现"小动物"。过几天后，他再接点雨水观察，又发现了许多"小动物"，于是，他又广泛地观察，发现"小动物"在地上有，空气里也有，到处都有，只是不同的地方"小动物"的形状不同。活动方式不同而已罢了。列文虎克发现的这些"小动物"，就是微生物。

这一发现，打开了自然界一扇神秘的窗户，揭示了生命的新篇章。列文虎克正是通过自由联想而获得这一发现的。

（2）强制联想是有意识地限制联想的主题和方向，通过图片联想、焦点法等技巧，或激发自由联想、强制联想，从而解决问题。

3. 图片联想

大哲人康德曾说过，没有抽象的视觉谓之盲，没有视觉的抽象谓之空。以图片作为刺激物来帮助人们改变旧的思维习惯，弥补抽象思维的缺陷，以一种全新的途径来解决问题。

图片联想法的功能是：能使视觉刺激更直接和生动；有利于打破概念束缚。

4. 焦点法

焦点法是以一预定事物为中心、为焦点，依次与罗列的各元素构成联想点，寻求新产品、新技术、新思想的推广应用和对某一问题的解决途径。焦点法是一种典型的强制联想法。焦点法是根据综合的原理，其特点是与扩散思维、收敛思维、联想思维中的强制联想融会在一起。它是由美国 C.H.赫瓦德创造的方法。

焦点法的操作程序如下：第一步，确定目标 A (椅子)；第二步，随意挑选与 A(椅子)风马牛不相及的事物 B 作刺激物；第三步，列举事物 B；第四步，以 A 为焦点，强制性地把 B 的所有属性与 A 联系起来产生强制联想。

联想的结果有的可能很荒唐，有的则有一定价值。如果有必要，还可以就其中一种属性，产生进一步的联想。在使用焦点法时，每产生一个层次的联想，就意味着突出该事物的一种属性；类比如果适当，刺激物的有用要素与目标进行重组，表象的联结就趋于成功了。

例如，研究宣传储蓄。必须注意到：最终达到的要求就是"储蓄"，它就是"输出"，而宣传储蓄的出发点却是可以任意考虑的。假定该地常有洪水发生，那么可以考虑把"洪水"列为宣传储蓄的出发点，即"输入"，然后先从"输入"这方面入手进行自由联想，想出来的办法或思路要尽量和"输出"联系起来，如果联系上，就改从"输出"这个角度倒过去自"输入"那方面去联想。这样反复几次强制联想，然后把联系得上的关系全部汇集起来，再从中选择可用的东西，"洪水"同"储蓄"的关系可以作这样联想：洪水→房屋被淹→房屋家具损坏→房屋家具需要修理或新购→需要有钱支付修理与购买的开支→有备不发愁→储蓄。

（二）类比法

亚里士多德在《前分析篇》中指出："类推所表示的不是部分对整体的关系，也不是整体对部分的关系。""每当理智缺乏可靠论证的思路时，类比这个方法往往能指引我们前进。"

1. 何谓类比法

类比法也叫"比较类推法"，是指根据一类事物所具有的某种属性，可以推测与其类似的事物也应具有这种属性的推理方法。其结论必须由实验来检验，类比对象间共有的属性越多，则类比结论的可靠性越大。

2. 类比法的作用

它是"由此及彼"。如果把"此"看做是前提，"彼"看做是结论，那么类比思维的过程就是一个推理过程。古典类比法认为，如果我们在比较过程中发现被比较的对象有越来越多的共同点，并且知道其中一个对象有某种情况而另一个对象还没有发现这个情况，这时候人们头脑就有理由进行类推，由此认定另一对象也应有这个情况。现代类比法认为，类比之所以能够"由此及彼"，之间经过了一个归纳和演绎程序，即从已知的某个或某些对象具有某情况，经过归纳得出某类所有对象都具有这情况，然后再经过一个演绎得出另一个对象也具有这个情况。现代类比法是"类推"。

3. 类比法的特点

其特点是"先比后推"。"比"是类比的基础，"比"既要共同点也要不同点。对象之间的共同点是类比法是否能够施行的前提条件，没有共同点的对象之间是无法进行类比推理的。

4. 类比法类型

（1）直接类比法。它是借助于所研究的问题有类似之处的其他事物进行类比，如借助外形、结构、功能，形成富有启发的创新性设想。北京"水立方"的设计方案中，不仅将水的概念深化，利用水的装饰作用，而且运用其微观结构。基于"泡沫"理论的设计灵感，为"方盒子"包裹上了一层建筑外皮，上面布满酷似水分子结构的几何形状，表面覆盖的ETFE膜，又赋予了建筑冰晶状的外貌，使其具有独特的视觉效果和感受，轮廓和外观变得柔和，水的神韵在建筑中得到完美体现。

（2）间接类比法。就是用非同一类产品类比，产生创造。在现实生活中，有些创造缺乏可以比较的同类对象，这就可以运用间接类比法。如空气中存在的负离子，可以使人延年益寿、消除疲劳，还可辅助治疗哮喘、支气管炎、高血压、心血管病等，但负离子只有在高山、森林、海滩湖畔较多。后来通过间接类比法，创造了水冲击法产生负离子，后吸取冲击原理，又成功创造了电子冲击法，这就是现在市场上销售的空气负离子发生器。

采用间接类比法，可以扩大类比范围，使许多非同一性、非同类的行业，也可由此得到启发、开拓新的创造活力。

（3）幻想类比法。发明者在发明创造中，通过幻想类比进行一步步地分析，从中找出合理的部分，从而逐步达到发明的目的，设计出新的发明项目，这就称为幻想类比法。

1834年，英国发明家巴贝治绘制出通用数字计算机图样。1942年，美国的阿塔纳索夫教授和他的学生贝利，运用幻想类比法，发明设计出电脑，并制成了阿塔纳索夫-贝利计算机（世界上第一台电脑）。

（4）因果类比法。是指两个事物的各个属性之间，可能存在着同一因果关系，因此，我们可以根据一个事物的因果关系，推出另一事物的因果关系，这种类比法就是因果类比法。例如，在合成树脂（塑料）中加入发泡剂，使合成树脂中布满无数微小的孔洞，这样的泡沫塑料又省料，质量也轻，并有良好的隔热和隔音性能。日本一个叫铃木的人运用因果类比法，联想到在水泥中加入一种发泡剂，使水泥也变得既轻又具有隔热和隔音的性能，结果发明了一种气泡混凝土。

（5）仿生类比法。发明者模仿生物的结构和功能等，做出新的发明项目，这就叫做仿生类比法。例如，人走路与步行机；人体与机器人；人眼与人造眼；蜻蜓眼、苍蝇眼与复眼照相机；手臂与新式掘土机等。

从古到今，人类运用仿生类比法，不断创新，直接或间接地提高了人类社会生产力水平。中国西汉将领陈平在2000年前，发明设计出古代机器人。1962年，美国一家公司制造并售出了世界上首批工业用机器人。中国江西省南昌市三中16岁学生熊杰，运用仿生类比法，发明设计了管内机械手，荣获了第三届中国青少年发明一等奖。等等。

（6）综摄类比法。发明者借助于分析，设法变陌生为熟悉，这是确定发明课题的前提；再通过亲身类比、比喻和象征类比等综合类比，发明设计出发明项目，这就称为综摄类比法，又称类比思考法、类比创新法、提喻法、比拟法、分合法、举隅法、集思法、群辨法、强行结合法、科学创造法。

综摄法是由美国麻省理工大学教授威兼·戈登（W.J.Gordon）于1944年提出的一种利用外部事物启发思考、开发创造潜力的方法。他发现创造性思维明显地分为两个阶段：变陌生为熟悉的阶段和变熟悉为陌生的阶段。这两个阶段有不同的思维特点，在创造性过程中有不同的作用。

变陌生为熟悉是第一阶段。这个阶段主要用分析的方法，了解问题，查明问题的主要方面以及各个细节。人的机体在本质上是保守的，它排斥任何陌生的东西。思维也一样，当人们遇到陌生的事物时，总是设法把它纳入一个可以接受的模式中，通过把陌生的事物和熟悉事物联系起来，把陌生的转换成熟悉的。没有这个思维过程，人们很难真正了解要解决的陌生的问题。

在创造性思维的研究中有两种常见的误解：一是因为创造性主要体现在解决问题阶段，而把了解问题阶段忽略了。二是因为在分析问题、了解问题、变陌生为熟悉的过程中，由于产生各种小小的发现会得到一些比较肤浅的答案，因此，人们往往把这个了解问题的阶段误认作解决问题的阶段。

这第二种误解是非常有害的。尽管为了更深刻地了解要解决的问题，我们尽可能多地掌握它的细节和信息是有益的，但是，把这样的了解当作创造性地解决问题，过分沉湎于问题细节的分析，就会舍本逐末，贻误发明创造。因为创造解决问题的实质不是了解了或解决了一个新问题，而是以全新的方式、全新的设计解决问题。

变熟悉为陌生是第二阶段。变熟悉为陌生就好像一个弯下腰来从两腿间看世界的孩子，你会突然发现这个世界整个都倒过来了，变样子了。要使人们的思维跳出已有的习惯是困难的，起码是非常规的。发明者运用亲身类比、比喻和象征类比等综合类比，能使自己的发明逐步由陌生变为熟悉，从而发明设计出新的发明项目。

创新思维是一种非常规思维，它是一种粗糙的、有裂缝的，有时是非理性思维，因而创造性思维可以互相激励，互相渗透。这个思维过程也可以互相浸入。因此，用发明小组的形式把各种不同知识背景的有创造潜力的人员组织在一起，用互相启发、相互补充的讨论，可以产生更奇妙的创造性设想。

1972年12月23日，尼加拉瓜首都马拉瓜发生强烈地震，市中心511个街区成为一片废墟，唯独屹立着林同炎（福建福州人，美国科学院院士，"预应力混凝土先生"，著名桥梁专家。）建造的一座18层，61米高，四筒相连的钢筋混凝土结构——美洲银行大厦。就在大厦前面的街道地面，却呈现上下达1/2英寸的错动，如此奇迹，轰动了全球。如今这座建筑被认为是抗风抗震设计的典范，因为它非常好地兼顾了地震和风对结构作用时的相互影响。

美洲银行大厦设计采取框筒结构，这种结构和一般结构不同，具有刚柔相济的特点：在一般受力情况下，建筑物有足够的刚度来承受外力；而当受到突如其来的强烈外力时，可由房屋内部结构中某些次要构件的开裂，使房屋总刚度骤然减弱，从而大大减少对地震力的承受。

这种以房屋次要构件开裂的损失来避免建筑物倒坍的设计思想，突破了一般常规的思维框架，突破了以刚对刚的正面思维模式，从而创造了世界上少有的奇迹。

知识链接

http://news.sina.com.cn/s/p/2008-04-30/103615457274.shtml

 **实际案例**

独轮摩托车

新浪科技讯 北京时间 2008 年 5 月 1 日消息，据英国《每日邮报》报道，年轻的加拿大发明家本·古拉克发明了一辆模样奇特的摩托车，虽然也有两个轮子，但它们不像普通摩托那样一前一后，而是彼此靠在一起，如果不仔细看的话，你一定会将它误认为一辆电动单轮本。更值得一提的是，这种名为 "Uno" 的新型摩托可能帮助拯救世界。古拉克用了几年时间才制造出电动摩托车 Uno，这种摩托车使用陀螺技术——与臭名昭著的"塞得飞（Segway）"两轮电动车类似——保持直立姿态。外表怪异的 Uno 只有一个开关——要么继续开，要么停下来——并且完全靠身体移动控制。身体前倾时，Uno 加的速度可提升到每小时 25 英里（约合每小时 40 公里），后倾时，速度便会慢下来。它拥有两个并肩而立的轮子，无论开到什么地方，都能轻松转向。绿色环保摩托 Uno 个头很小，质量也很轻，它的充电过程也很简单，只要有电源的地方便可。Uno 的两个车轮完全独立，允许它在很小的范围内兜圈子，此外，这种技术也可让车身保持平衡，决不会让人产生骑独轮车的感觉。

眼下，18 岁的古拉克正在努力寻找投资商，希望 Uno 能够尽快投入生产，以便早一天在大街小巷看到自己的杰作。

 练习项目

1．图的流畅性训练。你能用一条直线和一条半圆弧组成哪些物品？请画出来并给出名称。

2．强化思维中的理性训练。

请端坐不动，做 10 次深呼吸，静下心来，把所有的感情、欲望和情绪性的东西，都排除于大脑之外。然后，在头脑中想象一个白色的画布，你在这块画布上相继画出如下的图案：

第一类，画图形：

（1）画一个正方形，清清楚楚的一个正方形；

（2）把正方形用橡皮擦掉，画上一个清清楚楚的圆形；

（3）把圆形擦掉，画上一个清清楚楚的三角形。

（4）把三角形擦掉，画上你喜欢的任何一种几何图形，一定要画得公正而且清楚。

第二类，涂颜色：

（1）画一个清楚的几何图形，涂上红颜色，很耀眼的红色；

（2）把红颜色洗掉，改涂成绿颜色，苍翠欲滴的绿色；

（3）把绿颜色洗掉，改涂成黄颜色，生姜一样的黄色；

（4）把黄颜色洗掉，改涂成你所喜欢的任何颜色，一定要逼真，并填满整个几何图形。

第三类，按比例画图形：

（1）先画一个小的正方形，再画一个边长大一倍的正方形。接着画一个边长大两倍的正方形；最后把三个正方形并列排在一起，比例要尽可能地精；

（2）按照上述比例画三个三角形，并列排在一起；

（3）按照上述比例画三个圆形，并列排在一起；

（4）按照上述比例画三个你喜欢的任何图形，把它们并列排在一起．比例一定要尽量精确。

第三节　团队创新思维的训练法

 导入案例

专用扫雪直升机

有一年，美国北方格外严寒，大雪纷飞，电线上积满冰雪，大跨度的电线常被积雪压断，严重影响通信。过去，许多人试图解决这一问题，但都未能如愿以偿，后来，电信公司经理应用奥斯本发明的头脑风暴法尝试解决这一难题。他召开了一种能让头脑卷起风暴的研讨会，参加会议的是不同专业的技术人员，要求他们必须遵守以下原则。

第一，自由思考。即要求与会者尽可能解放思想，无拘无束地思考问题并畅所欲言，不必顾虑自己的想法或说法是否"离经叛道"、"荒唐可笑"。

第二，延迟评判。即要求与会者在会上不要对他人的设想评头论足，不要发表"这主意好极了！""这种想法太离谱了！"之类的"捧杀句"或"扼杀句"。至于对设想的评判，留在会后组织专人考虑。

第三，以量求质。即鼓励与会者尽可能多而广地提出设想，以大量的设想来保证质量较高的设想的存在。

第四，结合改善。即鼓励与会者积极地进行智力互补，在增加自己提出的设想的同时，注意思考如何把两个或更多的设想结合成另外更完善的设想。

按照这种会议规则，大家七嘴八舌地议论开来。有人提出设计一种专用的电线清雪机；有人想到用电热来化解冰雪；也有人建议用振荡技术来清除积雪；还有人提出能否带上几把大扫帚，乘坐直升机去扫电线上的积雪。对于这种"坐飞机扫雪"的设想，大家心里尽管觉得滑稽可笑，但在会上也无人提出批评。相反，有一位工程师在百思不得其解时，听到用飞机扫雪的想法后，大脑突然受到冲击，一种简单可行且高效率的清雪方法冒了出来。他想，每当大雪过后，出动直升机沿积雪严重的电线飞行，依靠高速旋转的螺旋桨即可将电线上的积雪迅速扇落。他马上提出"用直升机扇雪"的新设想，顿时又引起其他与会者的联想，有关用飞机除雪的主意一下子又多了七八条。不到一小时，与会的 10 名技术人

员共提出了 90 多条新设想。

会后，公司组织专家对设想进行分类论证。专家们认为，设计专用清雪机。采用电热或电磁振荡等方法清除电线上的积雪，在技术上虽然可行，但研制费用大、周期长，一时难以见效。那种因"坐飞机扫雪"激发出来的几路设想倒是一种大胆的新方案，如果可行，将是一种既简单又高效的好方法。经过现场试验，发现用直升机扇雪真能奏效，一个久悬未决的难题终于在头脑风暴会中得到了巧妙的解决。

团体创新思维是非常重要的，因为集体的智慧大于个人的智慧。随着科学的发展、技术的进步和生产力水平的提高，人们面临的情景和问题越来越复杂，充分发挥集体的智慧则越发重要。

当一个人苦思冥想不得其解的时候，大家聚集在一起讨论，相互激励、相互补充，会引起思维的"共振"，有助于打破思维障碍，激发不同凡响的新创意或新方案诞生。一个人提出一种想法和思路，其他人受到刺激，做出反应，提出更多的创意，这就是团体创造方法，而提出想法、做出反应的方式不同，就有了不同的团体创新法，如头脑风暴法、KJ法、德尔菲法、六顶思考帽法等。

一、头脑风暴法简介

头脑风暴法（Brain Storm）是一种从心理上激励群体创新活动的最通用的方法，它是指以小组讨论会的形式，群策群力，互相启发，互相激励，使人们的大脑产生连锁反应，以引出更多的创意，获得更多的创造性解决问题的答案。

"头脑风暴"原是精神病理学的一个术语，是指精神病患者在失控状态下的胡思乱想。美国企业家、创造学家亚历克斯·奥斯本借此形容创造性思维自由奔放、打破常规，创新设想如暴风骤雨般地激烈涌现。为了排除由于害怕批评而产生的心理障碍，奥斯本提出了延迟评判原则。1938 年，只有高中文化、年仅 25 岁的亚历克斯·奥斯本失业了，他决定去一家报社应聘做记者。报社主编问他有没有办报的经验，他实事求是地回答没有。但他给主编一篇他写的文章，主编看后，发现尽管文中有许多语法、修辞错误，但却见解独到、很有创造性，于是决定录用他。从此也使奥斯本意识到，创意是最重要的。在几年的工作中，他自己获得了众多专利，后来成为美国 BBDO 广告公司的副董事长。

奥斯本认为，社会压力对个体自由表达思想观点具有抑制作用。为了克服这种现象，应设置一些新型会议形式，在这样的会议上，每个人自由发表意见，不对任何人的观点做出评价。评价是各种想法表达完之后的事情。头脑风暴会的意义在于：一是大家思维开放、无拘无束，每个人都可以自由发表自己的任何想法，即使是看起来荒诞可笑的想法，也不当场评判。这种气氛可以激发大家寻求异常设想的强烈兴趣。刺激新思路的开拓，特别是使人们易于接受和发展违反常规的新设想，最大限度地发挥创造力。二是信息激励、集思广益。我们知道，当个人独自思考一个问题时，其思路容易局限在一个方向上，而几个人对同一个问题进行思考，就会从各自的经验、知识角度出发去思考问题。这样，在头脑风暴会议上，由于形成了无拘无束的气氛，大家可以相互启发，相互刺激，引起联想反应，就可以诱发更多新颖独特的设想了。

头脑风暴法之所以有效，归功于在集体活动情景下彼此促进和互动的群体动力学基

础。每个人提出一个新观点,不仅仅激发自己的想象力和创新思维,在这个过程中,与会的其他人的想象力也受到激荡和刺激,产生一系列的连锁反应,进而产生众多的创意。

1. 头脑风暴法的原则

头脑风暴法是针对要解决的问题召开 6~12 人的小型会议,与会者按照一定的步骤和要求,在轻松的氛围中展开想象,敞开思想,各抒己见,相互激励和启发,使创造性的思想产生大量的新创意。为了达到这个目的,在头脑风暴法操作过程中还必须遵循四条基本原则。

第一,自由畅想,鼓励新奇。要敞开思想,不受传统逻辑和任何其他框框的束缚,使思想保持自由驰骋的状态。还要尽力求新、求奇、求异,充分发挥联想和想象力,从广阔的思维空间寻求新颖的解决问题方案。

第二,禁止批判、延迟判断。这是为克服"评判"对创造性思维的抑制作用,保证自由思考和良好的激励气氛。一个新设想听起来好像很荒诞,但它有可能是另一个好设想的"垫脚石"。贯彻这一原则,既要防止出现那些束缚人思考的扼杀句,如"这不可能"、"这根本行不通"、"真是异想天开"等,也要禁止赞扬溢美之词的出现,如"挺好"、"不错"等,它们都会不同程度地起到扼杀设想的作用。

第三,谋求数量,以量求质。在有限的时间里,所提设想的数量越多越好。因为,越是增加设想的数量,就越有可能获得有价值的创造性设想。通常,最初的设想往往不是最佳的,而一批设想的后半部分的价值要比前半部分高 78%。此外,在追求数量,并且活跃、积极的氛围中,与会者为了尽可能地提出新设想,也就不会去作严格的自我评价了。

第四,互相启发,综合改善。尽量在别人所提设想的基础上加以改进发展,然后提出新设想,或者提出综合改善的思路。因为创新往往就在于综合,在于头脑中已有思想之间、已有设想和新获得的外来信息及设想之间形成新的组合,产生新的思路。此外,会上提出的设想大都未经深思熟虑,很不完善,必须加工整理,并对其综合改善,从而收到事半功倍的效果。

在实际应用中,这四条原则非常重要,特别是前两条,他们可以保证产生足够数量的创意,只有与会人员严格遵守原则,不作批判,会议才能成为名副其实的头脑风暴会议。

2. 头脑风暴法的应用

头脑风暴法应用的主要问题类型是开放问题。包括如下几种:关于产品和市场的创意,新的消费观念,未来市场方案的观念。管理问题,拓展业务面、改善职业结构。规划问题,对可能增加的困难性的预期。新技术的商业化,开发一项可以获得专利权的新技术。改善流程,对生产流程进行价值分析。故障检修,追寻不可预期的机器故障的潜在原因。

3. 头脑风暴法适用的范围

头脑风暴法是用来产生各种各样的创意和设想的,可以是问题、目标、方法、解答和标准等,但并不只限于寻求解答。要使头脑风暴法发挥最大功效,必须清楚它的适用范围。即头脑风暴法要解决的问题必须是开放的。凡是各种认知型、单纯技艺型、汇总型、评价性的问题,均不需要用头脑风暴法来解决。只有转化角度、改变问题,才可以使用头脑风暴法。例如,列举陈述统一问题的目标或目标的方法;列举与同一问题或目标有关的问题;列举可能发生的问题;列举解决某一问题的方法;列举应用某一原理、原则的主意;列举评价某一物品的标准。

4. 头脑风暴法的实施步骤

（1）准备。选择主持人。理想的主持人要熟悉头脑风暴法并了解所要解决的问题，能在必要时恰当地启发和引导大家。会议人员的遴选。参加头脑风暴法会议的人数以 6~12 人为宜，可根据待解决问题的性质确定人员。指定一人负责做会议记录，或主持人自己承担记录工作。此外，还应选择安静的开会地点，做好事先通知。

（2）热身。为使参加会议的人员进入"角色"，减少僵局或冷场的局面，需要制造轻松的氛围。例如，可以播放音乐、放些糖果或倒杯茶水等，待与会人员的心情放松之后，主持人便可以提出一个与讨论课题对象无关的简单而有趣的问题，以激活大脑的思维。可采取"动物游戏"、"互相介绍"、"讲幽默故事"等形式，使气氛活跃起来。待大家全都积极地投入进来，主持人便可调转话题，切入正题。

（3）明确问题。首先，主持人向与会者简明扼要地介绍所要解决的问题之后，可让与会者简单讨论一下，以取得对问题的一致理解。其次，是重新叙述问题，对问题进行分析，也可将问题分成几个小问题。同时，主持人应启发大家的多种解题思路，为提出设想做准备。

（4）自由畅谈。这是头脑风暴法的核心步骤，要求大家突破种种思维羁绊，克服种种心理障碍，任思维自由驰骋。自由畅谈时应借助人们之间的知识互补，信息刺激和热情感染，并通过联想和想象等思维形式提出大量创造性设想。

（5）加工整理。会议提出的解题设想大都未经仔细斟酌，也未做出认真评价，还应该加工整理，使它更完善才有实用价值。

会议的第二天，主持人应及时收集大家在会后产生的新设想。因为通过会后的休息，思路往往会有新的转换或发展，又能提出一些有价值的设想，曾有一次会议，与会者在会上提出了百余条设想，第二天又增补了 20 余条，其中有 4 条设想比头一天提出的所有设想都更有实用价值。还要对方案进行筛选。看其是否具有新颖性和可行性。

最后，形成最佳方案。将被筛选出来的少数方案逐一进行推敲斟酌，发展完善，分析比较，选出最佳方案，或将几个方案的优点进行恰当组合，形成最佳方案。

5. 头脑风暴法掌握的几个关键点

（1）给参与人员一个平和的心理环境，期间不要有责怪、否定等影响参与者积极性的负面消极的举动，应该给予他们充分的肯定和信任，并相信他们有能力解决目前的问题。

（2）需要主持人思路明确，善于引导，把大家引导到正确的方向。引导本身也是一项技术，既不能直接把自己的想法说出来，还要引导大家按照你的思路去进行。所以，主持人应该提前考虑好会议中将会出现的种种可能，并想办法控制住场面。

（3）尊重每一条意见，并把目前不能用的方法向大家解释，之所以目前不能实行这些方法的原因是什么，这样才不会给那些意见没有被采纳的参与者情绪上的打击，造成在工作上有消极情绪。重视每个人的表现，给予肯定和赞扬，这也是激励的一种方式。希望主持人不要吝啬自己的赞美之词，要本着没有坏的，只有好的，或者更好的原则。

6. 头脑风暴法存在以下缺点

第一，头脑风暴法在会议一开始就将目的提出来，这种方式容易使见解流于表面，难

免肤浅。

第二，头脑风暴法会议的与会者往往坚信唯有自己的设想才是解决问题的上策，这就限制了其他的思路，提不出其他的设想。

二、KJ 法

KJ 法的创始人是东京工人教授、人文学家川喜田二郎，KJ 是他的姓名的英文缩写。

他在多年的野外考察中总结出一套科学发现的方法，即把乍看上去根本不想收集的大量事实如实地捕捉下来，通过对这些事实进行有机的组合和归纳，发现问题的全貌，建立假说或创立新学说。后来他把这套方法与头脑风暴法相结合，发展成包括提出设想和整理设想两种功能的方法。这就是 KJ 法。这一方法自 1964 年发表以来，作为一种有效的创造技法很快得以推广，成为日本最流行的一种方法。KJ 法的主要特点是在比较分类的基础上由综合求创新。在对卡片进行综合整理时，既可由个人进行，也可以集体讨论。

1. KJ 法的步骤

（1）准备。主持人和与会者 4~7 人。准备好黑板、粉笔、卡片、大张白纸、文具。

（2）头脑风暴法会议。主持人请与会者提出 30~50 条设想，将设想依次写到黑板上。

（3）制作卡片。主持人同与会者商量，将提出的设想概括为 2~3 行的短句，写到卡片上。每人写一套。这些卡片称为"基础卡片"。

（4）分成小组。让与会者按自己的思路各自进行卡片分组，把内容在某点上相同的卡片归在一起，并加一个适当的标题，用绿色笔写在一张卡片上，称为"小组标题卡"。不能归类的卡片，每张自成一组。

（5）并成中组。将每个人所写的小组标题卡和自成一组的卡片都放在一起。经与会者共同讨论，将内容相似的小组卡片归在一起，再给一个适当标题，用黄色笔写在一张卡片上，称为"中组标题卡"。不能归类的自成一组。

（6）归成大组。经讨论再把中组标题卡和自成一组的卡片中内容相似的归纳成大组，加一个适当的标题，用红色笔写在一张卡片上，称为"大组标题卡"。

（7）编排卡片。将所有分门别类的卡片，以其隶属关系，按适当的空间位置贴到事先准备好的大纸上，并用线条把彼此有联系的连接起来。如编排后发现不了有何联系，可以重新分组和排列，直到找到联系。

（8）确定方案。将卡片分类后，就能分别地暗示出解决问题的方案或显示出最佳设想。经会上讨论或会后专家评判确定方案或最佳设想。

下面介绍一个管理者个人应用 KJ 法解决实际问题的例子。

日本某公司通信科科长偶尔直接或间接地听到科员对通信工作中的一些问题发牢骚，他想要听取科员的意见和要求，但因倒班的人员多，工作繁忙，不大可能召开座谈会。因此，该科长决定用 KJ 法找到科员不满的方案。

第一步，他注意听科员间的谈话，并把有关工作中问题的片言支语分别记到卡片上，每个卡片记一条。例如：

● 有时没有电报用纸。

● 有时未交接遗留工作。

- 如果将电传机换个地方……
- 接收机的声音嘈杂。
- 查找资料太麻烦。
- 改变一下夜班值班人员的组合如何？
- 打字机台的滑动不良。

第二步，将这些卡片中同类内容的卡片编成组。例如：
- 其他公司有的已经给接收机安上了罩。
- 因为接收机的声音嘈杂，所以如果将电传机换个地方……
- 有人捂着一个耳朵打电话。

上面的卡片组暗示要求本公司"给接收机安上罩"。从下面的卡片组中可以了解到要求制定更简单明了的交接班方法。
- 在某号收纳盒内尚有未处理的收报稿。
- 将加急发报稿误作普通报稿纸处理。
- 接班时自以为清楚了，可是过后又糊涂了，为了做出处理，有时还得打电话再次询问。

第三步，将各组卡片暗示出来的对策加以归纳集中，就能进一步抓住更潜在的关键性问题。例如，因为每个季节业务高峰的时间区域都不一样，所以弄明白了需要修改倒班制度，或者是根据季节业务高峰的时间区域改变交接班时间，或者是考虑电车客流量高峰的时间确定交接班时间。

科长拟定了一系列具体措施，又进一步征求乐于改进的科员的意见，再次做了修改之后，最后提出具体改进措施加以试行，结果科员们皆大欢喜。

需要说明的是本例没有严格按照 KJ 法的程序进行。创新技法在现场实际应用时，往往不是一成不变地按程序进行。

三、德尔菲法

德尔菲法又称专家调查法，是根据经过调查得到的情况凭借专家的知识和经验，直接或经过简单的推算，对研究对象进行综合分析研究，寻求其特性和发展规律，并进行预测的一种方法。

德尔菲是希腊传说中的一座城堡，城堡中有一座阿波罗神殿，传说众神每年都要来这里聚会，以占卜未来。德尔菲法由此得名。

德尔菲法是美国兰德公司于1964年发明并首先将其应用于技术预测，20世纪60年代以后，被世界各国广泛用于评价政策、协调计划、预测经济和技术、组织决策等活动中。这种方法比较简单，节省费用，能把有理论知识和实践经验的各方面专家对同一问题的意见集中起来。它适用于研究资料少、未知因素多、主要靠主观判断和粗略估计来确定的问题。是较多地用于长期预测和动态预测的一种重要的预测方法。

德尔菲法是在专家个人判断和专家会议调查的基础上发展起来的。专家个人判断法仅依靠专家个人的分析和判断进行预测，容易受到专家个人的经历、知识面、时间和所占有资料的限制，因此片面性和误差较大。专家会议调查法在某种程度上弥补了专家个人判断

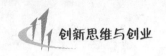

的不足，但仍存在如下缺陷：召集的会议代表缺乏代表性；专家发表个人意见时易受心理因素的影响（如屈服于"权威"、受会议"气氛"和"潮流"的影响）；由于自尊心的影响而不愿公开修正已发表的意见；缺乏足够的时间和资料来考虑和佐证自己的发言；等等。德尔菲法针对这些缺陷做了重大改进，它是一种按规定程序向专家进行调查的方法，能够比较精确地反映出专家的主观判断能力。

经典案例《专著销售量预测》。某书刊经销商采用德尔菲法对某一专著销售量进行预测。该经销商首先选择若干书店经理、书评家、读者、编审、销售代表和海外公司经理组成专家小姐，将该专著和一些相应的背景材料发给各位专家，要求大家给出该专著最低销售量、最可能销售量和最高销售量三个数字，同时说明自己做出判断的主要理由。他将专家们的意见收集起来，归纳整理后返回给各位专家，然后要求专家们参考他人的意见对自己的预测重新考虑。专家们完成第一次预测并得到第一次预测的汇总结果以后，除书店经理 B 外，其他专家在第二次预测中都做了不同程度的修正。重复进行，在第三次预测中，大多数专家又一次修改了自己的看法。第四次预测时，所有专家都不再修改自己的意见。因此，专家意见收集过程在第四次以后停止。最终预测结果为最低销售量 26 万册，最高销售量 60 万册，最可能销售量 46 万册。

1. 德尔菲法的特点

（1）函询。用通信方式反复征求专家意见，调查人与调查对象之间的联系是通过书信来实现的。

（2）多向性。调查对象分布于不同的专业领域，在同一个问题上能了解到各方面专家的意见。

（3）匿名性。为了消除专家会议调查法中专家易受权威、会议气氛和潮流等因素影响的缺陷，德尔菲法采用匿名征询的方式征求专家意见。受邀参加预测的专家之间互不见面和联系，可以不受任何干扰独立地对调查表所提问题发表自己的意见，或者参考前一轮的预测结果，修改自己的意见。由于采取匿名的方式，专家们根本不必担心这会有损于自己的威望。

（4）反馈性。由于采用匿名的方式，受邀专家之间互不见面和联系，因此，仅靠一轮调查，专家意见往往比较分散，且不能相互启发，共同提高。为了克服这缺陷，经典的德尔菲法要进行四轮的征询专家意见。组织者对每一轮的专家意见（包括有关专家提供的论证依据和资料）进行汇总整理和统计分析，并在下一轮征询中将这些材料匿名反馈给每位受邀专家，以便专家们在预测时思考。由于除第一轮外，专家们都能在每一轮预测过程中了解到上一轮征询的汇总情况以及其他专家的意见，因此，可进行比较分析，相互启迪，使预测结果的准确度大大提高。

（5）统计性。为了科学地综合专家们的预测意见和定量地表示预测的结果，德尔菲法采用统计方法对专家意见进行处理。其结果往往以概率的形式出现。这些结果既可反映专家意见的集中程度，又可反映专家意见的离散程度。为了便于对专家意见进行统计处理，调查表设计时一般采用表格化、符号化、数字化的设计方法。

从上述特点可知，专家调查法是比较科学的，有广泛的用途，但是，由于专家评价的最后结果是建立在统计分析的基础上，所以具有一定的不稳定性。不同专家总体，其直观评价意见和协调情况不可能完全一样,而且交换信件费时间,不能面对面讨论,所提问题很难提得很明确而不需要进一步解释,最后得出的一致意见具有一定程度的强制性,这是德尔菲法的主要不足之处。若与其他调查方法配合使用,就能取得更好的效果。

2. 德尔菲法的应用

第一,德尔菲法的应用条件主要有:一是咨询主题应明确,使熟悉该专题的专家能清晰地理解问题的性质、内容和范围;二是要找到一批经验丰富而又熟悉该专题的专家,特别是这些专家中具有代表性的人物。

第二,德尔菲法在科技、经济和社会发展各领域中有广泛的应用。德尔菲法本质上是建立在诸多专家的专业知识、经验和主观判断能力的基础上的,因而特别适用于缺少信息资料和历史数据,而又较多地受到社会、政治、人为因素影响的信息分析与预测课题。这类方法简便直观,无须建立烦琐的数学模型,在缺乏足够统计数据和没有类似历史事件可借鉴的情况下,也能对研究对象的未知或未来的状态做出有效的预测。

实践证明,采用德尔菲法进行信息分析与预测,可以较好地揭示出研究对象本身所固有的规律,并可据此对研究对象的未来发展做出概率估计。

德尔菲法主要有以下用途:其一,对达到某一目标的条件、途径、手段以及它们的相对重要程度做出估计;其二,对未来事件实现的时间做出概率估计;其三,对某一方案(技术、产品等)在总体方案(技术、产品等)中所占的最佳比重做出概率估计;其四,对研究对象的动向和在未来某个时间所能达到的状况、性能等做出估计;其五,对某一方案(技术、产品等)做出评价,或对若干个备选方案(技术、产品等)评价出相对名次,选出最优者。

第三,德尔菲法作为一种主观定性的方法,不仅可用于预测领域,而且可以广泛应用于各种评价指标体系的建立和具体指标的确定过程。例如,我们在考虑一项投资项目时,需要对该项目的市场吸引力做出评价。我们可以列出同市场吸引力有关的若干因素,包括整体市场规模、年市场增长率、历史毛利率、竞争强度、对技术的要求、对能源的要求、对环境的影响等。市场吸引力的这一综合指标就等于上述因素加权求和。每个因素在构成市场吸引力时的重要性(即权重和该因素的得分)需要由管理人员的主观判断来确定。

3. 德尔菲法的工作步骤

第一,确定主持人,组织专门小组。

第二,拟定调查提纲。所提问题要明确具体,选择得当,数量不宜过多,并提供必要的背景材料。

第三,选择调查对象。所选的专家要有广泛的代表性,他们要熟悉业务,有特长,有一定的声望和较强的判断洞察能力。选定的专家人数不宜太少也不宜太多,一般以 10~50 人为宜。

第四,轮番征询意见。征询意见通常要经过三轮:第一轮是提出问题,要求专家们在规定的时间内把调查表格填完寄回;第二轮是修改问题,请专家们根据整理的不同意见修改自己所提的问题,即让调查对象了解其他见解后,再一次征求他本人的意见;第三轮是最后判定,把专家们最后重新考虑的意见收集上来,加以整理。有时根据实际需要,还可进行更多几轮的征询活动。

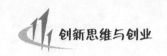

第五，整理调查结果，提出调查报告。对征询所得的意见进行统一处理，一般可采用中位数法，把处于中位数的专家意见作为调查结论，并进行文字归纳，写成报告。

从上述工作程序可以看出，专家调查法能否取得理想的结果，关键在于调查对象的人选及其对所调查问题掌握的资料和熟悉的程度，调查主持人的水平和经验也是一个很重要的因素。

四、水平思考法和六项思考帽法

六项思考帽法和水平思考法的价值。

1984年，"六项思考帽法"和"水平思考法"为洛杉矶奥运会创造了1.5亿美元的利润，随即风靡全球，它是多位诺贝尔奖得主极力推崇的创新思维训练课程。在日本，平均每10个商务人士中有4个曾阅读过六项思考帽法。IBM用六项思考帽法给4万名员工做核心训练教材。西门子公司在欧洲的全部37万员工都接受了德·博诺思维课程训练。在杜邦公司的创新中心，设立了专门的课题探讨用博诺的思维工具改变公司文化，并在公司内广泛运用六项思考帽法。在中国，六项思考帽法曾被北京2008奥运组委会和中央电视台成功引进。

（一）水平思考法

1. 什么是水平思考法

水平思考法是英国剑桥大学思维基金会主席爱德华·德·博诺提出的。德·博诺认为，在过去的时间里，人们一直沿用由苏格拉底、柏拉图和亚里士多德所创设的传统思维系统，这个思维系统以分析、判断和争论为基础。使用传统思维系统，社会确实获得了巨大的进步。但是，时至今日，信息技术的发展引发了一系列的变革。对于这个快速变化的世界，传统的思维方法和习惯已经变得愈加狭隘而陈旧，不能充分适应这个变化的世界，因为这个世界除了分析和判断之外，还迫切需要独具匠心的思维设计理念，需要人们具备建设性和创造性的思维能力。传统思维方式的核心是"是什么"，而未来思维方式需要的是"能够是什么"。

德·博诺给出了描述水平思维最简单的方法："你将一个洞挖得再深，也不可能在另一个地方挖出洞来。"这一点强调了寻找看待事物的不同方式和方法。

在垂直思维中，你选择了某个立场，然后你思维建立在这个基础上。你的下一步将取决于你当前所在的位置，并且下一步必须和当前位置有关，且在逻辑上是源自当前位置。这表明是建立于一个基础之上或将同样的洞挖得更深，而在水平思维中，我们水平移动，尝试不同的认知、概念和切入点。

在水平思维中，我们努力提出一些不同的观点，所有观点都是正确的，可以共存。不同的观点不是从彼此中衍生出来，而是独立产生的。你绕着一幢大楼行走，从不同的角度摄像，每个角度都同样真实。常规逻辑关心的是"事实"和"是什么"，而水平思维关心的是"可能性"和"可能是什么"。我们建立起"可能是什么"的不同图层，最终得到一幅有用的图像。

德·博诺在反思传统思维模式的基础上，为弥补垂直思考的缺点，寻求从僵硬的成规中逃脱出来。创设水平思考法，其目的在于产生一个有效用、简单及理想的新方案。

2. 水平思考法的特色

水平思考法不仅是一种技巧和知识，也是一种心智的运作方式，而心智是一种能让信息自行组织成模式的特殊环境。

水平思考和顿悟能力、幽默间的关系十分密切，这几种历程都有相同的基础。通过学习，水平思考在我们的能力范围之内。

有创意，敢于旁敲侧击，出奇制胜。水平思考法因其求解的思路是从各个问题本身向四周发散，指向不同的答案，这些发散式的思路彼此间谈不上特别相关，每种答案无所谓对错，但往往独具创意，别具匠心，令人拍案叫绝，回味无穷。由于思想过程受意志控制，故并非胡思乱想，同时由于水平思考从不把思想限定在一个固定方向上，因此，往往为了解决问题而暂时远离问题，另觅他途。原则上水平思考是为了针对那些垂直思考无法化解的难题而产生。

水平思考的技巧之一就是刻意地运用这种把事情合理化的禀赋，不再遵循惯常垂直思考按部就班的步骤，首先选好一个新颖而大胆的观点来考虑问题。然后，回过头去，再试着发掘这个新观点与问题起点之间是否存在合理的途径，可以彼此相通。

3. 水平思考的原则

对控制性观念的认识：第一，寻找观察事物的不同角度。由不同观点解释问题的好处，可以在数学里找到最明显的例子。一个数学方程式的等号两边无非是两种表现相等数值的不同形式，以两种形式表达一种观念的等式非常有用，因而成为数学计算的基础。第二，跳脱垂直式思考的严密控制。不急于去解释、分类、组织什么，我们的意识才能自由开放、从容不迫地接纳一切可能性，也就是在这种情形下，才能产生新概念。

尽可能多地利用机会。人类文明史上许多重大的贡献都是偶发事件促成的，原先根本未经设计。同时，有许多重要的概念都是由各种条件偶然的凑合发展出来的。

（二）六顶思考帽法

六顶思考帽法是爱德华·德·博诺博士开发的另一种思维训练模式，它提供了"平行思维"的工具，避免将时间浪费在互相争执上。六顶思考帽法强调的是"能够成为什么"，而非"本身是什么"，是寻求一条向前发展的路，而不是争论谁对谁错。运用六顶思考帽法将会使混乱的思考变得更清晰，使团体中无意义的争论变成集思广益的创新，使每个人变得富有创造性。

1. 具体内容

（1）蓝色是天空的颜色，笼罩四野，控制着事物的整个过程，思维中的思维，一顶控制思维过程的帽子，就像是乐队中的指挥家一样来组织思维。

（2）白色是中立而客观的，代表着事实和资讯，收集已知的或者是需要的信息，仅仅是中立和客观的事实和数据。

（3）黄色是顶乐观的帽子，代表与逻辑相符合的正面观点，代表的是乐观、探究价值和利益，帮助人们发现机会。

（4）黑色象征冷静、反思或谨慎，以探索事物的真实性、适应性、合法性为焦点，运用负面的分析，帮助人们控制风险。

（5）绿色是春天的色彩，是创意的颜色。象征创新和改变，寻找更多的可选方案和

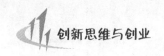

可能性，从而获得具有创造力的构想。

（6）红色是情感的色彩，代表感觉、直觉和预感。为情绪和感情的表白提供机会，这是一个直觉和预感的判断。

2. 六项思考帽法的应用步骤

"六项思考的帽子"是一种简单、有效的平行思考程序。它帮助人们做事更有效率，更专注，更加运用智慧的力量，一旦学会，立即可以投入应用。

第一，你与工作伙伴将思考过程分为六个重要的环节和角色。每一个角色与一项特别颜色的"思考帽子"相对应。在脑海中，您将想象把帽子戴上，然后一顶一顶地换上，你就很轻易就能做到集中注意力，并对想法、对话、会议讨论进行重新定向。

一个典型的六项思考帽团队在实际应用步骤如下：

（1）陈述问题事实（白帽）；

（2）提出如何解决问题的建议（绿帽）；

（3）评估建议的优缺点：列举优点（黄帽），列举缺点（黑帽）；

（4）对各项选择方案进行直觉判断（红帽）；

（5）总结陈述，得出方案（蓝帽）。

第二，使用六项思考帽法应注意的几个问题：

（1）控制与应用：掌握独立和系统地使用帽子工具以及帽子的序列与组织方法。

（2）使用的时机：理解何时使用帽子，从个人使用开始，分别在会议、报告、备忘录、谈话与演讲发布中有效地应用六项思考帽。

（3）时间的管理：掌握在规定的时间内高效地运用六项思考帽的思维方法，从而整合一个团队所有参与者的潜能。

3. 实际案例

日本人开会的时候，一般不是带着解决方案去，而是带着手头上搜集的各种各样的数据和各种各样的客观现象。在会议中提供他们所了解到的客观事实及各种各样的数据分析，最后得出一个倾向性的结果。这是日本人集体决策的特性。

公安局在破案时，不急于做解释，不会相信某个人的说法，也不去相信与事实比较相近的东西，而是搜集大量蛛丝马迹的事实数据，追求事实本身的细节。这也是一种非常典型的白色帽子思考法。

五、卡片法

卡片法也称卡片式智力激励法。科技辅导员主持"卡片法"会议，通过每位与会者写卡片和发言陈述显露其发明思路，互相启发，从而使发明设想更加完备。

卡片法的具体做法有以下两种：一种叫 CBS 法；另一种叫 NBS 法。

CBS 法的具体做法是：会前明确会议讨论的发明目标。每次发明小组会议有 3~8 人参加，每人发几十张卡片，桌上另放一些备用卡片，会议时间为 1 小时。最初 10 分钟各人在卡片上填写构想出来解决问题的设想，每张卡片上定一个设想。接下来的 30 分钟，每个人轮流宣读自己的设想，一个人只读一张。宣读之时，其他人可提出咨询，若受到启发产生新设想可填入桌上备用卡片中。最后 20 分钟，让与会者相互交流和探讨各自提出的设想，从中再诱发出新的设想。

NBS 法的具体做法是：会前明确发明战略，发明小组会议有 5～8 人参加，每人必须提出五个以上的设想，每个设想填写在一张卡片上。会议开始时，各人出示自己的卡片，并依次给予说明。在别人宣读设想时，如果自己发生"思维共振"产生新的设想，就立即写在卡片上，待会议发言完毕，将所有卡片集中起来，按内容进行分类，横排在桌子上，并在分类卡上加上标题，然后再进行讨论挑选出最好的方案。

六、拓展训练

1. 拓展训练的起源和意义

拓展训练意为一艘小船驶离平静的港湾，义无反顾地投向未知的旅程，去迎接一次次挑战，去战胜一个个困难。

拓展训练起源于第二次世界大战。当时，盟军在大西洋的船队屡遭德国纳粹潜艇的袭击。在船只被击沉后，大部分水手葬身海底，只有极少数人得以生还。英国的救生专家对生还者进行了统计和分析研究，他们惊奇地发现，这些生还者并不是他们想象中的那些年轻力壮的水手，而是意志坚定、懂得互相支持的中年人。经过一段时间的调查研究和了解情况，专家们终于找到了这个问题的答案：这些人之所以能活下来，关键在于这些人有良好的心理素质。于是提出"成功并非依靠充沛的体能，而是强大的意志力"这一理念。

当时德国人库尔特·汉恩提议，利用一些自然条件和人工设施，让那些年轻的海员做一些具有心理挑战的活动和项目，以训练和提高他们的心理素质。后其好友劳伦斯在 1942 年成立了一所阿德伯威海上训练学校，以年轻海员为训练对象，这是拓展训练最早的一个雏形。

第二次世界大战以后，在英国出现了一种称为 Outward-Bound 的管理培训，这种训练利用户外活动的形式模拟真实管理情境，对管理者和企业家进行心理和管理两方面的培训。

现代社会是一个高度人际互动的社会，是个团队英雄主义的时代。如何实现团队的整体优势和优势互补？在这个生活节奏越来越快，工作分工越来越细，工作压力越来越大，人与人的情感交流越来越困难的竞争环境中，企业、组织和个人更需要团队。通过拓展训练，整合团队，发掘每个人的最大潜力，这就是拓展训练的真正意义。

拓展训练糅合了高挑战及低挑战的元素，学员从中在个人和团队的层面都可通过危机感、领导、沟通、面对逆境和辅导的培训而得到提升。拓展训练强调学员去"感受"学习，而不仅仅在课堂听讲。我们都知道，当我们不了解其他人的感受时，即使我们有很好的见解，我们也很难说服他人。研究资料表明，传统课堂式学习的吸收程度大约为 25%，而要求学员参加实际操作的体验式学习可吸收程度高达 75%，能更加有效地将资讯传授给学员。拓展训练正是一种典型的户外体验式培训。

2. 拓展训练课程

拓展训练课程主要由水上、野外和场地三类课程组成。水上课程包括：游泳、跳水、扎筏、划艇等；野外课程包括：远足露营、登山攀岩、野外定向、户外生存技能等；场地课程是在专门的训练场地，利用各种训练设施，如高架绳网等，开展各种团队组合课程及攀岩、跳越等心理训练活动。

拓展训练通常有以下四个环节。

第一，团队热身。在培训开始时，团队热身活动将有助于加深学员之间的相互了解，消除紧张，建立团队，以便轻松愉悦地投入到各项培训活动中去。

第二，个人项目。本着心理挑战最大、体能冒险最小的原则，每项活动对受训者的心理承受力都是一次极大的考验。

第三，团队项目。团队项目以改善受训者的合作意识和受训集体的团队精神为目标，通过精心设计的活动项目，促进学员之间的相互信任、理解、默契和配合。

第四，回顾总结。回顾将帮助学员消化、整理、提升训练中的体验，达到活动的具体目的。总结使学员能将培训的收获迁移到工作中去，以实现整体培训目标。

3. 拓展训练的特点

拓展训练是体验式的学习过程，但并非体育加娱乐，它是对正统教育的一次全面提炼和综合补充。大多数人认为，提高素质的手段就是通过各种课堂式的培训来掌握新的知识和技能。其实，知识和技能作为可衡量的资本固然重要，而人的意志和精神作为一种无形的力量，往往更能起到决定性作用。在何种情况下能使有限的知识和技能释放出最大的能量？如何开发出那些一直潜伏在你身上而你自己却从未真正了解的力量？

第一，体验式培训。拓展训练的所有项目都以亲身体验为基础，要求学员全身心地投入，通过体验，引发出认知活动、情感活动、意志活动和交往活动，有明确的操作过程。

第二，挑战极限。拓展训练的项目都具有一定的难度，表现在心理考验上，需要学员向自己的能力极限挑战，超越自我，跨越"极限"。

第三，集体中的个性。拓展训练实行分组活动，强调集体合作。力图使每一名学员竭尽全力为集体争取荣誉，同时，从集体中吸取巨大的力量和信心，在集体中显示个性。

第四，高峰体验。在克服困难、顺利完成课程要求以后，学员能够体会到发自内心的胜利感和自豪感，获得人生难得的高峰体验。

第五，自我教育。教员只是在课前把课程的内容、目的、要求以及必要的安全注意事项向学员讲清楚，活动中一般不进行讲述也不参与讨论，充分尊重学员的主体地位和主观能动力。即使在课后的总结中，教员也只是点到为止，主要让学员自己来讲，进而达到自我教育的目的。

通过拓展训练，参训者在以下方面有所提高：认识自身潜能，增强自信心，改善自身形象；克服心理惰性，磨炼战胜困难的毅力；启发想象力与创造力，提高解决问题的能力；认识集体的作用，增进对集体的参与意识和责任心；改善人际关系，学会关心，从而更为融洽地与集体内的其他人合作；学习欣赏、关注和爱护大自然等。

 **实际案例**

新奇的招聘会

在苏州图书馆的大厅里，有近100名求职者参与了这场由欧莱雅独创的"现场游戏"招聘会。

他们是从全国各地 4 300 名应聘者中筛选出来的幸运儿。在现场，他们被随机抽取组成不同的团队，合作完成自己进入欧莱雅集团之前的最重要的一步"面试"，最终角逐包括环保工程师、包装开发经理、化学分析师、项目引进工程师、采购工程师、供应链管理员和生产主管在内的 40 个中高层技术和管理职位。

上午 10 点 10 分,12 个队员又被蒙上眼罩随机站成一排,进入下一个项目环节:在 30 分钟内用 3 根绳子围成一个最大的正方形。这个问题着实难倒了大家。一时间,12 个队员又七嘴八舌地议论了起来。到底是先列队、组阵形,然后再接绳子;还是一边接绳子一边列阵形,始终拿不出一套方案。讨论了近 10 分钟后,8 号队员终于自告奋勇地报名做临时指挥,同时,他又拉上了自己身旁的 5 号队员。而 9 号队员虽然没有站出来做 lender,却始终嚷嚷着自己的意见,并行动着。30 分钟很快就要过去了,他们想到了一套正确的方案:将绳子对折再对折,找出正方形的 4 个点,然后拉直。但在拉直的过程中,由于每个人都蒙着眼睛坚持着不肯放开手中的绳索,所以最终导致绳索打结,项目失败。

在整个游戏过程中,欧莱雅公司的高层管理人员和特邀的人力资源专家都没有闲着,他们正在一对一地盯着自己负责的那个应聘者,仔细观察他们在各环节中的表现,考察、评估他们的沟通能力、团队合作能力及创新能力,根据公司一贯选取人才的标准评分。

 知识链接

http://www.chinaszjy.cn/swxl/ShowNews.asp?newsid=8246

http://www.chinaszjy.cn/swxl/ShowClass.asp?Typeid=110

 实际案例

(一)福娃的诞生

2008 年奥运会在北京成功举办。大家知道可爱的奥运会吉祥物"福娃"是怎么产生的吗?大家或许没想到吧,他并不是由一个专家设计完成的,而是在博采众长后由一些专家们组成的创作团体集体设计完成的。

(二)六顶思考帽法在跨国公司的实践

1966 年,欧洲最大的牛肉生产公司 ABM 公司由于疯牛病引起的恐慌,一夜之间丧失了 80% 的收入。借助六顶思考帽,12 个人用 60 分钟想出了 30 个降低成本的方法和 35 个营销创意,将他们用黄色帽子和黑色帽子归类,筛选掉无用的后还剩下 25 个创意。靠着这 25 个创意, ABM 公司度过了 6 星期没有收入的艰苦卓绝的日子。

全球最大的保险公司 Prudential(保德信)长期运用六顶思考帽法,其总部的地毯就是用彩色的"六顶思考帽"图案编织而成的。Prudential 保

险公司运用博诺的思维方法,把传统的人寿保险投保人死亡后支付保险金改革为投保人被确诊为绝症时即拿到保险金。这种方法目前已经被许多国家的保险公司效仿,被认为是人寿保险业 120 年来最重要的发明。

德国西门子公司 37 万学习博诺的思维课程,随之产品开发时间减小了 30 %。麦当劳日本公司让员工参加"六顶思考帽法"思维训练,取得了显著成效——员工更有激情,

坦诚交流减少了"黑色思考帽"的消极作用。

在杜邦公司的创新中心，设立了专门的课题探讨用博诺的思维工具改变公司文化，并在公司内广泛运用"六项思考帽法"。

挪威著名的石油集团 Statoil 曾经遇到一个石油装配问题，每天都要耗费10万美元，引进六项思考帽法以后，这个问题在12分钟内就得到了解决，每天10万美元的耗费降为零。

J.P.摩根国际投资银行用"六项思考帽法"思维方式减少了 80% 的会议时间，并且改变了整个欧洲的企业文化。

波音公司将"六项思考帽法"引入罢工谈判，成功避免了两次工人罢工，第三次罢工谈判中，工会对公司管理层讲，除非用"六项思考帽法"，否则不愿谈判。

南非凯瑞白金矿每月有 210 次斗殴，这些从未上过学的矿工在上了一天博诺思维培训课后，冲突骤减为每月 4 次。

英国 Channel 4 电视台说，通过接受培训，他们在两天内创造出的新点子比过去 6 个月里想出的还要多。英国政府为一些失业的年轻人进行了 6 个小时的博诺思维培训，结果就业率增加了 5 倍。

ABB（芬兰最大的跨国集团）讨论一个国标项目往往要花费 30 天，但运用了"六项思考帽法"以后讨论时间缩短为仅仅两天。

团队拓展训练："战俘"

时间：2~3 分钟的游戏开场白加上找出答案所需的时间。不同的小组找出答案所需时间可能会有非常大的差别。

人数：不限，人数较多时，需要划分成若干个由 4 个人组成的小组。

道具：两顶红帽子，分别装在两个不透明的厚纸袋子里；两顶蓝帽子，分别装在两个不透明的厚纸袋子里；一堵砖墙或是一棵大树（用来把一名队员和其他三名队员隔开）。

概述：这是一个能让所有队员都开动脑筋的游戏，可以用它来培养团队精神和沟通能力。单纯以娱乐为目的来玩也未尝不可。

目的：

（1）展示以小组为单位解决问题的好处，展示集体智慧的力量。

（2）可以作为课外思考题。

准备：把 4 顶帽子分别放入 4 个纸袋子里，注意放的过程不要让队员们看见。在袋子上做好标记，以保证在发帽子时，给 1 号战俘一顶红帽子，2 号战俘一顶蓝帽子，3 号战俘一顶红帽子，4 号战俘一顶蓝帽子。

步骤如下：

（1）告诉队员他们需要一起来解决一道难题。

（2）邀请 4 个志愿者充当战俘。给每个志愿者一个装有帽子的纸袋，告诉他们得到命令之后才能打开纸袋子，不得擅自开启。

（3）让4个志愿者排队站好。1号战俘站在砖墙或大树的一侧，将被戴上一顶红帽子；2号战俘站在砖墙或大树的另一侧，将被戴上一顶蓝帽子；3号战俘站在2号战俘的后面，将被戴上一顶红帽子；4号战俘站在3号战俘的后面，将被戴上一顶蓝帽子。4个志愿者站好后，告诉他们在任何情况下都不许说话和回头。

（4）让其他队员每4个人组成一个小组，并告诉他们保持沉默，仔细听。

（5）所有小组组建完毕、就位之后，给站好的4个战俘做游戏开场白，开场白如下。

请你们把自己想象成战俘集中营里的战俘。集中营的司令让你们4个人站成一排，并给每人戴一顶帽子。他不许你们移动、回头和说话。如果有人胆敢回头或说话，就会立刻被枪决。现在，请你们闭上眼睛，把帽子从袋子里拿出来，戴在头上。在这个过程中，任何人都不许看自己的帽子。司令让你们猜出自己所戴帽子的颜色，如果你们4个人中有人能说对自己所戴帽子的颜色，你们4个人都会被释放。但是，如果第一个答案是错误的，你们都会被枪决。显然，第一个答案将决定你们的命运。一个重要的已知条件是4顶帽子中两顶是红的，两顶是蓝的，别忘了，不可以说话、走动和回头。

（6）有必要的话，重复一遍游戏开场白，以确保4个人都明确了问题和游戏规则。然后，对他们说："从现在开始你们说出的第一句话将会决定你们的生死。祝你们好运！"

（7）把其他小组带到这4个人听力所及的范围之外，问他们哪个战俘可能猜出自己帽子的颜色？为什么？

（8）游戏小组找到答案之后，引导队员就解决问题、团队合作和沟通等方面展开讨论。讨论问题示例如下。

你们在游戏过程中碰到什么问题？怎样分析问题的答案？每个人都做了什么？这个游戏揭示了什么道理？将这个游戏和我们的实际工作联系起来？

变通：可以让多个小组同时做这个游戏；每个小组都遵循上面的步骤，这样来做需要较长的游戏时间和更多的帽子；这个游戏也可以作为课外作业，让学员们自己去思考。

只有第三个战俘可以猜出自己所戴帽子的颜色、因为他可以看到自己前面的人（也就是2号战俘）戴着蓝帽子，他可以据此这样推理：如果他自己也带着一顶蓝帽子的话，4号战俘就会看到两顶蓝帽子，那么4号战俘就可以知道自己戴的是红帽子；但是4号战俘没有说话，这说明4号战俘一定是看到了一顶蓝帽子和一顶红帽子。而自己已经看到了一顶蓝帽子，那么自己的帽子一定是红色的。

本 章 小 结

创新素质的培养对个体的人来讲，就是将自身蕴涵的巨大潜能充分地发挥出来解决问题，良好的创新素质可以更好地解决自身面对环境中的困难和矛盾，也更可以解决人类共同面临的又是用一些常规方法难以解决的问题。

本章通过对思维品质的讨论和对创新思维训练理论依据的挖掘，融合中外专家的研究，分别就创新思维训练技巧、创新思维训练计划和团队创新法做了全面而翔实的阐述。用唯物辩证的态度来看待每一种训练方法，力求客观、真实地展现当前国内外理论和实

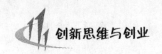

践成果。通过课堂内外的练习，以求在培养各专业领域勇于突破、勇于创新人才方面有所帮助。

复习思考题

1. 试述培养优良思维品质的意义。
2. 思维发散训练方法主要有哪三种？
3. 举例说明：联想法和类比法在创新思维训练中的实际作用。
4. 头脑风暴法应用范围和适用的问题类型是什么？存在哪些不足？
5. 简述 KJ 法、德尔菲法、六顶思考帽法的工作步骤。
6. 尝试在一次会议中运用所学创新思维法的某一种，并考察其实际效果。
7. 结合本专业，采用水平思考法设计一个商业营销（或其他专业活动）的方案。

创业教育篇

- 第七章　创业基本素质
- 第八章　创业计划
- 第九章　创业准备
- 第十章　创业管理

第七章　创业基本素质

由美国次贷危机引发的世界金融危机使全球经济发展都受到严峻挑战，对我国的经济发展也造成一定的影响。就业与经济的发展紧密相连，我国的就业形势也因金融危机的影响处于低迷状态。据统计：2010年等待就业的中国应届大学毕业生有630万，2009年是611万，当年就业率为68%，待业人数196万。如果加上前几年没有就业的大学生，2010年人才市场上大约有1 000万左右的大学生在寻找合适的工作岗位。"就业"难已经成为一个全社会共同关注的话题。就业压力对大学生的身心各方面都带来了严重影响。如何解决大学生就业难的问题？

创业已经成为大学生的一个新的选择。

创业者是成功创业的第一要素，是创业活动的实践者和组织者，其必须具备相应的素质才能使创业更加顺利。创业基本素质由创业精神、创业意识、创业能力、创业心理品质、创业知识等构成一个完整的素质框架。

【知识目标】
1. 掌握创业意识、创业心理品质、创业能力、创业知识的基本内容；
2. 了解创业心理品质、创业能力、创业知识等的基本特点及对创业者的作用。

【能力目标】
1. 在掌握基本知识的同时，要理清自己在创业意识、心理品质、创业能力、创业知识等方面的特点。
2. 通过与创业者的访谈活动，加深对创业素质基本要素的理解。

 导入案例

消费卡计划

在高校毕业生创业孵化基地里，不少大学生跟张小磊一样，依靠着自己在大学里掌握的技术、知识优势，以此为基础发展自己的业务，但更多的还放弃了自己的专业，转而寻找顺应社会、适应市场的项目，并创造了可观的价值。

新领域信息服务公司的聂名勇就是其中的佼佼者。作为一名青岛理工大学机械专业的毕业生，聂名勇如今所从事的可以说与他的专业是"八竿子打不着"。"我目前的成绩可以说全部来自于我的一个点子。"聂名勇说，有一次在宿舍里，一位同学的抱怨启发了他。

"同学说,现在到处都发优惠卡,吃饭、理发、停车、购物,钱包里都放不下了,但出门又说不定能用上哪张卡,这让我眼前一亮。"聂名勇开始考察当下的优惠卡、打折卡运行模式,最终让他摸索出了"多卡合一,一卡多用"的消费模式,"我将发卡单位的资源整合起来,一家理发店的优惠卡可以当作吃饭打折卡或购物优惠卡使用,这样减少了资源重叠浪费,也让跨行业单位形成营销共赢。"聂名勇的消费卡计划一推出,立刻吸引了大批加盟客户,截至11月,聂名勇已经在全国发展了150家加盟商,预计今年利润将达100万元。聂名勇的名字也出现在营销案例书中,他的公司也上了新闻联播。现在聂名勇的公司已经从2楼的小隔间搬到了楼下的大房间,员工人数增加到了16名。接下来他要推出自己的电子商务平台,向加盟客户提供更高级的信息维护和商务服务。

对于自己的专业知识,聂名勇坦言,那已经成为了他行李箱中的一摞摞书籍,"但我并没有觉得大学白上,不接受这4年的教育,我肯定不会有现在的成绩。"聂名勇说,"我们不能光注重理论知识和技能培养,还要有适应社会、改造环境的能力的培养,我想后者更重要一些吧。"

第一节 创业精神

创业精神是创业的核心与灵魂,是创业者必须具备的一个特征,创业精神即某个人或者某个群体通过有组织的努力,以创新的和独特的方式追求机会、创造价值和谋求增长。创业精神包括发现机会和调度资源去开发这些机会。

哈佛大学商学院对创业精神的定义是:"创业精神就是一个人不以当前有限的资源为基础而追求商机的精神。"从这个角度上来讲,创业精神代表着一种突破资源限制,通过创新来创造机会、创造资源的行为,而不是简单地体现在创造新企业,或体现在创新上。因此,创业精神可以简洁地概括为:"没有资源创造资源,没有条件创造条件,用有限资源去创造更大资源。"

创业精神主要包括以下三个重要的主题:

一是追求,创业精神追求环境的趋势和变化,而且往往是尚未被人们注意的趋势和变化;

二是创新,创业精神包含了变革、革新、转换和引入新方法,即新产品、新服务或者是做生意的新方式;

三是增长,创业者追求增长,他们不满足于停留在小规模或现有的规模上,创业者希望他的企业能够尽可能地增长,即不断地寻找新机会,不断地创新,不断地推出新产品和新的经营方式。

创业精神是一种理念,其内涵包括以下三个方面。

(1)自信心。创业者并不是天才,总有人在某一方面或某些方面比他们强,但创业者往往拥有比常人要强的自信心,这让他们能克服重重困难。居里夫人当初穿着沾满灰尘和油污的工作服,从堆积如山的铀沥青中寻觅镭的踪迹时,条件非常艰苦,但她信心百倍,成功之后，她对朋友说："无论做什么事情，我们都应该有恒心，特别是自信心。"由此可见，自信心是一个人事业成功的动力源泉。只有自信，才能自强不息，才能使创业者在艰苦的创业过程中保持必胜的信念，才能使人为了创业成功而努力奋斗。自信心还表现在追求成就感和愿意承担风险，创业者首先坚信自己能够面对和有能力克服所要遇到的挑战，他们能清醒地认识到创业中将会遇到的各种问题，并自信完全有能力把握和解决这些问题。根据心理学家罗特的研究，认为自己的成功主要取决于自身工作努力的人，持有"内部控制式理念"（Internal Locus of Control）。认为自己的生活、事业的成败主要受命运的控制的人，持有"外在控制式理念"（External Locus of Control）。研究表明，创业者比一般人持有较高的内部控制式理念。创业者相信自己，相信成就（和受到的挫折）来自自己的控制和影响力。创业者具备判断、决策（提出具体解决方案的细节）和概念化（理性"高度提炼头脑"）的能力。

（2）进取心。用现成的方法解决问题，可能是比较安全的，但在充满各种变革和日新月异的现代社会，因循守旧已成为社会发展与进步的障碍。"创新是一个民族的灵魂"，也是现代人的灵魂。

奥格·曼狄诺1924年出生于美国东部的一个平民家庭。在28岁以前，他是幸运的，读完了学业，有了工作，并娶了妻子。但是后来，面对人世间的种种诱惑，由于自己的愚昧无知和盲目冲动，他犯了一系列不可饶恕的错误，最终失去了自己一切宝贵的东西——家庭、房子和工作，一贫如洗。于是，他如盲人骑瞎马，开始到处流浪，寻找自己、寻找赖以度日的种种答案。后来，他在一次到教堂做弥撒的时候，认识了一位受人尊敬的牧师，牧师同他展开了交谈，并解答了他提出的许多困惑人生的问题。临走的时候，牧师送给他12本书，让他从中找到了做人的道理。

从此，曼狄诺开始焕发出前所未有的生活热情和勇气。在以后的日子里，他当过卖报人、公司推销员、业务经理……在这条他所选择的道路上，充满了机遇，也满含着辛酸，他已战胜了自己，因为他拥有了一种进取的力量，他认为一个人要想做成大事，绝不能缺少进取的力量，因为进取的力量能够驱动你不停地提高自己的能力，把成大事者的天梯搬到自己的脚下。在这种力量的驱使下，终于，在35岁生日的那一天，他创办了自己的企业——《成功无止境》杂志社，从此步入了富足、健康、快乐的乐园，并在44岁的时候出版了《世界上最伟大的推销员》。

事后有人问曼狄诺为何会走向成功？他斩钉截铁地回答说："因为我的身上有一股进取的力量，这股力量的来源就是我有一颗进取心。"

进取心就是主动去做应该做的事情。美国之所以能在向知识经济社会迈进的过程中发挥"领头羊"的作用，与美国文化中敢冒险、寻求变革和鼓励创新的精神有关，这种精神使美国人有一种超常规探索和迎接挑战的进取心。

（3）责任心。具有独立创业精神的人，不应当是信奉个人主义的自私自利者，相反，他应当具有广泛的人文关怀，充分表现出个人对社会、对国家、对他人的道义责任和法律责任，自觉履行这种责任，在社会生活中自觉把握和促进人与自然、人与社会的和谐发展。

35个紧急电话

一位名叫吉埃丝的美国记者,有一天来到日本东京,她在奥达克余百货公司买了1台唱机,准备送给住在东京的婆婆作为见面礼。售货员彬彬有礼、笑容可掬地特地挑了1台尚未启封的机子给她。然而回到住处,她拆开包装试用时,才发现机子没装内件,根本无法使用。吉埃丝火冒三丈,准备第二天一早去百货公司交涉,并迅速写了一篇新闻稿"笑脸背后的真面目"。

第二天一早,一辆汽车赶到她的住处,从车上下来的是奥达克余百货公司的总经理和拎着大皮箱的职员。他俩一走进客厅就俯首鞠躬、连连道歉,吉埃丝搞不清楚百货公司是如何找到她的。那位职员打开记事簿,讲述了大致的经过。原来,昨日下午清点商品时,发现将一个空心的货样卖给了一位顾客,此事非同小可,总经理马上召集有关人员商议。当时只有两条线索可循,即顾客的名字和她留下的一张美国快递公司的名片。据此百货公司展开了一场无异于大海捞针的行动。打了32次紧急电话,向东京的各大宾馆查询,没有结果。于是,打电话到美国快递公司的总部,深夜接到回电,得知顾客在美国父母的电话号码,接着,打电话到美国,得到顾客在东京的婆婆家的电话号码,终于找到了顾客的落脚地。这期间共打了35个紧急电话。职员说完,总经理将1台完好的唱机外加唱片1张、蛋糕1盒奉上,并再次表示歉意后离去。吉埃丝的感动之情可想而知,她立即重写了新闻稿,题目就是"35个紧急电话"。

责任心使创业者认识到其他人带给企业的价值,意识到自己对其他人的责任,提供给其他人做好工作所需的支持;责任感能使创业者正确行使权力和对待金钱,虽然权力和金钱是创业的动机之一,但是更主要的是从事业成功中体验快乐。

第二节　创业意识

创业意识是指在创业实践活动中对个体起支力作用的个性意识倾向,包括创业需要、动机、兴趣、理想、信念和创业世界观六大因素。创业需要是创业活动的最初诱因和原始动力,是形成创业动机的基础。创业动机是形成和推动创业行为的内驱力,是产生创业行为的前提和基础。创业需要和动机是创业意识的基本层面。创业兴趣是从事创业活动的积极情绪和态度定向,创业理想是对创业活动未来奋斗目标的持久向往和追求。创业兴趣和创业理想是创业意识的较高层面。创业信念是对创业活动和实践所形成的认识、看法和见解,并坚信其真实性和有效性的心理倾向。创业世界观则是由一系列创业信念所组成的逻辑系统。创业信念和世界观是创业意识的最高层面。

美国心理学家森姆·詹纳斯对多位白手起家的百万富翁的早期心理调查结果表明,他们共同的心理特征就是对金钱的强烈的兴趣。持续的兴趣和冲动就外化为干事情的激情,持续的激情就表现为热情。对创业的热情可以产生坚韧的毅力和辛苦工作的意愿。

一、创业意识的内涵

意识是人的精神活动的重要内容,是感觉、思维等各种心理过程的总和,是社会的人对客观存在的主观印象。在意识活动中,人们从感性经验抽象出事物的本质、规律形成理性认识,又运用这些认识指导自己有计划、有目的地改造客观世界。创业意识是创业者思维活动的产物,是创业者成功的心理活动能动性的集中体现,是创业者源于自己的生理动机(如解决自己的吃饭问题、工作问题)和心理动机(如成就事业,实现自我价值,得到社会承认等)出发,对所见、所闻、所知、所了解的客观事物的感觉、知觉,通过判断、推理等对已有的感性材料经过大脑加工,从而形成的创业设想,是创业者内在的强烈需要和创业行为的强大驱动力。李岚清同志曾在全国教育工作会议上指出:"职业院校教育要充分结合职业的特点,提高学生的实际操作能力,培养自主创业的意识。"

创业意识是创业的先导,由创业需要、动机、意向、志愿、抱负、信念等组成,是人们从事创业活动的强大内驱力。因此,对于每一个希望创业的大学生来说,都必须首先强化创业意识。增强创业意识,就要有明确的人生目标。创业作为一种社会实践活动,是在一定的意识和目的的支配之下进行的。不同的创业目标与价值理念,体现出不同的人生目的,也体现出不同的创业人生价值。人的自我价值反映了个人在实现人生价值过程中所持有的态度和看法,只有将自我价值与社会价值统一起来,才能体现真正的创业人生价值;只有把自我价值与社会价值统一起来的创业者,才能获得创大业的机遇和成功。明确的人生目标是实现创业的人生价值的前提,处在信息化时代的大学生应首先明确人生的意义和价值,早日确立自己的创业目标。

1. 需要

需要就是人对某种目标的渴求或欲望。需要是人的行为的动力基础和源泉,是人脑对生理和社会需求的反映(人们对社会生活中各类事物所提出的要求在大脑中的反映)。心理学家也把促成人们各种行为动机的欲望称为需要。

人为了生存就要满足他的生理需要。例如,饿了就需要食物、冷了就需要衣服、累了就需要休息、为了传宗接代就需要恋爱和婚姻。人为了生存和发展还必然产生社会需求,如通过劳动,创造财富,改善生存条件;通过人际交往,沟通信息,交流感情,相互协作等。

人的这些生理需求和社会需求反映在个体的头脑中,就形成了他的需要。随着人类社会生活的日益进步,为了提高物质文化水平,逐步形成了高级的物质需要和精神需要。

创业需要是一种社会需要,是成就需要。创业者认为自己的创业实践是一种重要的、有价值的活动,因而产生强烈的创业欲望,这种欲望经过个人的努力实现之后就能产生创业成功的成就感。

人的需要又表现为以下特征。

第一,对象性。人的需要不是空洞的,而是有目的、有对象的,而且也随着满足需要的对象的扩大而发展。人的需要的对象既包括物质的东西,如衣、食、住、行,也包括精神的东西,如信仰、文化、艺术、体育;既包括个人生活和活动,例如,个人日常的物质和精神方面的活动,也包括参与社会生活和活动以及这些活动的结果,例如,通过相互协作,带来物质成果,通过人际交往,沟通感情,带来愉悦和充实;既包括想要追求某一事物或开始某一活动的意念，也表现为想要避开某一事物或停止某一活动的意念，这些意念的产生都是根据个人需要及其变化决定的。各种需要彼此之间的区别，就在于需要对象的不同。但无论是物质需要、还是精神需要，都必须有一定的外部物质条件才能满足。例如，居住需要房子，出门要有交通工具，娱乐要有场所……

第二，阶段性。人的需要是随着年龄、时期的不同而发展变化的。也就是说，个体在发展的不同时期，需要的特点也不同。例如，婴幼儿主要是生理需要，即需要吃、喝、睡；少年时期开始发展到对知识、安全的需要；到青年时期又发展到对恋爱、婚姻的需要；到成年时期又发展到对名誉、地位、尊重的需要等。

第三，社会制约性。人不仅有先天的生理需要，而且在社会实践中，在接受人类文化教育过程中，发展出许多社会性需要。这些社会需要受时代、历史的影响，又受阶级性的影响。在经济落后、生活水平低下时期，人们需要的是温饱；在经济发展、生活水平提高的时期，人们需要的不仅是丰裕的物质生活，同时也开始需要高雅的精神生活。具有不同的阶级属性的人需要也不一样，资产阶级需要的是不劳而获、坐享其成；工人阶级需要的是自由、民主、温饱和消灭剥削。由此可见，人的需要又具有社会性和历史与阶级的制约性。

第四，独特性。人与人之间的需要既有共同性，又有独特性。由于生理、遗传因素、环境因素、条件因素不同，每个人的需要都有自己的独特性。年龄不同的人、身体条件不同的人、社会地位不同的人、经济条件不同的人，都会在物质和精神方面有不同的需要。

人的需要具有层次性。现代西方普遍接受的是美国行为科学家马斯洛的需要层次理论，认为需要可以分为五个层次：生理、安全、社交、尊重、自我实现即抱负，反映不同的人的不同要求。

根据需要层次理论，满足需要的基本方法有两种：直接满足和间接满足。前者是靠工作本身及工作中人与人之间的关系获得的，经营管理的职责在于在组织、计划、协调等各项管理活动中寻求满足职工需要的各种方法，使职工对工作有兴趣、有热情、有自豪感，以致产生高峰体验；间接满足是职务外的满足，是在工作后获得的，如奖励、食堂、托儿所、俱乐部等。

马克思主义认为，个体的需要是个体行为积极性和动力的源泉和基础。人有了物质方面和精神方面的需要，才会产生行动的积极性；正是个体的这种和那种需要，才促使人们、推动人们去从事这项或那项的活动，去完成这项或那项的任务。因此，需要总是带有动力性、积极性的，而且需要的水平也总是在不断提高的。需要总是在不断地更新、不断地增加，需要又总是推动人们去不断地努力，去不断地奋斗。

需要在人的个性心理中也起着重要作用。需要是人类认识过程的内部动力。为了满足需要，个人必须通过认识过程解决一定的问题，完成一定的任务。需要在人的个性心理活动中往往又以情绪表现出来。凡是能满足人需要的事物，则产生肯定的情绪；凡是不能够满足人需要的事物，则产生否定的情绪。情绪反映了人的需要是否满足的标志，与人的需要毫无关系的事物，则不会引起人们的情绪和注意。

需要对人的意志的形成和发展也起着积极的推动作用。

个人物质和精神方面的需要、社会的需要，会促使人们去为了满足这种需要和适应这种需要坚持不懈地努力，并在这一过程中形成了自己的意志和决心。值得注意的是，正确的、符合道德规范的需要，会培养良好的个性、良好的情绪和良好的意志；不正确的、不符合道德规范的需要会导致不良的个性、不良的情绪、不良的意志品质。

创业需要是高层次的需要，是自我实现的需要，是创业者使自己的潜能得以实现的需要。创业需要不仅是人们的主观意愿和主观愿望，当创业愿望激发起人们进行某种活动并维持这种活动时，创业愿望和需要就成为创业动机。

2. 动机

动机是引起个体活动，维持并促使活动朝向某一目标进行的内部动力。引起动机的因素有内部因素（如需要、兴趣、信念、世界观）和外部诱因（即外部因素）（如目标、压力、责任、义务）。

人的动机有不同的种类，其中根据动机的性质可分为生理性动机和社会性动机。生理性动机主要指人作为生物性个体，由于生理的需要而产生的动机。例如，人为了维持生命和发展自己，就需要食品，就需要吃饱肚子，这种生理需要就会使人产生寻找食物的动机。社会性动机是指人在一定的社会、文化背景中成长和生活，通过各种各样的经验，懂得各种各样的需要，于是就产生了各种各样的动机。例如，交往性动机、威信性动机、地位性动机等。再如，随着商品经济的发展，人们在经商过程中，需要各种各样的商品信息和市场信息，于是产生了与人交往的动机，通过与人交往，及时了解行情，避免由于判断失误而带来经济损失。

成就动机和交往动机被认为是两种主要的社会性动机。

成就动机是指个体在完成某种任务时力图取得成功的动机。麦克莱伦认为，各人的成就动机都是不相同的，每一个人都处在一个相对稳定的成就动机水平。阿特金森认为，人在竞争时会产生两种心理倾向，即追求成就的动机和回避失败的动机。

影响成就动机的因素有：① 成就动机的高低与童年所接受的家庭教育关系密切；② 教师的言行影响学生成就动机的强弱；③ 经常参加竞争和竞赛活动的人比一般人的成就动机强；④ 学生的学习成绩与其成绩动机呈正相关；⑤ 个人对工作难度的看法影响成绩动机；⑥ 个性因素影响成绩动机；⑦ 群体的成绩动机的强弱与自然环境和社会文化条件有关。

交往动机是指个体愿意与他人接近、合作、互惠，并发展友谊的动机。

动机在人类行为中起着十分重要的作用，动机在刺激和反应之间提供了清楚而重要的内部环节。人类动机是个体活动的动力和方向，它即给人的活动以动力又对人的活动的方向进行控制。动机被认为具有活动性的选择性。人类的动机好像汽车的发动机和方向盘，具有多种功能。

（1）引发和始动性功能。没有动机，就不可能有行动，动机是人的行动动力。为了使居住条件得以改善，就会产生装修居室的行动；中学生为了政治上的进步，就得写入党申请书，就得在行动上严格要求自己。

（2）方向和目标性功能。个性所产生的动机都是有一定的方向和目的的，他的行动总是按照这样的方向和目标去实现。例如，在班级卫生评比中，某班的卫生委员想使本班在全年级评第一，这个"第一"，就是方向，就是目标，为了实现这个目标，他就得以身作则，带领全班同学认真打扫教室。

（3）强化和激励性功能。个性的动机对其行动还起着维持、强化和激励的作用，以使其最终达到目标。动机产生目标，目标总是促使、激励人们不断地进取，获得成功。一般来说，动机越明显、越强烈，这种强化和激励性功能也就越大。例如，对一些初中学生来说，认为中考至关重要，成绩好会上重点高中，成绩不好只能上一般高中，而上重点高中又是将来上大学的必备条件。这种动机及目标会激励他们、强化他们不断努力，提高自己的学习水平。

3. 兴趣

兴趣是人们力求认识某种事物和从事某项活动的意识倾向。它表现为人们对某件事物、某项活动的选择性态度和积极的情绪反应。兴趣以需要为基础。人们若对某件事物或某项活动感到需要，他就会热心于接触、观察这件事物，积极从事这项活动，并注意探索其奥秘。兴趣又与认识和情感相联系，若对某件事物或某项活动没有认识,也就不会对它有情感,因而不会对它有兴趣。反之，认识越深刻，情感越炽烈，兴趣也就会越浓厚。

兴趣在人的实践活动中具有重要的意义。兴趣可以使人集中注意，产生愉快紧张的心理状态。这对人的认识和活动会产生积极的影响，有利于提高工作的质量和效果。兴趣具有社会制约性，人所处的历史条件不同，社会环境不同，其兴趣就会有不同的特点。

人们的兴趣是多方面的。按其内容可分为物质的兴趣和精神的兴趣。物质的兴趣表现为对舒适、食物、衣着等的渴望；精神的兴趣主要表现为认识的兴趣，如对数学等科学知识以及对文学、艺术的兴趣等。按兴趣的目的可分为直接兴趣和间接兴趣。直接兴趣是因事物本身引人入胜而产生的兴趣。若事物或活动本身并不能引起人们的兴趣，而是事物的作用或活动的结果引起人们的兴趣，则这种兴趣是间接兴趣。

兴趣具有以下四种特性：

（1）兴趣的倾向性，即对什么发生兴趣。这对各个人是不同的，表现出个别差异。凡对有益于人类社会的事物容易引起兴趣，其倾向性就是高尚的；凡对有害于人类社会的事物容易引起兴趣，其倾向性就是低级的。我们应通过教育，培养人们高尚的兴趣倾向。

（2）兴趣的广阔性，即兴趣的范围。有人兴趣广阔，对许多事物兴致勃勃，乐于探索；有人则兴趣单调狭窄。兴趣的广阔程度与知识面的宽窄有密切的联系。我们应该培养广阔的兴趣，同时又要把广阔的兴趣与中心的兴趣结合起来，做到既博又专。

（3）兴趣的持久性，即兴趣的稳定程度。人们对事物的兴趣，可以经久不变，也可以变化无常。培养持久的兴趣是在工作上取得成就的必要条件。

（4）兴趣的效果性，即兴趣的力量。若兴趣能够成为推动工作和活动的动力，其效果就是积极的，若兴趣仅仅是一种向往，而不能产生实际效果，它就是消极的。

4. 理想

理想是一个抽象的概念，是由人所设定，指人们希望达到的人生目标和追求向往的奋斗前景。存在是现在式的，而理想是属于未来式的，或过去的，范畴很广，可以指特定的事物，也可以是抽象的一个理念，所谓理想的事物，是以人对现在的认识为参照的。

理想和存在并不冲突，理想包括现在存在和过去的所有事物，没办法否定其存在。但理想都是以人为主体，离开这一主体，理想是没有意义的。理想是人生的奋斗目标，是人

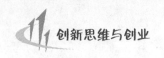

们对未来的一种有可能实现的想象。例如,共产主义理想、理想生活方式、人生的理想、理想的社会制度。但是,并不是任何想象都是理想。

理想既不同于幻想,也不同于空想和妄想。理想是一种正确的想象,具有其突出特点。

第一,理想具有客观必然性。理想的客观必然性就是理想作为一种想象,正确地反映客观实际,正确地反映现实与未来的关系,合乎事物变化和发展的规律,经过努力是可以实现的。

第二,理想具有社会性。理想是人类特有的一种精神现象,理想具有鲜明的社会性。理想的社会性是指理想不是离开社会的、孤立的、个人的随意想象,而是由社会制约和决定的想象。

第三,理想具有阶级性。在阶级社会中,理想具有鲜明的阶级性。由于不同阶级的社会地位和经济利益的不同,追求的目标也就各不相同,所以,他们形成的理想也各不相同。人们的阶级地位和阶级利益决定着人们的理想,在阶级社会中必然具有阶级的烙印。各阶级统一的理想是不存在的。

理想是一种社会意识现象,是各种各样、五彩缤纷的。理想从不同的角度可以划分为不同的种类。

第一,按照理想所属的人的范围来划分,理想可以分为个人理想和群体理想。个人理想是一个人对未来的具有客观必然性的想象。群体理想是一定群体的人们的共同理想。例如,政党的理想、团体的理想等。建设有中国特色社会主义就是全中国人民的共同理想,也就是全中国人民这个群体的理想。

第二,按照理想的奋斗时间的长短来划分,理想可以分为长远理想和近期理想。长远理想是经过较长时间的奋斗才能实现的理想。例如,建立共产主义社会就是中国共产党人的长远理想。近期理想是在较近的时期内就能够实现的理想。

第三,按照理想的内容来划分,理想可以分为社会理想、生活理想、职业理想、素质理想。社会理想是人们对未来社会的设想。社会理想包括对未来社会的政治制度、经济制度、科学文化制度、社会面貌等的预见和设想。职业理想是人们对未来工作部门、工作性质以及在职业上达到的程度的追求和向往。生活理想是人们对未来生活的追求和向往,既包括对于吃、穿、住等物质生活的追求和向往,也包括对文化娱乐等精神生活的追求和向往,还包括对婚姻、家庭生活的追求和向往。素质理想是人们做人的目标,是做一个什么样的人的追求和向往。在以上的几种理想中,社会理想是其他理想的前提和基础。人们在设计自己的未来职业、生活和做人的时候,总是以未来的社会为前提和基础的。

理想作为一种思想意识,是一个人的政治立场、世界观和人生观的集中表现。人们的政治立场有先进与反动,世界观有科学与不科学,人生观有崇高与卑下。因此,人们的理想也有先进与反动、科学与不科学、崇高与卑下之分。

5. 信念

信念是意志行为的基础,是个体动机目标与其整体长远目标相互的统一,没有信念人们就不会有意志,更不会有积极主动性的行为。信念是一种心理动能,其行为上的作用在于通过士气激发人们潜在的精力、体力、智力和其他各种能力,以实现与基本需求和欲望和信仰相应的行为志向。

一壶救命水

这是50多年前发生在大西洋上的一件事。"詹姆士"号海轮已经连续航行了十几天，再需半天时间就将到达目的地。想到马上就可以见到妻子和儿子了，大副杰克逊兴奋地捧起挂在胸前的水壶，"咕咚"、"咕咚"喝了两口。他又摸了摸上衣口袋里带给儿子的礼物……

就在这时，身后传来嘈杂的声音，杰克逊回头一望，天哪!船舱里居然冒出股股浓烟!随即，惊惶失措的乘客们四散逃去，人们"扑通扑通"跳入水中，有的人当下被巨浪卷去。杰克逊跑到船舷旁，解开一只救生艇，从水里救出6个人。没多久，"詹姆士"号升起了一团冲天的火球，随即爆发出一声震耳欲聋的巨响，"詹姆士"号船毁人亡。

救生艇被海浪猛烈地推动着，7个幸存者死死地抓住了救生艇，他们还面临着更大的危险：没有淡水。杰克逊对大家说："这里只有满满的一壶淡水，它是我们生命的最终保障，是救命的水，我们只有到了生理极限的时候，才能动它。"说着，杰克逊从腰间掏出一把左轮手枪，继续道："或许，我们马上就会口干舌燥……但你们要明白，还远远没到我们的生理极限，不到万不得已的时候，谁要敢动它，我会毙了他!"

救生艇继续在海面上漫无目的地随波逐流。第三天中午，太阳毒辣辣的，大家都被晒得冒了油。爱丽斯夫人突然晕厥过去，爱丽斯干裂的嘴唇一张一翕，发出低低的声音："水……水……"

杰克逊搂着爱丽斯的脖颈，贴近她的耳边，轻声说："夫人，现在还不是最危险的时候，你还不能动这壶'救命水'，我相信你现在还能顶得住。"一旁的道格拉斯早已愤怒，不由分说就来抢水壶。

杰克逊迅速从口袋里掏出手枪来，大喝道："别动!你敢过来，我就一枪打死你!"道格拉斯被黑洞洞的枪口镇住了，"呼呼"地喘着粗气，咬牙切齿道："我看你是想趁天黑的时候独吞这壶水!你记着，我会让你死得很难看的!"爱丽斯时而昏过去，时而醒过来。她醒过来的唯一一句话就是："水……水……"但这丝毫没有打动杰克逊，他握着手枪，护着水壶，也只说一句话："爱丽斯，再坚持，到需要的时候，我会喂你水的。"

随后的几天，又有两个人昏厥过去。但冷酷的杰克逊丝毫不为所动。

克劳林实在忍不住钻心的饥渴，捧起海水就喝，杰克逊大叫："不能喝!"克劳林喝下好几捧海水，杰克逊痛苦而又无奈地说："克劳林，你会送命的。"当第六个清晨来临时，他们发现，克劳林已经死去了。道格拉斯质问杰克逊："克劳林都渴死了，这还没到最需要水的时候吗?是你害死了克劳林!"杰克逊反驳道："克劳林是自己杀了自己，他本来能挺过来的，但他喝了海水……请相信我，我们都没到最需要的时候，我们还可以坚持。"

第六天中午的时候，所有的人都倒下了,他们像即将渴死的鱼一般，无力地张翕着嘴。杰克逊也早已斜躺在船帮上，手枪落在一旁，他的双手紧抱着水壶……

夜幕降临时，救援的海轮终于发现了他们。杰克逊嘀咕了一声"上帝啊!"头一歪就昏厥过去。道格拉斯嘟囔着爬到杰克逊跟前，拽过那只水壶，他想灌个痛快。但他感觉水壶太轻，好像没有水。他拧开水壶盖儿，将水壶口朝下，还是没有一滴水……救生艇上的6个人得救了。当杰克逊醒来时，发现他们都躺在医院里，道格拉斯正望着他。道格拉斯说

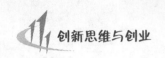

道:"大副先生,你是否知道,你守着的那个水壶里根本没有一滴水。"

杰克逊笑着说:"我早就知道里面没有水,但我给你们虚构了一个希望。有了这个希望,你们才会不断地对自己说,'我总会喝到那壶水的,我能坚持住。'你们自始至终没有喝到水,但你们的心灵被水滋润了。如果你们知道水壶里没有水,你们会觉得没有希望,你们会被绝望打败,生命就会在心灵死亡后消失。"停了停,杰克逊又说:"不过道格拉斯先生,你是否知道,那把手枪是永远也射不出子弹的,因为它是我给儿子买的玩具。"

这就是信念的力量,如同一粒种子,在他们的心中生根发芽,最终引领着他们走出了绝境。

俄国的列宾曾经说过:没有原则的人是无用的人,没有信念的人是空虚的废物。创业信念在创业过程中一直激发着创业者的积极性与主动性,使其爆发出创业的勇气和能量,产生创业的激情和力量,从而充分发挥创业者的主体作用,使创业者有所作为。

6. 世界观

世界观的意思是"着眼世界之上"。这是德国知识论中所使用的语言,是指一个"广泛世界的观念"。它指的是一种人类知觉的基础架构,通过它,个体可以理解这个世界并且与它互动。

世界观是一个人对整个世界的根本看法,世界观建立于一个人对自然、人生、社会和精神的科学的、系统的、丰富的认识基础上,它不仅是认识问题,而且还包括坚定的信念和积极的行动。例如,共产主义世界观就不仅包括对共产主义的认识和相关知识,而且包括对共产主义的信念和为实现共产主义的奋斗精神和积极地行动。作为一个人来说,世界观又总是和他的理想、信念有机联系起来的,世界观总是处于最高层次,对理想和信念起支配作用和导向作用;同时世界观也是个性倾向性的最高层次,决定一个人的价值观和人生观。

21世纪是一个充满机遇和挑战的时代,是一个创业的时代。在这个意义上,创业是一种特定的思维定式,是一种独特的世界观。创业的精髓在于对成就的渴望,对创造的激情,并通过孜孜不倦的努力、慎重考虑的冒险、日益不断的创新和持之以恒的毅力,去实现创业的理想。"一种独特的世界观"是推动这一过程的原动力。保持世界观的先进性应有两个方面:一方面是社会责任,另一方面是利益追求。社会责任可以保证创业世界观主旨的先进性,而利益追求可以保证创业世界观"载体"的稳定。两者之间的关系构成了人们生活中形形色色的差异。没有利益,世界观的"载体"无法存活,世界观会随"载体"的消失而消失;没有社会责任,利益的追求成为昙花一现的过眼烟云。

二、创业意识的特点

1. 自主性特点

自主性指创业意识源于创业者的头脑,源于创业者谋求生存与发展的意识。人力资源、人力资本专家舒尔茨说:"空间、能源和耕地并不能决定人类前途,人类的前途由人类的才智进化来",莱德蒙佩尔说:"一个人永远活在他自己的信仰与哲学所创造出来的环境中。"可见,创业意识源于创业者的思想、思维。

2. 客观性特点

客观性指创业意识不是"空穴来风",它是创业者自身和周围客观现实在头脑中的反映。创业意识既从自身的客观条件出发,又从社会发展和市场需要的客观实际出发,使创业意识建在牢固的客观基础之上,离开了客观条件的创业意识是无法变成创业行动的。

3. 超前性特点

当今的时代是一个高度信息化的时代,是一个新技术层出不穷的时代,是一个经济发展步伐加快、产品换代周期急剧缩短的时代,如此诸多的因素孕育着一个创新的时代。创业与创新是一对孪生兄弟,是一个铜板的两面,两者谁也离不开谁。创业的核心是创新,创新是创业的灵魂。因此,创业意识的超前性必须以创新为基础,它有以下两方面的特征:一是前瞻性,即预测事物的发展趋势及未来的走向;二是创造性,即构思新的境界设计新的技法。

三、创业意识的能动作用

创业意识作为创业者的创业理念、创业思维、创业观念,因其主观意识而形成,但又受客观条件的支配。它是创业者对客观世界的认识与改造的思考结果,是创业者创业活动的基础并指导创业活动的全过程,因而创业意识具有主观能动性。创业者由于受到内部刺激(如就业无门)或外部刺激(如成功者的效应)以后,从心理上感到不安,于是产生创业需要,形成创业意识,创业意识促使创业者形成创业动机,创业动机是创业者的内部驱动力,它决定创业者的行为方向,是创业行为的具体理由。从而激励自己奋发图强实现创业目标。而目标的实现反过来进一步激发自己的创业意识,发挥自己的聪明才智,产生能动性创业。

四、培养创业意识的途径与方法

创业意识的培养不仅仅限于自我创业意识的培养,更要培养创业的社会意识,所以在教育过程中,要使学生学会将自己的需要、兴趣、理想同社会的需要结合在一起,要把创业意识教育与人生价值观教育、健康心理品质教育和增强使命感教育有机地结合在一起。

1. 人生价值观教育

价值观是社会成员用来评价行为、事物以及从各种可能的目标中选择自己合意目标的准则。价值观通过人们的行为取向及对事物的评价、态度反映出来,是世界观的核心,是驱使人们行为的内部动力。它支配和调节一切社会行为,涉及社会生活的各个领域。价值观是后天形成的,是通过社会化培养起来的。家庭、学校等群体对个人价值观念的形成起着关键的作用,其他社会环境也有重要的影响。个人价值观有一个形成过程,是随着知识的增长和生活经验的积累而逐步确立起来的。个人的价值观一旦确立,便具有相对的稳定性,形成一定的价值取向和行为定势后,是不易改变的。

一个人对人生的前途充满希望,抱有积极乐观的态度,那么,他的人生也必然洋溢着进取向上的旋律。市场经济的利益驱动机制,在充分调动人的生产积极性、促进生产发展的同时,也刺激了人的物欲膨胀,拜金主义、享乐主义泛滥,人们往往用过度的物质消费填补精神上的空虚。长期以来,在应试教育氛围的笼罩下,不少学生把人生成功的目标定为收入高、工作清闲,最好能进机关工作确保旱涝保收,更谈不上有什么创业意识和创业信心。这些思想的存在与跨世纪人才成长的客观要求是背道而驰的,因此,正确的人生价值观教育非常有必要,是创业意识教育的基础。

2. 健康心理品质教育

进行心理品质修养教育,提高受教育者的心理素质,是现代社会对人才素质要求的客观需要。联合国世界卫生组织为健康所下的定义是:"健康,不但是没有身体缺陷,还要有完整的生理心理状态和社会适应能力",把心理健康提高到人的必备素质的高度。这表明,良好的心理素质,是现代社会和未来社会对人才的一个基本要求。健康的心理品质是创业成功的重要条件。现实世界是一个充满竞争的世界,一个人能否创业成功,很大程度上取决于创业者是否具备健康的心理品质。

创业过程中具有很大的不确定性,注定不会一帆风顺。这就要求创业者在艰苦的创业过程中,具有艰苦奋斗,百折不挠,不达目的,誓不罢休的精神。现在的受教育者大部分是独生子女,长期享受长辈的宠爱,习惯于在长辈的安排下生活,以自我为中心,自私自利、唯我独尊,自立自强精神不足,对竞争、创业没有足够的准备或缺乏坚强的意志,甚至对竞争、创业有恐惧感。因此,要以自强、自立、自信、自主的精神教育受教育者,使他们真正懂得想创业必须能承受委屈和压力,使他们学会克服不良心理品质和人格缺陷,逐步养成创业所需的坚韧自信、诚实守信、胜不骄败不馁的健康心理品质。

3. 增强使命感教育

使命是一个人、一个组织乃至一个国家赖以生存的基础,它表明你是谁?你要做什么?你为什么要做它?在内心时刻牢记自己所肩负的使命,并能够竭尽全力地去实践自己的使命,这会使你的人格散发出奇异的光芒。使命感是决定行为取向和行为能力的关键因素,是一切行为的出发点。在进行创业教育过程中,首先要使受教育者明白责任感是使命感的基础。人一旦有了责任感,也便有了使命感。一个人的抱负追求不同,他的使命感就存在层次上的差别。有人说:"心胸有多宽广,事业就有多大"。只有胸怀远大的抱负和理想、具备了神圣的使命感,才能引导我们以积极的实际行动奋斗不息,实现存在的价值,获得社会的承认,达到职业的最高境界,最终成就伟大的事业。只有具备了神圣的使命感的人才能够在职场的竞争中生存和发展。

因此,美国著名的沃顿商学院和哈佛商学院为新生安排的入学教育第一课居然都是政治课,课程内容都很相似:商业使命和商业道德、企业家的使命和企业家道德。无独有偶,著名华人企业家李嘉诚先生在中国内地创办的长江商学院的新生入学第一课也是政治课,这个已经连续几年由院长亲自主讲的课程,内容是"中国企业和中国企业家的使命",告诉受教育者使命感会产生伟大的力量。

在飞驰的火车上曾经发生过一个充满爱心与使命感的故事:在火车上,一位孕妇临盆,列车广播反复播报紧急寻找妇产科医生。这时,一位妇女犹豫着站出来,说她其实只是由于一次医疗事故已被医院开除的妇产科护士。情况紧急,列车长郑重地对她说:"你虽然只是护士,但在这趟列车上,你就是医生,你就是唯一的专家,救助产妇是你的责任,也是你的使命,我们相信你。"列车长的话感染了护士,她明白了,保住大人和孩子,她责无旁贷，这是她的使命。她坚定地走进产房。那名护士单独完成了她有生以来最为成功的手术，婴儿的啼声宣告了母子平安。那对母子是幸福的，因为遇到了热心人；但那位护士更是幸福的，她不仅挽救了两个生命，而且找回了自己的信心与使命感。因为责任，因为信任，她由一个不合格的护士成为一名最优秀的医生。每个人都有责任感，每个人都会为不辱使命而努力。

责任能激发人的潜能，也能唤醒人的良知。给人责任，也就是给了信任和真诚；有了责任，也就成就了尊严和使命。大到对社会的责任，小到对自己家人的责任。因为明白自己的责任所在，所以对自己人生的每一步都会有仔细的考虑，不计较个人的一点得失，也不计较个人一时的成败。使命感是我们走向成功的无限动力源泉和保障，同样是我们从事任何创业活动所必备的基本素养。

一般来讲，大多数创业者开始并不一定有什么远大的使命和理想，多数都是为解决就业、生活贫困、养家糊口或者为买房买车、为实现自我价值等。也正是这些基本的需求促使这些创业精英们萌发了最初的创业动机。但仅有上述动机，企业还不可能做大，不可能走远，更不可能成为著名品牌使之长盛不衰。只有那些不断有更高、更大的目标，不断提升创业使命感的人才能够创造更大的价值，获得更有意义的生命力量。

第三节　　创业心理品质

创业心理品质是指在创业实践活动中对人的心理和行为起调节作用的个性意识特征，是一种综合心理素质。

创业心理因素拓展包括独立性、敢为性、坚韧性、适应性和合作性锻炼。独立性是对能够独立地思考、判断、选择、行动的心理品质的描述；敢为性是对敢于行动、敢冒风险、敢于拼搏，并勇于承担行为后果的心理品质的描述；坚韧性是对为达到某一目标而坚持不懈、不屈不挠、顽强努力的心理品质的描述；适应性是对能及时适应环境和条件变化，善于进行自我调查和角色转换的心理品质的描述；合作性是对善于对别人认同、善于向他人学习、善于交往、合作、共事的心理品质的描述。

一、影响创业活动的心理品质

创业心理品质对创业实践起调节作用。研究表明，下列六种心理品质对创业实践影响较大。

1. 独立思考、判断、选择、行动的心理品质

创业既是为社会积累物质财富和精神财富，又是谋生和立业。创业者首先要走出依附于他人的生活圈子，走上独立的生活道路。因此，独立性是创业者最基本的个性品质。这种品质主要体现在：一是自主抉择，即在选择人生道路，选择创业目标时，有自己的见解和主张；二是自主行为，即在行动上很少受他人影响和支配，能按自己主张将决策贯彻到底；三是行为独创，即能够开拓创新，不因循守旧，步人后尘。

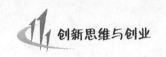

任何事情，都有两面，成功的人积极面对生活。

有一个23岁的小伙子赤手空拳和同伴们一起来到东京闯天下。到了东京后他们惊讶地发现：人们在水龙头上接凉水喝都必须付钱。同伴们失望地感叹道："天哪！这个鬼地方连喝凉水都要钱，简直没办法待下去了。"言罢都纷纷返回故乡了。这个小伙子也看到了这幕情景，但他却想：这地方连凉水都能够卖钱，一定是挣钱的好地方嘛！于是他留在东京，开始了创业生涯。后来，他成为日本著名的水泥大王，他的名字叫浅田一郎。

当然，我们提倡创业者具有独立性的人格，但这种独立性并不等于孤独，也不是孤僻，因为，创业活动尽管是个体的实践活动，但其本质是社会性的活动，是在人与人之间的交往、配合、协调中发生、发展并且取得成功的。

2. 善于交流、合作的心理品质

在创业道路上，必须摒弃"同行是冤家"的狭隘观念，学会合作与交往。通过语言、文字等多种形式与周围的人们进行有效的交流与沟通，可以提高办事效率，增加成功的机会。在创业过程中，需要与客户和顾客打交道，与公众媒体打交道，与外界销售商打交道，与企业内部员工打交道，这些交往、沟通，可以排除障碍，化解矛盾，降低工作难度，增加信任度，有助于创业的发展。

3. 敢于行动、敢于冒风险、敢于拼搏、勇于承担行为后果的心理品质

在市场经济大潮中，机会与风险共存；只要从事创业活动，就必然会有某种风险伴随，且事业的范围和规模越大，取得成就越大，伴随的风险也越大，需要承受风险的心理负担也就越大。立志创业，必须敢闯敢干，有胆有识，才能变理想为现实。只要瞄准目标，判断有据，方法得当，就应敢于实践，敢于冒风险。对瞄准的目标敢于起步，选定的事业敢于冒风险的心理品质又称敢为性。敢为性的人对事业总是表现出一种积极的心理状态，不断地寻找新的起点并及时付诸行动，表现出自信、果断、大胆和一定的冒险精神；当机会出现的时候，往往能激起心理冲动。敢为不是盲目冲动、任意妄为，不能凭感觉冲动冒进，而是建立在对主客观条件科学分析的基础上的。成功的创业者总是事先对成功的可能性和失败的风险性进行分析比较，选择那些成功的可能性大而失败的可能性小的目标。创业者还要具备评估风险程度的能力，具有驾驭风险的有效方法和策略。

4. 克服盲目冲动和私利欲望的心理品质

在创业过程中，创业者要善于克制，防止冲动，克制是一种积极的有益的心理品质，它可使人积极有效地控制和调节自己的情绪，使自己的活动始终在正确的轨道上进行，不会因一时的冲动而引起缺乏理智。

创业者在创业过程中要自觉接受法律的约束，合法创业、合法经营、依法行事；自觉接受社会公德和职业道德的约束，文明经商、诚实经营、互助互利。当个人利益与法律和社会公德相冲突时，要能克制个人欲望，约束自己的行为。

5. 坚持不懈、不屈不挠、顽强努力的心理品质

创业者需要百折不挠，坚持不懈的毅力和意志。能够根据市场的需要和变化，确定正确而且令人奋进的目标，并带领员工战胜逆境实现目标。创业者必须有一颗持之以恒的进取心，三心二意，知难而退，或虎头蛇尾，见异思迁，终将一事无成。

> 世界上只有自己，没有第二个人，能让自己放弃

著名的汽车大王福特自幼帮父亲在农场干活，当他 12 岁时，就在头脑中构想出一种能够在路上行走的机器，这种机器可以代替牲口和人力。当时他的父亲要求他必须在农场当助手，可是福特坚信自己可以成为一名出色的机械师。于是，他用一年的时间完成了别人要三年才能完成的机械训练，随后又花两年研究蒸汽原理，试图实现他的目标，然而却没成功。随后他又投入到汽油机的研究上来，每天都梦想着制造出一部汽车。其创意被大发明家爱迪生所赏识，邀请他到底特律担任工程师。经过 10 年的辛苦努力，在 29 岁时，福特成功地制造出第一部汽车引擎。今日的美国，平均每个家庭都有一部以上的汽车。今日的底特律，已成为美国最大的工业城市之一，当然，也曾是福特的财富之都。

创业者的恒心、毅力和坚忍不拔的意志，是十分可贵的个性品质。遇事沉着冷静，思虑周全，一旦做出行动决定，便咬住目标，坚持不懈。创业过程是一个长期坚持努力奋斗的过程，立竿见影，迅速见效的事是极少的。在方向目标确定后，创业者就要朝着既定的目标一步步走下去，纵有千难万险，迂回挫折，也不轻易改变初衷，半途而废。

6. 善于进行自我调节、适应性强的心理品质

"水因地而制流，兵因敌而制胜。故兵无常势，水无常形；能因敌变化而取胜者，谓之神。"面对市场的变化多端，竞争激烈，创业者能否因客观变化而"动"，灵活地适应变化，成为创业成功的关键所在。因而，创业者必须以极强的信息意识和对市场走向的敏锐洞察力，瞅准行情，抓住机遇，不失时机地、灵活地进行调整。

二、当前大学生创业心理品质缺陷

通过调查了解，发现当前大学生创业心理品质存在如下缺陷。

1. 狂热中缺乏理性

北京"面向 21 世纪教育国际研讨会"提出了一个全新的概念——"创业教育"。由团中央主办的全国高校首届创业计划竞赛轰轰烈烈地展开。随后，教育部宣布大学受教育者、研究生可以休学保留学籍创办高新技术企业。于是，创业行为不断在大学生中被实践，在全国范围内掀起了大学生创业的热潮。由于对于某些创业神话的过分渲染与炒作，使得整个社会舆论对于大学生创业寄予很大的希望，从而对大学生的选择产生了潜移默化的影响，引发了学生创业的狂热，学生几乎到了人人想创业的程度，在校学生也按捺不住创业的激情，争着要搭上创业这趟列车，对创业的期望值很高。然而，他们在心理上没有做好创业的准备，普遍意识不到创业起步的困难和创业风险的压力，把创业想象化、简单化、缺乏理性，存在仅以市场为导向的创业倾向，忽略了自身的成本优势和创新意识的发挥，甚至有的大学生动机不端正、金钱至上、贪婪自私，一遇诱惑便把握不住自己。

2. 自信中缺乏耐心

大学生是拥有较多知识技能的年轻群体，他们朝气蓬勃，对创业前景充满了信心，表

现出一定的自信。认为自己学历高,具备高水平知识技能,会有敏锐的商业嗅觉。但由于无创业经历,加上对创业过程中存在的诸多困难估计不足,做决策时全凭直觉,阶段性失败也不足为奇。可许多大学生们一旦面对失败就缺乏耐心,只要有一个困难不解决,一个障碍迈不过去,就会前功尽弃。大学生这种创业心理促使了一些泡沫公司的产生,一遇到什么风吹草动,这些公司就会如建在沙滩上的高楼,说垮就垮,烟消云散。所以,对于创业者来说,必须有耐心直面困境,敢于与困难"接吻"。

3. 创新中缺乏经验

优胜劣汰的社会竞争现实使大学生创业实践全过程中必须求新、求异,大学生创新性特征在创业实践活动中不断提升,确实增加了创业实践活动的社会效益。可如今,也存在着各种大学生创业失败的案例和创新受挫的情形,原因是大学生们虽有创新精神但缺少经验,对行业的运作规律、要求、技术、管理都不太熟悉,这也只能说是一种新生事物在开始出现时与周围环境发生的不相适应的碰撞,所以要想办法转变思路,营造良好的创业氛围,加快创业这方面的实践研究和指导,为大学生创业方面提供咨询和信息指导才是正道。

4. 诚信中缺乏魄力

市场经济已进入诚信时代,作为一种特殊的资本形态,诚信日益成为企业立足之本与发展的源泉。在大学校园就受到诚信教育的学子们深知,创业者的这种心理品质决定着企业的市场声誉和发展空间。然而,在创业界,往往是机会与风险并存,想要在竞争激烈、机会稍纵即逝的商海中勇立潮头,大学生创业者除了诚实可信,还必须要有魄力,敢于抓住商机,即使没有十足把握,也应果断尝试。有的大学生自卑胆怯、患得患失,不愿为也不敢为,缺少这种应有的胆量和能力,严重阻滞了创业向成功的方向发展。

第四节 创业能力

一、创业能力结构

创业能力是一种综合性的能力,这种能力往往影响创业活动的效率和创业的成功。创业能力包括创业的认知能力、自主能力、决策能力、管理能力、专业能力、协调能力、社会能力和创新能力等组成。

1. 认知能力

认知能力指人脑输入、存储提取、加工、输出信息的能力,是个体在心理认识过程中表现出来的良好的心理条件,它是正常个体顺利适应社会、生活、工作必备的心理条件,是创业能力的核心因素(Key Skill)。创业认知能力主要包括认识环境能力、认识自我能力和解读信息能力三个要素。

2. 自主能力

自主能力是对创业者的个人素质和能力有特定的要求,创业是一项非常具有挑战性的社会活动,是对创业者自身智慧能力、气魄胆识的一种全方位的考验。自主能力主要包括计划能力、自学能力、控制能力、奉献精神四个要素。

3. 决策能力

决策能力是创业者根据主客观条件，因地制宜，正确地确定创业的发展方向、目标、战略以及具体选择实施方案的能力。决策是一个人综合能力的表现，一个创业者首先要成为一个决策者。

创业者的决策能力通常包括：分析、判断能力和创新能力。大学生要创业，首先要从众多的创业目标以及方向中进行分析比较，选择最适合发挥自己特长与优势的创业方向、途径和方法。在创业的过程中，能从错综复杂的现象中发现事物的本质，找出存在的真正问题，分析原因，从而正确处理问题，这就要求创业者具有良好的分析能力。所谓判断能力，就是能从客观事物的发展变化中找出因果关系，并善于从中把握事物的发展方向，分析是判断的前提，判断是分析的目的，良好的决策能力是良好的分析能力加果断的判断能力。创业实际就是一个充满创新的事业，所以创业者必须具备创新能力，有创新思维、无思维定式，不墨守成规，能根据客观情况的变化，及时提出新目标、新方案，不断开拓新局面，创出新路子，可以说，不断创新是创业者不断前进的关键环节。

"借"老促销

2008年，罗汉明和同学开办了一家环保产品公司。他们拥有一种节能产品的完全自主产权，在所做的营销网站上一炮打响，每天问价、要求订货的客户源源不断。

让人困惑的是，好几次，外地来公司订货的客户考察了公司，看过产品，都表示满意，但签约时总有些不放心。后来，和一个用户深谈后才得知，公司全都是二十几岁的小年轻儿，怕有闪失。罗汉明灵机一动，招来一名懂技术会营销的退休工程师"坐镇"，从此销售形势大变。罗汉明实为总经理，但名片上却印的是业务员。

4. 管理能力

管理能力是指对人员、资金的管理能力。它涉及人员的选择、使用、组合和优化；也涉及资金聚集、核算、分配、使用、流动。经营管理能力是一种较高层次的综合能力，是运筹性能力。经营管理能力的形成要从几个方面去努力。

（1）学会经营。创业者一旦确定了创业目标，就要组织实施，为了在激烈的市场竞争中取得优势，必须学会经营。

（2）学会管理。要学会质量管理，要始终坚持质量第一的原则，创业者必须严格树立牢固的质量观。要学会效益管理，要始终坚持效益最佳原则，效益最佳是创业的终极目标。无效益的管理是失败的管理，无效益的创业是失败的创业。学会管理还要敢于负责，创业者要对本企业、员工、消费者、顾客以及对整个社会都抱有高度的责任感。

（3）学会用人。市场经济的竞争是人才的竞争，谁拥有人才，谁就拥有市场、拥有顾客。一个学校没有品学兼优的教师，这个学校必然办不好，一个企业没有优秀的管理人才、技术人才，这个企业就不会有好的经济效益和社会效益，一个创业者不吸纳德才兼备、志同道合的人共创事业，创业就难以成功。因此，必须学会用人。要善于吸纳比自己强或有某种专长的人共同创业。

（4）学会理财。学会理财首先要学会开源节流。开源就是培植财源，在创业过程中

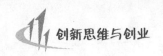

除了抓好主要项目创收外,还要注意广辟资金来源。节流就是节省不必要的开支。其次,要学会管理资金:一是要把握好资金的预决算,做到心中有数;二是要把握好资金的进出和周转,每笔资金的来源和支出都要记账,做到有账可查;三是把握好资金投入的论证,每投入一笔资金都要进行可行性论证。

(5)要讲诚信。就创业者个人而言,诚信乃立身之本,"言而无信,不知其可也。"创业者在创业过程中,如不讲信誉,就无法开创出自己的事业;失去信誉,就会寸步难行。诚信,一是要言出即从;二是要讲质量;三是要以诚信动人。

管理能力主要包括战略管理能力,营销管理能力和财务管理能力等。战略管理能力是指整体的考虑企业经营和环境,理解如何适应市场,如何创建竞争优势的能力。创业者需要根据企业的优势、劣势并结合外部环境的机会,挑战正确的制定企业发展的战略目标。只有确定了正确的战略目标,企业才能走得更远。营销管理能力是指洞察企业提供的产品和服务及其特性,理解他们如何满足顾客的需要和如何使顾客认识其吸引力的能力。创业者需要根据行业发展状况,竞争对手的缺陷,细分市场,找到自己的产品,服务的顾客目标群。同时,也可以为自己的产品创造市场。财务管理能力是指管理企业资金,能够保持对支出的跟踪和监控现金流,以及根据其潜力和风险评价投资的能力。投资创业必须会理财,"有钱无计划,花钱如流水"不是创业者的品格。创业者必须要有基本的财务知识,懂得如何融资理财,具备资金的时间价值观和机会成本意识。很多创业者有风险意识,但是无资金的时间价值观和机会成本意识,不知道今天的一元钱比明天的一元钱更值钱。

5. 专业能力

专业能力是指企业中与经营方向密切相关的主要岗位或岗位群所要求的能力。专业能力主要包括四个要素:专业知识技能、分析决策力、解决问题能力和应变能力。专业技术能力是创业者掌握和运用专业知识进行专业生产的能力。专业技术能力的形成具有很强的实践性。许多专业知识和专业技巧要在实践中摸索,逐步提高发展、完善。创业者要重视创业过程中知识积累的专业技术方面的经验和职业技能的训练,对于书本上介绍过的知识和经验,在加深理解的基础上予以提高、拓宽;对于书本上没有介绍过的知识和经验要探索,在探索的过程中要详细记录、认真分析,进行总结、归纳,上升为理论,形成自己的经验特色,积累起来。只有这样,专业技术能力才会不断提高。

6. 协调能力

协调能力是指能够妥善地处理与公众(政府部门、新闻媒体、客户等)之间的关系,以及能够协调下属各部门成员之间关系的能力。创业者应该做到妥当的处理与外界的关系,尤其要争取政府部门、工商以及税务部门的支持与理解,同时要善于团结一切可以团结的力量,求同存异共同协调的发展,做到不失原则、灵活有度,善于巧妙地将原则性和灵活性结合起来。

总之,创业者搞好内外团结,处理好人际关系,才能建立一个有利于自己创业的和谐环境,为成功创业打好基础。协调交往能力在书本上是学不到的,它实际上是一种社会实践能力,需要在实践活动中学习,不断积累总结经验。这种能力的形成包括以下内容。

一是要敢于与不熟悉的人和事打交道,敢于冒险和接受挑战,敢于承担责任和压力,对自己的决定和想法要充满信心、充满希望。

二是养成观察与思考的习惯，在复杂的人和事面前要多观察多思考，观察的过程实质上是调查的过程，是获取信息的过程，是掌握第一手材料的过程，观察得越仔细，掌握得信息就越准确。

三是处理好各种关系，处理好关系要善于应酬。应酬是职业上的"道具"，是处事待人接物的表现。心理学家称：应酬的最高境界是在毫无强迫的气氛里，把诚意传达给别人，使别人受到感应，并产生共识，自愿接受自己的观点。搞好应酬要做到宽以待人，严于律己。尽量做到既了解对方的立场又让对方了解自己的立场。协调交往能力并不是天生的，也不会在学校里就形成了，而是走向社会后慢慢积累社会经验，逐步学习社会知识而形成的。

7. 社会能力

社会能力是在人际关系中个体所表现出的身心条件或个性身心特征，是个体在从事创业活动中所需要的行为能力。与创业相关的社会能力由两部分构成，一是社会适应能力，它包括忍耐力、抗挫与抗压力、心理调适能力等；二是社会实践能力，包括社交与合作能力、谈判能力、社会洞察力和组织指挥能力等。

8. 创新能力

创新是知识经济的主旋律，是企业化解外界风险和取得竞争优势的有效途径，创新能力是创业能力素质的重要组成部分。它包括两方面的含义：一是大脑活动的能力，即创造性思维、创造性想象、独立性思维和捕捉灵感的能力；二是创新实践的能力，即人在创新活动中完成创新任务的具体工作的能力。创新能力是一种综合能力，与人们的知识、技能、经验、心态等有着密切的关系。具有广博的知识、扎实的专业基础知识、熟练的专业技能、丰富的实践经验、良好的心态的人容易形成创新能力，它取决于创新意识、智力、创造性思维和创造性想象等。

上述8个方面的基本要素中，每一项基本要素均有其独特的地位与功能，任何一个要素都会影响其他要素的形成和发展，影响其他要素的功能和作用的发挥，乃至影响创业的成功。因此一个未来的创业者，不仅要注意在环境和教育的双重影响下培养自己的创业素质，而且要重视其整体结构的优化，在创业实践中不断提高自我的创业素质。

二、创业能力的特征

创业能力是一种以智力为核心，具有创造性特征，与个性心理倾向和心理特征紧密相连，与创业的实践活动相伴而生的综合性实践能力，它具有以下几方面的特征。

1. 创造性

人类实践的本质就是创造，创业能力是一种具有创造性特征的能力，创业能力的基础是创造能力，即在发现问题时，对问题具有高度的敏感性，观念具有高度的流畅性（多样化），能尽快、准确地做出反应，采用恰当的方式方法，创造性地解决问题。它需要有创造性思维和创造性人格的支撑。创造性思维具备创造性活动表现出新颖独特且有意义、有灵感、灵活性强、分析思维与直觉思维的统一、发散思维与聚合思维的统一等特点；创造性人格具有健康的情感、坚强的意志、刚毅的性格、良好的习惯、积极的个性意识倾向等特点。创业能力的创造性体现在创业实践的全过程中，由于优胜劣汰的社会竞争制度，创业实践中的问题解决，必须求新、求异，创业能力的创造性特征在创业实践活动中不断提升。

2. 智能性

创业能力以智力为核心，智力开发为创业能力提供了有效的智力支持。智力包括观察力、注意力、记忆力、想象力、思维能力等，其中思维能力是智力的核心。创业能力以智力为核心形成了由认知能力、自主能力、职业能力、竞聘能力、社会能力等要素构成的不同层级结构。在不同层级结构中，又有许多因素组合而成创业能力的横向结构。在这纵横交错的能力结构中，没有智能发挥作用，纵向结构的各层次之间不能灵活转换和逐级递增；横向结构的各要素之间无法有机协调整合，创业实践中的问题则难以很好地解决。

3. 个性制约性

创业能力是在个性的制约下形成并发挥作用的，与个性心理特征和个性心理倾向密切联系。个性倾向性是人的身心组织的动力机制，它在相当程度上决定了一个人是否敢于创业。由于个性心理特征和个性心理倾向具有鲜明的个性化特点，从而决定了人的创业能力也因人而异。不同心理特征的人，创业过程中身心投入程度也不同，有的指手画脚、夸夸其谈，有的身体力行、出谋划策；不同心理特征的人，创业能力发挥作用的方式也不同，有的敢于冒险，直截了当，有的善于智取，迂回曲折。

美国著名管理大师彼得·德鲁克这样描绘成功的创业者："有的偏激，有的驯服；有的胖，有的瘦，有的焦躁，有的从容；有的喜欢豪饮，有的滴酒不沾；有的英俊热情，有的呆板冷漠。"尽管成功的创业者千差万别，但其中还是有很多共同的东西可以描述这一特殊群体的特征。在开拓型个性影响下的创业实践活动，具有明显的连续性和持久性，不屈不挠的意志，求异创新的思维，激情昂扬的斗志，果敢敏捷的行动，在成功与失败、机遇与挑战、顺境与逆境的交替中发挥着重要作用，是实现预期目标，获得创业成功的重要保证。

4. 社会实践性

创业实践活动影响着创业能力的形成与发展，创业能力只有在创业实践活动提供的规定情境中，才能从无到有、从不成熟到成熟逐渐形成；只有创业实践活动所提供的艰巨而富有挑战性的任务，才能激发创业者的创业激情，启动创业能力，可以说，创业能力的培养离不开实践活动。创业实践活动也为创业能力发挥作用和功效的客观条件和环境，为创业能力的表现和发挥提供了时空统一的社会舞台，创业能力也只有在创业实践中才能发挥作用和功效。所以说创业能力往往与创业的实践活动相伴而生、紧密相连的。

5. 综合性

从创业能力的结构中可以看出，在实践中直接发挥效率的是由多种能力有机构成的综合能力。在创业能力的八大要素中，均有独特的地位和功能，其作用和价值无法由其他要素所替代，任何一个要素的残缺不全，都会影响到其他要素的形成和发展，也影响其他要素功能和作用的发挥，创业能力的各个要素只有按照一定的关系组合和联结起来，才能形成各要素间相互依赖、相互作用的特定结构。

结构方式是否合理、结构程度是否紧密，从整体上决定了创业能力水平的高低。合理组织起来的创业能力结构从整体上全方位地直接或间接影响或作用于创业实践活动，使创业实践活动的方向方式、结构和组织形式适应大的社会环境和社会变化的开放系统，从而直接关系着创业实践活动的社会运行和社会效益。

第五节 创业必须具备的知识

创业者想在某一行业中脱颖而出,没有厚实的知识基础等于建造空中楼阁。所以,作为一个创业者,应该具备相应的基础知识与专业知识。

一、创业者应具备坚实的基础知识

创业者的知识素质的好坏关系到创业者分析问题,判断问题,解决问题的能力大小和将来企业的发展前途。知识贫乏的创业者,必然心胸狭窄,目光短浅。如果没有渊博的知识,就不能适应时代新潮流的长期需要;不用新知识,新观念武装自己,就不可能成为真正成功的创业者。创业者应该通晓的基础知识主要有政治学、人才学、组织学、行为科学、经济学、计算机应用、逻辑学、法学、会计学、统计学以及心理学等。这些基本知识为创业者正确分析企业内外的环境和自己的优势、劣势,预测行业的发展趋势奠定了基础,是创业活动开展的必备智力条件。

二、创业者应具备广博的专业知识

要想取得企业的成功,把企业做强做大,创业者还应具备人力资源管理、市场营销管理、财务管理、战略管理、生产管理、物资管理、技术设备管理、质量管理、经济核算、系统工程、领导科学及决策论等专业知识。如果缺乏战略管理知识,创业者在企业发展到一定规模后,就不能正确处理企业的短期目标和长期目标关系,核心竞争力和多元化关系,盲目扩张,进入很多自己陌生的行业,而自身资金、人力资源等方面又缺乏支撑,使企业迷失了发展的方向。例如,掌握了人力资源管理方面知识,创业者就知道如何有效激励员工,管理员工,帮助他们成长,并给予他们足够的舞台空间,让他们真正能有"当家做主"的责任感,使之产生于企业同命运、共呼吸的使命感,从而真正塑造出忠诚于企业的人才,让员工在实现企业发展的同时实现自我的成长和发展。而现金是企业正常运转的基础,具备了财务管理知识,创业者就能正确的了解企业的现金流状况及主要的现金流来源,了解企业的盈利能力、负债情况、还债能力和融资能力,在创业过程中,就能有意识、合理地贷款融资,发挥资金的财务杠杆作用,降低经营风险,同时管理好企业的资本运作。市场营销管理知识能使创业者正确分析产品的行业特征,细分市场,对产品正确定位,找到产品的目标市场,利用产品的生命周期,不断推陈出新,为企业创造现金流。

总之,专业知识为创业者进行创业企业的正常运转,赚取利润,获得长远发展提供保障。

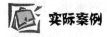 **实际案例**

坚守专业——打拼自己品牌的漫画人

在高校毕业生孵化基地的 3 楼,有一间别致的"小磊漫画工作室",两面墙壁上挂着

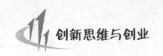

惟妙惟肖的人物漫画,房间里摆着两台电脑桌,最显眼的是一张两米长的工作台。此时,一名体型高大的男子正躺在沙发上小憩,这就是工作室的负责人张小磊。

"怎么?看着我不像画漫画的?"身高超过1.90米的张小磊笑着向记者递过名片,上面印着他的自画像。2007年毕业于青岛大学设计专业的张小磊学的是服装设计,在大学画了整整4年人物简画,毕业后他曾到北京继续自己的漫画梦想,后来他听说青岛建立了动漫产业园,便打好包袱卷儿,辞职回到了家乡。2009年8月,张小磊的工作室落户创业基地,虽然只是不足10平方米的斗室,"但我感觉眼前是一片广阔的天地"张小磊说。

但张小磊没有称心如意地拿到开门红。因为张小磊主攻的人物漫画在青岛认可度不够,初期市场推广就让这个整天跟电脑、画板打交道的青年犯了愁。"虽然很多人看了我的画都叫好,但大家都对它的市场前景不看好,觉得没有刚性需求。"张小磊说,靠着以前积累的人脉,他度过了最初一段艰难岁月。为了打开市场,张小磊雇了两名员工,作为总经理的他负责技术业务,而两名员工负责外出跑市场。"我对市场营销这块了解得不够,所以才请了两个人来帮我,他们对销售这方面都很熟悉。"张小磊的办法初见成效,在群策群议的基础上,工作室制定了与婚庆公司配搭,专项搞漫画婚纱照的主意,这才扭转了经营形式,也让张小磊工作室打出了名堂。"我们现在依靠网络宣传已经打出了自己的品牌,目前正在筹划推出人物漫画的周边产品。"张小磊说,依靠着两位同事在市场营销方面的努力,他的工作室现在每个月的利润基本已经稳定在5 000元左右,这对他来说只是一个开始。

"我需要市场营销方面的知识,这方面我需要好好补课。"张小磊说。其实,需要补课的不仅仅是他,据孵化基地管理中心的于洋主任介绍,目前创业基地里的很多大学生企业都面临着市场营销方面的"水桶效应","他们有好的创意和顶尖的技术、理论,但缺乏实战经验,这极大地限制了他们的发展。"

虽然道路艰辛,但张小磊依然乐观而骄傲,"同学聚会的时候,大家都很赞赏我,像我这样坚持继续搞绘画的已经不多了。"

三、创业者应具备相关的政策知识

一个国家的政治制度、政策、法规影响着经济发展方向,一个创业者的政治水平、思想觉悟,影响着企业的适应能力、成长方向和发展后劲。企业是市场的主体、国家的经济命脉,也是国家整个经济体制改革的重点,许多政策法规、改革措施都是在国家宏观指导下由企业自己探索。

创业者必须自觉提高思想觉悟、提高政策法规水平,服从国家和人民利益的大局。当然,创业的动机是追求利润,创业者首先必须有利益动机,但创业者也决不可唯利是图。任何一个企业至少肩负着发展经济、提供就业机会两大基本任务,为使整个社会的健康发展,企业必须在抓好物质文明建设的同时,着力抓好精神文明建设,安排职工就业和创造利润的同时,要站在国家、社会和企业长远发展的立意上,全面提高员工的素质,把企业文化建设纳入整个社会精神文明建设全局。

四、创业者知识的更新和完善

当然,一个人不可能具备上面提到的所有知识,这就需要创业者通过组建优势互补的创业团队来实现。

创业者可以通过学习来弥补自己缺乏的知识。学习知识的主要途径有以下几种方式。

(1)大量阅读。书籍是先行者智慧的结晶。通过大量阅读可以迅速地扩大自己的知识面,减少摸索的时间。创业者可以根据自己工作中发现缺乏的知识来选择阅读的素材。

(2)参加学习班。目前社会上有很多种学习班,创业者可以通过参加学习班迅速弥补知识上的缺陷,特别是参加高水平的培训班。

(3)与成功创业人士交流,例如,参加各种形式的俱乐部,从他们那里学到经验教训,以便自己少走弯路。这些成功人士在有些方面比较优秀,创业者可以从他们身上学到很多有益的东西,他们成功的事例能不断地激励创业者前进。另一方面,他们的有些失误又可以为创业者提供反面的教材,在以后的创业中可以避免犯同样的错误。

(4)实践。实践出真知,通过实践可以增强自己对事物的感性认识,并在实践中检验理论,提高自己的实践操作能力。在实践中,最好将自己的体会与他人交流,因为这样既可以加深印象同时不足之处又可以得到他人的指教。

知识链接

http://www.youthcy.com

http://www.sooe.cn

http://www.marketingcn.org

练习项目

创业是一个充满成就感、诱惑力的词语,但并非每一个人都适合走这条路。美国HMO协会设计出了一份试卷,可以令你在做出决策前对自己有一个初步的了解。

1.在急需做出决策的时候,你是否在想:"再让我考虑一下吧?"

经常□ 有时□ 很少□ 从不□

2.你是否为自己的优柔寡断找借口说:"是得好好慎重考虑,怎能轻易下结论呢?"

经常□ 有时□ 很少□ 从不□

3.你是否为避免冒犯某个或某几个有相当实力的客户而有意回避一些关键性的问题甚至表现得曲意奉承呢?

经常□ 有时□ 很少□ 从不□

4.你是否已经有了很多写报告用的参考资料,但仍责令下属部门继续提供?

经常□ 有时□ 很少□ 从不□

5.你处理往来函件时,是否读完就扔进文件筐,不采取任何措施?

经常□ 有时□ 很少□ 从不□

6. 你是否无论遇到什么紧急任务,都先处理琐碎的日常事务?
经常□ 有时□ 很少□ 从不□

7. 你非得在巨大的压力下才肯承担重任吗?
经常□ 有时□ 很少□ 从不□

8. 你是否无力抵御或预防妨碍你完成重要任务的干扰与危机?
经常□ 有时□ 很少□ 从不□

9. 你在决定重要的行动计划时常忽视其后果吗?
经常□ 有时□ 很少□ 从不□

10. 当你需要做出可能不得人心的决策时,是否找借口逃避而不敢面对?
经常□ 有时□ 很少□ 从不□

11. 你是否总是在快下班时才发现有要紧事没办,只好晚上回家加班?
经常□ 有时□ 很少□ 从不□

12. 你是否因不愿承担艰巨任务而寻找各种借口?
经常□ 有时□ 很少□ 从不□

13. 你是否常来不及躲避或预防困难情形的发生?
经常□ 有时□ 很少□ 从不□

14. 你总是拐弯抹角地宣布可能得罪他人的决定?
经常□ 有时□ 很少□ 从不□

15. 你喜欢让别人替你做自己不愿做的事吗?
经常□ 有时□ 很少□ 从不□

计分:

"经常"得4分,"有时"得3分,"很少"得2分,"从不"得1分。

50分以上你的个人素质与创业者相差甚远。

40~49分你不算勤勉,应彻底改变拖沓、效率低的缺点,否则创业只是一句空话。

30~39分你在大多数情况下充满自信,但有时犹豫不决,不过没关系,有时候犹豫是成熟、稳重和深思熟虑的表现。

15~29分你是一个高效率的决策者和管理者,更是一个成功的创业者,具有良好的心理素质和坚忍不拔的毅力。

本 章 小 结

创业基本素质包括创业精神、创业意识、创业能力、创业心理品质、创业知识等几个部分,它们构成一个完整的素质框架。

创业意识是指在创业实践活动中对个体起支力作用的个性意识倾向,主要包括创业的需要、动机、兴趣、理想、信念和世界观等心理成分。创业心理品质是指在创业实践活动过程中对人的心理和行为起调节作用的个性意识特征,包括独立性、敢为性、合作性、适应性、坚韧性等。创业能力是指影响创业实践活动效率,促使创业实践活动顺利进行的主体心理条件，主要包括专业能力、职业能力、经营管理能力和综合性能力。创业知识是指对创业实践活动过程具有手段意义的个体的知识系统及其结构，主要包括专业知识、职业知识，经营管理知识，综合性知识。

创业者是成功创业的第一要素，是创业活动的实践者和组织者，必须具备上述素质才能顺利创业。

复习思考题

选择 1~2 位创业者访谈，围绕本章所学知识点，撰写一篇专题报告。

内容包括：访谈时间、地点、被访者姓名、年龄、性别、创业动机、经历、如何发展商机、成功的关键因素、如何找寻合伙人、如何融资、在初期生存阶段所经受的压力和危机有哪些、获得的外部帮助有哪些，着重写创业者的经验、体会、教训等。

第八章 创业计划

撰写创业计划书是创业的第一步,通过撰写创业计划书,创业者能更了解生意的整体情况及业务模型,也能让投资者判断该生意的可盈利性与成长性,是市场融资的关键工具。

本章重点介绍创业计划书的编写方法与整体结构,意在帮助创业者编写一份完善全面的创业计划书。通过创业计划书的编写,全面反映创业者对项目的认识及取得成功的把握,突出创业者的核心竞争力,反映创业者如何创造自己的竞争优势,如何在市场中脱颖而出,如何争取较大的市场份额,如何发展和扩张。

【知识目标】
1. 掌握创业计划书的基本结构;
2. 学会创业计划书主要内容的撰写。

【能力目标】
1. 完全掌握创业计划书的撰写方法与内容结构,并能清楚地在短时间内讲解介绍创业计划书的核心内容;
2. 学生能以团队为单位,完成一份创业计划书 PPT 展示演讲资料;
3. 了解"创业之星"平台,学会平台操作。

 导入案例

在 1970 年,美国政府就开始重视和倡导创业教育,经过三十几年的发展和完善,创业教育的重要性和意义已经是不容置疑的。下面是一组在美国的权威统计数据。

1. 20 世纪 70 年代以来的 70 位企业创始人、身价百万的创业者所带来的影响,他们所经营的公司改变了各个行业和整个经济。如凯创系统公司、家得宝公司、维珍集团公司、Callaway Golf 公司、锐步公司、美国热电集团、马里恩实验公司、国际数据集团、世界通信公司、数字设备公司、联邦快递公司等。

2. 当今美国超过 95%的财富都是大变革中的创业一代自 1980 年创造的,这是一个令人惊讶的数字。目前,美国的成年人(18~64 岁)准备开办新公司已超过 10%。

3. 在 20 世纪的六、七十年代,大众出版界和媒体理所当然地认为:不可战胜的 IBM 公司将永远存在,并且只会变得更强大。当比尔·盖茨在 20 世纪 70 年代末创建微软公司时,IBM 公司在同类公司中独占鳌头,它占有超过 70%的市场份额,资产负债表上的现金比其他电脑公司加在一起的销售总额还要多!

但是,到了 20 世纪 80 年代末和 90 年代初,IBM 公司又一次震惊了世界,因为它面对后起之秀,如苹果电脑公司、莲花发展公司、戴尔电脑公司、微软公司及其他公司的竞争,业绩产生了剧烈的滑坡。它的员工人数缩减了将近一半;它的股票直线下滑;并陷入混乱当中,它成了创业革命的牺牲品。正如诺贝尔奖获得者罗伯特·索洛所说:"不是你不知道的事情害了你,而是你知道被不真实的事情害了你。"

4. 自1980年以来,美国已经创造了3 400多万个新的就业机会,但是《财富》500强的企业同期却减少了500多万个就业岗位。那么是谁创造了这些就业岗位?20年前,麻省理工学院的研究员戴维·佰奇发表了具有划时代意义的研究成果,他的研究结果推翻了以前认为大企业是经济支柱和新就业机会提供者的各种观点。事实上,曾经有一位获得诺贝尔奖的经济学家其获奖原因就是因为他证明了:我们这个星球上任何一家不超过百人的企业都不会影响经济及政策制定。

佰奇的观点正好相反,使得研究者、政治家和企业界深感惊讶。他的结论是:1969—1976年,新的小型成长型企业创造了本国经济81%的新就业机会,而且这种情况每年周而复始的发生。创业企业虽然只占企业总数的3%,但是从1994—1998年却提供了500万个新的就业机会。我们想一想微软公司的发展史,在1980年,微软公司的年收入只有800万美元,员工只有38人,但是到了2000年年底,他的销售额达到218亿美元,员工人数超过31 000人,股票总市值达3 623亿美元,最高时的市值达5 000亿美元。

在1975年之前,美国每年诞生的各种各样的新公司大约只有20万家,但是到了1975之后,这个数字翻了3番。1994年,政府和其他研究人员收集的大多数统计数据显示,美国每年新创立的企业为110万~120万家,新公司数目增长5倍。到了1996年年底,美国独立企业联盟开展的研究结果称,每年各种新企业的诞生数量差不多是350万家,此研究结果意义重大。

5. GEM(《全球创业观察中国报告》数据资料:2005年,中国的全员创业活动指数为13.7%,即每100位年龄在18~64岁的成年人中,有13.7人参与创业活动。美国平均1000人中拥有企业数量为50家,而中国目前只有4家。

综上数据资料显示,在过去的30年里,美国已经培养出了自1776年建国以来最具革命性的一代人。新的企业家一代彻底改变了美国和世界的经济和社会结构,并为未来的几代人设定了"创业遗传代码"。它将比其他任何一种推动力量更能决定美国和整个世界的生活、工作和学习方式,并将继续成为下一世纪或者几世纪的领导力量,这就是"创业革命"。

正如杰弗里蒂·蒙斯在《创业思维》所说的一样:"我们正处在一场静悄悄的大变革中——它是全世界人类创造力和创业精神的胜利。我相信它对21世纪的影响将等同或者超过19世纪和20世纪的工业革命。"

第一节 什么是创业计划书

创业计划是创业者在初创企业成立之前就已经准备好的一份书面计划,用来描述创办一个新的企业时所有的内部和外部要素。当创业者选定了创业目标与确定创业动机之后,同时在资金、人脉、市场等各方面的条件都已准备妥当或已经累积了相当实力,这时,就

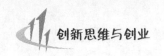

必须提出一份完整的创业计划书。创业计划书是整个创业过程的重要内容,在创业计划书中,应详细描述一切和创业相关的内容,包括创业种类、资金规划、阶段目标、财务预算、营销策略、风险防范、管理规划等。

创业计划书是一份全方位的创业项目计划,它从创业企业内部的人员、制度、管理,以及企业的产品、营销、市场、时间战略规划、团队组织架构和建设、财务等各方面对即将开展的创业项目进行可行性分析。

创业计划书是企业融资成功的重要文书之一,创业计划还可以使创业者有计划地开展创业活动,增加创业成功的概率。创业计划书包括企业筹资、融资等活动,是企业战略谋划与执行等一切经营活动的蓝图与指南,是行动纲领和执行方案。

一、创业计划书的作用

创业计划书的作用至少有以下四个方面。

1. 使创业者进一步地认识创业项目

通过调查、分析和思考创业计划书里的每一个问题,可以让创业者理清思路,非常清楚地知道创业投资项目的市场状况、如何营销、团队组建和管理、风险的控制、产权结构、资金投入、资金使用计划、投资收益等。

创业计划书首先是把计划中要创立的企业推销给创业企业家自己,这一点是非常重要的。一位风险投资家说"如果你想踏踏实实地做一份工作,写一份创业计划能迫使你进行系统地思考,有些创意可能听起来很棒,但是当你把所有的细节和数据写下来的时候,自己就崩溃了"。在写创业计划书的过程中,会对产品、市场、财务、管理团队等进行进一步的分析和调研,能及早发现问题,进行事前控制,去掉一些不可行的项目,进一步完善可行的项目,增大创业成功率。

2. 让创业团队更全面地认识和了解创业思路

很多创业者在组建团队沟通时都只是通过简单的谈话,没有任何书面的资料和文本,更不用说创业计划书了。这样就致使创业团队和合作伙伴并不能全面和系统地了解创业项目,而创业项目的整个思路和远景都只是在创始人的脑袋中,直接导致合作后的沟通不畅通。

通过创业计划书能让创业团队和合作伙伴非常清楚地了解创业的可行性、前景等,然后才能同心同德地携手共进,围绕着大家所设定的远景和计划目标努力前进,坚持不懈。

3. 是获得投资人兴趣的试金石

如果项目需要融资的话,那么这份创业计划书是必备的文本。投资者在与需要资金的创业团队接触中,为什么要求创业者首先呈交一份创业计划书?为什么不能直接通电话或者面谈?这是因为投资者一般都是十分严谨的人,特别是风险投资,投资人通常都是在审阅完创业计划书之后,觉得有必要进一步了解企业的情况时才会与创业团队见面。

只有在了解了企业的产品、管理策略、市场规划、盈利预测等之后,投资人才知道项目是否符合他们的兴趣,从而决定是否有必要进一步商讨合作的可能性。所以说,创业计划书是创业团队在融资时的试金石,创业计划书写得好,创业项目就会有吸引力,获得融资才会有希望。同时,从创业计划书中也可以看出创业者的综合能力素质和创业的一种职业态度、激情等。

4. 使创业者能够初步具备商业思维

当创业者创作完一份完整的创业计划书之后，创业者就已经初步具备了这种商业思维，懂得要科学地评估一个项目的可行性，必须从市场、营销、时间战略规划、风险管理控制、团队招募和管理、资金需求和应用、财务分析等方面去思考和实施，而且在未来创业企业的经营管理过程中，面对各种决策的时候也会思考得更加全面、细致和专业。

二、专业者眼中的创业计划书

对于很多初创企业的创业者来说，可能都是第一次创作创业计划书，所以，不知道什么样的创业计划书才是专业的。下面就以风险投资者的视角，来看一份专业创业计划书包含的几个方面。

1. 关注产品

在创业计划书中，应提供所有与企业的产品或服务有关的细节，包括企业所实施的所有调查。这些问题包括：产品正处于什么样的发展阶段？它的独特性怎样？企业分销产品的方法是什么？谁会使用企业的产品，为什么？产品的生产成本是多少，售价是多少？企业发展新的现代化产品的计划是什么？把投资者拉到企业的产品或服务项目中来，这样投资者就会和创业企业家一样对产品有兴趣。

2. 敢于竞争

在创业计划书中，创业企业家应比较细致地分析竞争对手的情况。竞争对手都是谁？他们的产品是如何销售的？竞争对手的产品与本企业的产品相比，有哪些相同点和不同点等。在创业计划书中，企业家还应阐明竞争者给本企业带来的风险以及本企业所采取的应对对策。

3. 了解市场

创业计划书要给投资者提供企业对目标市场的深入分析和理解。要细致分析经济、地理、职业以及心理等因素对消费者选择购买本企业产品这一行为的影响，以及各个因素所起的作用。

4. 表明行动方针

创业计划书中应该明确下列问题：企业如何把产品推向市场？如何设计生产线？如何组装产品？企业生产需要哪些原料？企业拥有哪些生产资源？还需要什么生产资源？生产和设备的成本是多少？企业是买设备还是租设备？解释与产品组装、储存以及发送有关的固定成本和变动成本的情况。

5. 展示管理队伍

管理者的职能就是计划、组织、控制和指导公司实现目标的行动。在创业计划书中，应首先描述一下整个管理队伍及其职责，再分别介绍每位管理人员的特殊才能、特点和造诣，细致描述每个管理者将对公司所作的贡献。

6. 出色的计划摘要

计划摘要是从创业计划书中摘录出最重要的细节：包括对公司内部的基本情况，公司的能力以及局限性，公司的竞争对手，营销和财务战略，公司创始人和创业管理团队等情

况的简明而生动的概括。如果公司是一本书，计划摘要就像是这本书的封面，做得好就可以把创业团队和投资者吸引住。它会给投资者有这样的印象："这个公司将会成为行业中的巨人，我已等不及要去读计划的其余部分了。"所以，计划摘要一定要做得出色。

三、如何产生一份好的创业计划书

一份好的创业计划书需要符合以下要求。

1. 简洁

一份创业计划书最长不要超过 50 页，最好是在 30 页左右。应该尽量避免一些与主题无关的内容，要开门见山地直接切入主题。

2. 完整

要全面披露与创业企业经营有关的信息。

3. 条理清晰

语言通畅易懂，意思表述精确。

4. 展现竞争优势

呈现竞争优势与投资回报。

5. 展现经营能力

要尽量展现创业团队的事业经营能力与丰富的经验背景，并显示对于该产业、市场、产品、技术以及未来营运策略已有完全的准备和自信。

6. 市场导向

明白利润是来自于市场的需求，没有依据明确的市场分析所撰写的创业计划书将会是空泛的。

7. 前后一致

创业计划书中每一个部分都不是孤立的，而是形成了一个整体，例如，市场营销的策略规划决定了投资额和资金的使用计划。所以，整份创业计划书前后基本假设或预测要相互呼应，也就是前后逻辑合理。

8. 实事求是

一切数字要尽量客观、实际，切勿凭主观意愿估计和推测，通常创业家容易高估市场潜力或报酬，而低估经营成本，这些都是不够理性的做法，甚至是自欺欺人。

四、创业计划书的完成过程

一份完整而具有可行性的创业计划书，不可能是在一两个星期之内就能够完成，例如，某创业者直接上网百度一份创业计划书范本，然后修改一下创业项目的名称和创业者名字就以为万事大吉。其实，这是非常错误和不负责任的做法。

完成一份创业计划书的具体步骤，大致有以下两个方面。

1. 创业计划的构想化

对自己将要开创的事业给予细致的思考，并且制定细化的构想，确定明确的时间进度和工作进程。

2. 客户调查

与至少 3 个本产品或者服务的潜在目标客户建立联系,其中至少有一个是你将选做自己销售渠道的客户,准备一份 1~2 页的客户调查纲要,提供一份用过的调查和调查方法的描述,保证获取足够大的信息量,包括潜在客户的数量,他们愿意支付的价格,产品或者服务对于客户的经济价值;还应当收集定性信息,如购买周期,对于购买者来说可能导致他们拒绝本产品或者服务的可能障碍,你的产品为什么能够在你的目标用户和客户的应用环境之中起作用。

第二节 创业计划书的撰写准备

一、撰写对象

创业计划书应由创业者自己亲自完成。

创业计划书是创业者能力和构思的具体体现,创业者亲自撰写创业计划书可以帮助创业者理清思路,把创业的激情融入计划之中,有利于增添计划的感染力。同时,创业计划书的撰写过程非常复杂,是各方面知识的结晶,会涉及企业战略、市场营销、财务管理、生产制造、研发设计、人力资源、风险评估等方面。对初始创业的大学生而言,不可能精通各方面的知识,也缺乏一些相关领域的实践经验,因此,为了能够尽可能完整、客观、实事求是地写出创业计划书,使创业计划具有较高的可行性,在撰写的过程中,应多向其他专业人士咨询请教。

二、撰写角度

在撰写创业计划书的时候,还要明确创业计划书的主要阅读者是谁,不同的对象对创业计划书的关注点会不一样。创业计划书应更具有针对性,这样才能更好地满足使用这份创业计划书的人员的需要。

1. 创业者的角度

创业者比任何人都了解包含在新创办企业中的核心优势与技术。创业者首先必须很清晰地表达出这家企业是经营什么的,有什么优势,有什么卖点,主要盈利点在哪等。

2. 投资者的角度

创业者应该试图用投资者的眼光来考察企业的生产经营,特别是计划中的核心优势、盈利增长点及财务预算计划等。如果创业者不具有基本的财务分析与预测能力,在这一部分就很难考虑周全,防范经营风险。

3. 市场的角度

创业者必须以用户的眼光来审视企业的经营运作,应该采取一种以顾客为导向的市场营销策略。这就需要创业者进行大量的市场调查工作,充分了解顾客的需求和市场发展的前景。这也是企业创办生存的基础。

三、信息搜集

正式撰写创业计划书之前，应该根据创业企业的目标搜集相关的信息资料。信息的渠道来源多种多样，特别是现在互联网络非常方便，可以为创业者快速提供大量有价值的信息资料。

1. 市场信息

产品或服务的潜在市场信息对创业者尤其重要。为了判断市场规模，创业者需要明确地定义企业的目标市场。目标市场的确定将会使新创办企业的市场规模和市场目标比较容易确定，也能够比较客观地评估市场的发展潜力与前景。这些资料可来源于相关领域组织机构发布的调研报告，也可以通过自己的市场调查来获得。此外，为了获得更丰富真实的市场信息，创业者需要花费较多的资源和时间去进行市场调查。

2. 运营信息

对企业运营管理需要涉及的各方面信息主要包括以下内容。

（1）地点。创业计划书中应确定企业的经营地点，地点的选择应考虑到企业的业务需要，是否方便顾客，是否方便供应商或经销商，是否便于开展销售，价格是否合理，是否符合当地的有关政策与法律法规等。

（2）生产。如创办的是生产型企业，为了保证企业生产的正常运行，企业需要拥有或掌握哪些技术，需要购买的机器设备，同时也应该明确具体的工序是由企业自己完成还是分包给其他企业等。

（3）原料。生产产品需要哪些原材料，这些原材料由谁提供以及原材料的价格，原材料的供给有无保障等。

（4）设备。需要哪些生产设备，设备是购买还是租赁，设备的维护与保养如何解决等。

（5）员工。需要什么样的工人，工人的能力要求、基本薪资等。

（6）其他。经营企业可能涉及的其他各项投入与开支，如日常办公支出、业务开支、缴纳税款等。

这些信息是反映企业正常运作所必需的，在创业计划书应该加以明确。

3. 财务信息

创业者必须对企业的资金需求、资金周转、盈利能力有一个全面的评价。这些信息可以帮助创业者更好的理解企业运作的命脉——资金的需求与管理，帮助企业更好的提升资金运作的效率，有效防范资金运作的风险。同时，可以更有效地向投资者展示企业的发展前景与盈利预测。这些信息主要包括以下内容：

（1）资金的需求与来源。创办这家企业需要多少资金，为什么需要这么多的资金，创业者自己准备出资多少，不够的资金计划如何解决。

（2）未来的销售状况。未来三年企业能实现多少销售额及相应的费用开支，何时开始盈利，盈利情况如何。

（3）企业的投资收益。企业每年的盈利状况，投资回报率如何，投资回报期预期有多长。

（4）风险资本的退出。如果引入风险投资，风险资本将在何时以何种方式退出。

第三节　创业计划书的内容

我们已经知晓了一份完整的创业计划书应尽可能充实完善，以便为创业者和投资者描述一个完整的企业发展蓝图。一份完整的创业计划书主要包括计划摘要、公司简介、市场分析、竞争分析、产品服务、市场营销、财务计划、风险分析、内部管理、附件资料等。

一、计划摘要

对整个计划书内容的总体说明，描述全部计划的基本框架。在摘要部分需要对以下信息进行简要说明。

（1）公司简要描述
（2）公司的宗旨和目标
（3）公司目前的股权结构
（4）已投入的资金及用途
（5）公司目前主要产品或服务介绍
（6）市场概况和营销策略
（7）主要业务部门及业绩
（8）核心管理团队介绍
（9）公司主要优势说明
（10）公司增资需求说明
（11）融资计划与方案
（12）财务指标分析

二、公司简介

对公司的整体情况进行介绍，包括公司经营内容、宗旨、战略、产品、技术、团队等各个方面，重点阐述公司的整体优势与经营目标。

（1）公司简介
（2）公司的宗旨和目标
（3）产品优势
（4）技术优势
（5）核心管理团队

三、市场分析

这部分介绍公司即将进入的目标市场的整体情况，包括市场的现状与规模、市场发展趋势，以及目标市场的客户需求分析等。

市场分析是编写创业计划书最重要也是最困难的部分，如果不重视对这部分内容的编写，你的创业计划就有可能会成为最糟糕的计划。

如果企业准备推出新的产品或服务，或者开拓新的市场，需要仔细地对市场进行分析和预测。创业者首先要对需求进行预测：市场是否存在对这种产品或服务的需求？需求的

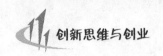

大小能否给企业带来利润？需求未来的发展趋势如何？影响需求的因素有哪些？其次，创业者需要对市场情况进行分析：主要竞争对手有哪几家？他们的综合实力如何？他们的竞争优势何在？本企业能达到的市场占有率是多少？本企业的进入会对竞争带来何种变化？企业有没有相关的措施来应对？是否存在有利于企业的市场空间？等等。

计划中的这部分内容应该包括：市场现状分析、竞争对手分析、目标客户分析、目标市场分析、本企业产品或服务的市场定位、市场特征等。为做好市场分析工作，企业者必须深入市场调查研究，尽量扩大信息的搜集范围，重视对宏观环境和微观环境的预测，采用科学的预测手段和方法。另外，你要指出你在哪个行业和市场领域方面展开竞争？市场特点与性质怎样？你是如何划分市场格局的？这些市场格局与营销研究中心的分析或与投资分析有何不同？以上问题你要具体说明。如果市场属于新开发的，那么，你如何建立你的预测来证明你的正确性？

（1）市场介绍
（2）目标市场
（3）需求分析

四、竞争分析

分析市场竞争形势，主要竞争对手分析及应对策略。

（1）主要竞争对手分析
（2）市场竞争策略
（3）竞争优势分析

五、产品服务

介绍企业的产品或服务，以及对客户的价值。对市场上的同类产品进行对比分析，阐述公司产品与服务的特色及优势。

（1）产品发展规划
（2）研究与开发
（3）生产与运输
（4）实施与服务

六、市场营销

介绍企业所针对的市场，营销战略，竞争环境，竞争优势与不足。

（1）市场开发策略
（2）产品定位分析
（3）产品定价策略
（4）渠道网络建设
（5）广告宣传策略
（6）营销团队建设

七、财务计划

公司需要融资的规模及投入使用计划,并对未来几年的收益进行预测,分析投资回报情况,并列出预计的财务报表。

(1) 资金需求说明
(2) 资金投入计划
(3) 投资收益预测
(4) 预计利润表
(5) 预计资产负债表
(6) 预计现金流量表

八、风险分析

对公司运营过程中可能遇到的各类风险进行说明,并说明如何应对各种可能出现的风险情况。

(1) 市场与竞争风险
(2) 产品与技术风险
(3) 财务风险
(4) 管理风险
(5) 政策风险

九、内部管理

对公司内部管理的各方面工作进行说明。

(1) 公司组织结构
(2) 公司管理制度
(3) 人力资源计划
(4) 内部激励方案

十、附件资料

如果创业计划书中有过多的详细说明与解释,容易造成计划的主体内容混乱。因此,可以通过附件资料的形式,使第三方能够更加详尽的了解创业计划书的相关内容与背景资料。附件资料可以列出其他与创业计划书中内容有关的参考资料,如市场调查报告等。

附件资料的内容一般包括以下内容。

1. 公司及项目的背景

介绍公司创办的原因及主要项目的开发背景。

2. 市场发展背景

说明你所服务的市场长期以来正在发生或已经发生的事件。市场区域的成熟情况,以及对你的市场冲击情况。

3. 管理人员简历

叙述公司主要核心管理人员和主要技术人员的简历。

4. 行业关系

公司或项目与外界相关机构的关系与协作。如会计师事务所、法律事务所、管理顾问、技术支持等。

5. 竞争对手的文件资料

在此你要描述有关竞争对手的公司名称和产品系列，包括竞争对手的实用参考性资料。

6. 公司现状

在此你要将资本结构、净资产、年报（如果是上市公司的话）或其他有助于投资者认识你公司的有关参考资料附上。如果是私营公司（不是处于创始阶段），还应提供前几年的经过审计的财务报告。如果未经审计，请注明；如果已经审计过，请注明会计公司名称。

7. 顾客名单

请提供一份完整的顾客清单，如有可能，请按市场区域，行业编码规范整理。内容应包括各类主要顾客的资料，顾客对你公司提供产品和服务的满意度调查结果，潜在购买群，用户会议和产品目录等。

8. 新闻报道剪报

包括全部有关公司和项目有关的主要新闻介绍情况和新闻报道资料。

9. 市场调研报告

包括本公司或第三方调研的市场报告资料。

10. 专门术语

包括项目中涉及的各类专门技术或术语的解释说明。

第四节　创业计划书的撰写要点

创业计划书编写时，确信在创业计划书中已尽可能地回答了如下问题。

1. 你的管理团队拥有什么类型的业务经验？
2. 你的管理团队中的成员有成功者吗？
3. 每位管理成员的动机是什么？
4. 你的公司和产品如何进入行业？
5. 在你所处的行业中，成功的关键因素是什么？
6. 你如何判定行业的全部销售额和成长率？
7. 对你公司的利润影响最大的行业变化是什么？
8. 和其他公司相比，你的公司有什么不同？
9. 为什么你的公司具有很高的成长潜力？
10. 你的项目为什么能成功？
11. 你所预期的产品生命周期是什么？
12. 是什么使你的公司和产品变得独特？
13. 当你的公司必须和更大的公司竞争时，为什么你的公司会成功？
14. 你的竞争对手是谁？
15. 和你竞争对手相比，你具有哪些优势？

16. 和你的竞争对手相比，你如何在价格、性能、服务和保证方面和他们竞争？
17. 你的产品有哪些替代品？
18. 如果你计划取得市场份额，你将如何行动？
19. 在你的营销计划中，最为关键的因素是什么？
20. 你的广告计划对产品的销售会是怎样的影响？
21. 你认为公司发展的瓶颈在哪里？
22. 可供投资人选择的退出方式是哪些？
23. 请说明为什么投资人应该投资贵企业而不是别的企业？
24. 管理团队有哪些优势与不足之处？
25. 公司的人才战略与激励制度是什么？

练习项目

登录"创业之星"创业实训平台，进入公司场景，单击"会议室"，弹出窗口中单击"创业计划"菜单，将完成的创业计划书粘贴到此处。

内容：撰写创业计划书

要求：创业者首先要有了想法，再形成系统的方案，然后再根据方案去逐步实施创业想法。要撰写一份好的创业计划书并不容易，需要创业者对创业环境与背景有着深入全面地分析了解，并结合团队的成员所掌握的知识与技能，共同完成创业计划书。

撰写创业计划书不仅帮助学生更好的理解企业创业的各个方面内容，全面做好创业的各项准备工作，同时，也是对学生创业想法的一个全面细致的描述。在最终模拟经营结束后，还要与创业团队最终的经营绩效进行对比分析。通过实际运营管理，可以更真实地检验创业团队初始想法的不足之处以及分析差异的原因。从而帮助参训学生理解应该如何系统全面地写出一份可行的创业计划书，避免撰写过程中凭空猜测或不切实际的想法。

创业计划书撰写实训的主要目的包括以下内容。

（1）熟悉或了解什么是创业计划书。
（2）掌握创业计划书的内容结构与基本的编写方法。
（3）了解如何做好创业计划书撰写前的各项准备工作。
（4）以团队为单位结合商业背景完成一份完整的创业计划书。
（5）掌握如何向各方面人员讲解介绍创业计划书的核心内容与要点。

时间：4小时

说明：学生组建团队，给公司取名，分析商业背景环境及运营规则，在课前完成公司的创业计划书。

实验室建设布局："创业之星"采用B/S架构，支持基于互联网的应用，在具体实验室的建设时可灵活设置，一般采用标准的教室即可。由于课程是以小组为基本学习单位，结合讲师讲解、小组讨论、模拟操作，因此教室内的摆设与一般教室不同，以岛形摆放桌椅的方式为佳。每个小组建议的人数在4~6人，总的小组数建议在10组以内，如学生人数较多，可适当增加小组数。当然如果是进行竞赛，理论上不限总的小组数量。

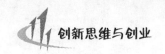

授课教师需要一台电脑,使用教师端系统,用于控制整个授课进程及对各小组表现进行分析点评。学生按小组为单位,每小组至少有一台电脑,用于模拟操作运营及查阅各项运营资料数据。如条件许可,每小组也可配备多台电脑,最多一人一台,这样在使用中可方便所有学员查看操作运营资料及数据,并方便独立完成相关的操作。

一、教师的课前准备

1. 学生管理准备

(1)如是必修课,则以班级为单位进行训练;如是选修课,应提前一周将参加课程训练的学生名单、所属院系统计报名完成。

(2)所有参加训练课程的学生按照 4~6 人一组的形式分成若干个小组。可以由学生自由组队或由教师统一安排分组。如是综合选修课程,建议不同专业的学生混合组队效果更好。

(3)将分组的名单告知学生,以便于学生在课前进行相关知识的准备工作。同时小组成员可以根据发放的背景资料提前进行讨论,制定企业发展规划。

(4)提前一天以上,教师应登录"创业之星"系统,创建新的班级,调整好课程参数,做好开课前的准备工作。

2. 教学授课准备

(1)教师在课程实施前结合教材中相关的知识内容以及每一阶段的教学任务,完成备课工作。

(2)教师在课程实施前将课程的教学目标告知学生,以便于学生在课前就相关的知识进行学习准备。

(3)教师在课程实施前三天,将"创业之星"训练平台中的模拟商业环境背景、模拟系统中的数据规划以及学生手册发给学生,以便于学生在课前对模拟商业环境有所熟悉。

(4)在每一轮模拟经营结束之后,下一轮模拟经营开始之前,教师应将各小组的经营结果和分析图表下发给学生,以供学生在课后总结,并为下一轮模拟经营课程做学习准备。

二、学生的课前准备

(1)与自己所在的小组组员建立联系,并打造良好的合作情感基础。

(2)与小组成员一起就模拟商业环境的数据规则和背景资料进行讨论,熟悉企业的创业背景和将要参与竞争的环境。

(3)在课前完成相关知识的学习准备,包括企业创业登记注册的流程及运营管理需要用到的知识。

(4)在课前根据教师下发的教学目标,完成相关知识内容的学习。

(5)在每一轮模拟经营结束之后,下一轮模拟经营开始之前,学生应将教师所下发的经营结果和分析图表进行分析,在课后与组内成员一起对竞争形势进行探讨,并完成一些必要的知识储备。

三、实训内容步骤

1. 撰写创业计划书概要

参照创业计划书的撰写模板，结合创业项目和企业实际情况撰写创业计划书的概要。在"创业之星"创业模拟实训平台中，主要根据系统中设定的商业背景环境来撰写。所有学生面临的是同一个商业环境，并互相竞争合作。

2. 完成创业计划书

参训学生应根据创业之星模拟实训平台的背景环境资料，结合市场竞争形势完成一份完整的创业计划书。创业计划书的主要内容应包括计划摘要、公司简介、市场分析、竞争分析、产品服务、市场营销、财务计划、风险分析、内部管理、附件资料。

3. 形成实训报告

完成创业计划书的模拟实训后，除了创业计划书本身的结构与内容的完整性外，在后面实际完成企业两年创业管理后，要将实际运营的绩效结果与创业计划书的规划预期进行对比，检验创业计划书规划的准确性与合理性。

判断创业企业能否生存的五个方面：

（1）完成你的创业计划书——企业能否赢利。

（2）你的创业能力素质和创业团队的优势？——你是否是一个合格的创业者？你的创业团队是否是一个"能力互补型"的创业团队？

（3）有没有足够的资金来源？

（4）这个市场有多大？

（5）请专业的人士审核你的创业计划的可行性并提出优化建议。

本章小结

撰写创业计划书是创业的第一步，也是非常重要的一步。不论创业者是为了融资需要，还是为了自己更好地理解企业的发展规划，撰写一份完整的创业计划书都非常有意义。本章通过对创业计划书的内容与结构的讲解，介绍了如何撰写一份优秀的创业计划书。这部分内容同时也是后面创业管理实训的基础。

复习思考题

1. 什么是创业计划书？
2. 为什么要撰写创业计划书？创业计划书的主要作用是什么？
3. 创业计划书的主要内容和撰写要点包括哪些？
4. 在撰写创业计划书时，要注意哪些问题？

第九章 创业准备

创业，是创建一个经济组织，是实现个人发展目标；是一种经济功能和个人特质……

创业让一个人实现从"职业"到"事业"的转型，这样的诱惑常常让大多数人的天平最终向创业倾斜。多数人都想创业，都想有一个属于自己的事业，哪怕它很小很小。

创业的准备可以概括为"三部曲"：第一步是衡量自己具备哪些创业素质；第二步是评估一下自己是否适合做老板；第三步是对创业计划做出可行性评估。

【知识目标】
1. 了解企业的组织选择、注册条件等；
2. 熟悉给企业取名以及标志设计的要求和技术；
3. 掌握企业注册的程序和内容。

【能力目标】
1. 能够根据企业的特征选择适合自身的组织形式；
2. 能够选择适合的企业名称和企业标记；
3. 能够顺利地完成企业工商注册。

 导入案例

公司章程的法律效力

上海万达机电工业服务公司（简称万达公司）系由中国机械工业供销公司华东公司（简称华东公司）开办，1985年12月17日，万达公司制定集资章程，主要规定有：① 集资对象限于华东公司内部员工，以自愿方式申请入股；② 每股股金100元，每人限购5股，发股金券；③ 股东入股后，不得中途退股；④ 给股东发放股息及红利。

同时又订立补充规定：① 集资期限，不定期（中途不退股，除股东死亡或调往外单位）；② 集资金额，其中个人股3.47万元，集体股7万元，投资者对经营共负有限经济责任，以出资额为限度。沈振伦、茹兴之等33人自1985年根据集资章程的规定，入股万达公司，成为万达公司股东，并享有股息、红利分配权。1986年2月4日，万达公司又制定公司章程，该章程重申了1985年集资章程的基本规定，但该章程第十一条规定：本章程各条款，如与上级规定有抵触按上级规定执行。1992年6月29日，华东公司办公室会议决定，万达公司已离退休股东的股金，自同年7月1日起连同本息发还本人，以便吸收新股。万达公司即实施退股，遭沈振伦等33人强烈反对，万达公司即经沈振伦等人的"浦江卡"将其股金及到期红利转入个人名下，强行退股。

沈振伦等33人遂向法院起诉，认为万达公司违反集资章程规定，擅自将其股金退出，剥夺其股息红利分配权，侵害了股东权益，要求判决万达公司恢复其股东权利。

法院经审理，确认万达公司1985年集资章程合法有效，1986年万达公司章程第十一条应确定为无效。据此判决：万达公司应收回沈振伦等33人的股金，恢复其原有的股东权利。

万达公司不服一审判决，遂向上海市中级法院提起上诉。

二审法院经审理后作出判决，驳回上诉，维持原判。

【思考】

在公司经营管理实践中，应如何认识章程的效力与作用？并分析在现代公司制度中，如何做到既维护公司经营管理自主权，又切实保障股东合法权益呢？

第一节 企业形式选择

企业在设立之前，必须确定其组织形式。目前我国企业有三种基本组织形式：个人独资企业、合伙企业、公司企业。其中2/3的企业采用公司企业的形式。对于个人创业来说，一般采用个人独资企业和合伙企业的形式。当企业发展到一定规模，就可能改组为公司企业的形式。

一、个人独资企业

个人独资企业是指依法设立的，由一个自然人投资，财产为投资人个人所有，投资人以其个人财产对企业债务承担无限责任的经验实体。其特点在于个人企业不是法人，需要承担无限责任。

1. 设立个人独资企业应具备以下条件

（1）投资人为一个自然人，法律、行政法规禁止从事营利性活动的人，不得作为投资人申请设立个人独资企业；

（2）有合法的企业名称；

（3）有投资人申报的资金；

（4）有固定的生产经营场所和必要的生产经营条件；

（5）有必要的从业人员。

2. 个人独资企业的优势

（1）企业设立、转让和解散行为手续非常简便，仅需向相关机关登记即可；

（2）企业主独立经营，制约因素较少，经营方式灵活性强，能迅速对市场变化做出反应；

（3）利润归企业主所有，不需要与其他人进行再分配；

（4）在技术和经营方面易于保密，从而保护其在市场中的竞争地位；

（5）若企业主因其个人努力而使企业获得成功，则可以满足个人的成就感。

3．个人独资企业的劣势

（1）当个人独资企业的财产不足以清偿债务时，企业将依法承担无限责任，必须要以其个人的其他财产予以清偿，因此经营风险较大；

（2）一般来说，个人独资企业受信用限制不易从外部获得资本，如果企业主资本有限或者经营能力不强，则企业的经营规模难以扩大；

（3）一旦企业主发生意外事故或犯罪、转业、破产，则个人独资企业也随之不复存在。

二、合伙企业

合伙企业是指依法设立的，由各合伙人订立合伙协议，共同出资、合伙经营、共享收益、共担风险，并对合伙企业债务承担无限连带责任的营利性组织。

1．合伙企业的设立条件

（1）有两个以上的合伙人，且都是依法承担无限责任者；

（2）有书面的合伙协议；

（3）有各合伙人实际缴付的出资；

（4）有合伙企业的名称；

（5）有经验场所和从事合伙经营的必要条件。

法律、法规禁止从事营利性活动的人，不得成为合伙企业的合伙人，如公务员、机关、学校、医院、部队等机构人员。

2．合伙企业的优势

（1）出资人较多，扩大了资本来源和企业信用能力；

（2）合伙人具有不同的专长和经验，能够发挥团队的作用，各尽其才，增强企业的管理能力；

（3）资本实力和管理能力的提高，增强了扩大企业经营规模的可能性；

（4）注册手续简便，费用低廉；

（5）税收较低，只需要缴纳企业所得税，不用缴纳个人所得税。

3．合伙企业的劣势

（1）在合伙企业存续期，如果某一合伙人有意向合伙人以外的人转让其在合伙企业中的全部或部分财产份额时，必须经过其他合伙人的一致同意；

（2）当合伙企业以其财产清偿合伙企业债务时，其不足的部分，由各合伙人用其在合伙企业出资意外的个人财产承担无限连带清偿责任；

（3）尽管合伙企业的资本来源及信用能力比个人独资企业有所增加，但其融资能力仍然有限，不能充分满足企业进一步扩大生产经营规模的资本要求；

（4）易内耗，合伙企业各合伙人平均享有权利，一旦有隙，决策就难以达成一致意见，容易造成互相推诿的局面；

（5）合伙人财产转让困难，合伙人向外转让其出资必须经过所有全体合伙人同意，退伙也同样存在这个问题，除非订立合伙协议时有明确规定，否则难以抽身。

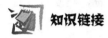 **知识链接**

合 伙 人

概念：通常是指以其资产进行合伙投资，参与合伙经营，依协议享受权利，承担义务，并对企业债务承担无限（或有限）责任的自然人或法人，合伙人应具有民事权利能力和行为能力。

责任形式：是指合伙人对合伙企业债务承担责任的方式，是合伙企业区别于法人企业的基本特征。对于合伙人的责任形式，不同国家的法律有不同规定，有的要求所有合伙人都承担无限责任，有的规定合伙人可承担有限责任，有的允许部分合伙人在有人对企业债务承担无限责任的基础上承担有限责任，有的还要求承担无限责任的合伙人对企业债务负连带责任。中国合伙企业法规定，合伙人要对合伙企业债务承担无限连带责任。

权利义务：一般而言，合伙人的权利为经营合伙企业，参与合伙事务的执行，享受企业的收益分配；义务为遵守合伙协议，承担企业经营亏损，根据需要增加对企业的投入等。合伙人的权利义务通常由合伙协议予以规定，对于一些特定的权利义务也可以在事后由全体合伙人共同规定。

三、公司企业

公司是指在中国境内设立的有限责任公司和股份有限公司。二者都是企业法人。

有限责任公司，是指股东以其出资额为限对公司承担责任，公司以其全部资产对公司的债务承担责任的企业法人。

股份有限公司，其全部资本为等额资本，股东以其所持股份为限对公司承担责任，公司以其全部资产对公司的债务承担责任的企业法人。

 知识链接

股东和董事：股东是股份公司的投资者，董事是由股东选举产生，属公司的管理者，董事会主席是董事会的负责人。香港特别行政区对公司要求至少有两位股东和董事，多出两位股东的，不一定每个股东都成为董事，但董事至少是两位，其中一位可以是董事会主席。

代理股东和代理董事：某些投资者或经营者为了达到隐藏身份的目的，委托他人出任董事或股东一职，这类受委托人称为代理股东和代理董事。

就代理股东而言，委托—代理双方会签署一份委托协议和预先签妥的股权转让书等，这样一来，公司真正的拥有者可以随时证明其身份，并且可以在必要的时候，随时把代理股份转给自己或他人。

就代理董事而言，双方会签署代理协议书，而且说明代理董事须按照公司真正拥有者的指示行事，因此公司真正拥有者的利益得到保障。当然幕后董事须签署一份保证不会令代理董事受损的担保书。

1. 有限责任公司的设立条件

有限责任公司由 50 个以下的股东共同出资设立，一是股东符合法定人数；二是股东

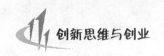

出资达到法定资本最低额度;三是股东共同制定公司章程;四是有公司名称,建立符合有限责任公司要求的组织机构;五是有公司住所。

2. 一人有限责任公司设立的特别规定

新的《公司法》规定了"一人有限责任公司",是指只有一个自然人股东或者一个法人股东的有限责任公司。一人有限公司的注册资本最低限额为 10 万元人民币。股东应当一次足额缴纳公司章程规定的出资额。

一个自然人只能投资设立一个一人有限责任公司。该一人有限责任公司不能投资建立新的一人有限责任公司。

一人有限责任公司应当在公司登记中注明自然人独资或法人独资,并在公司营业执照中载明。

一人有限责任公司章程由股东制定。一人有限责任公司不设股东会。一人有限责任公司的股东不能证明公司财产独立于股东自己财产的,应当对公司债务承担连带责任。

3. 股份有限公司的设立条件

股份有限公司可以采取发起设立和募集设立,设立股份有限公司,应当有 2 人以上 200 人以下的发起人,其中须有半数以上的发起人在中国境内有住所。发起设立是指由发起人认购公司应发行的全部股份而设立公司;募集设立是指由发起人认购公司应发行股份的一部分,其余股份向社会公开募集或向特定对象募集而设立公司。

设立股份有限公司应当具备六个条件:

(1) 发起人符合法定人数;

(2) 发起人认缴和社会公开募集的股份达到法定最低限额;

(3) 股份发行、筹办事项符合法律规定;

(4) 发起人制定的公司章程,经创立大会通过;

(5) 有公司名称,建立符合股份有限公司要求的组织机构;

(6) 有公司住所。

4. 公司企业的优势

(1) 公司股东只对公司承担有限责任,与个人的其他财产无关,因而股东的风险不大,并且股份有限公司的股东还可以通过自由转让股票而转移风险;

(2) 通过公开发行股票,提高了公司的社会声望,因而融资能力很强;

(3) 公司具有独立存续时间,除非因经营不善导致破产或停业,不会因个别股东或高层管理人员的意外或离职而消失;

(4) 对比个人独资企业和合伙企业,公司的所有权与经营管理权分离,可以聘任专职的经理人员管理公司,因而管理水平高,能适应激烈的市场环境。

5. 公司企业的劣势

(1) 公司设立的程序比较复杂,创办费用高;

(2) 按照相关法律要求,股份有限公司需要定期披露经营信息,公开财务数据,容易造成商业机密的外泄;

(3) 由于公司是从社会吸纳资金,为了保护利益相关者,政府对公司的限制较多,法律法规的要求也较为严格。

第二节　企业名称设计及名称登记

企业及企业产品的名称对消费者的选择是有直接影响的,索尼公司创始人盛田昭夫曾经说过,"取一个响亮的名字,以便引起顾客美好的联想,提高产品的知名度和竞争力。"

商号虽然只是几个汉字的组合,但表现的绝不仅是几个汉字所固有的含义。家喻户晓的可口可乐,其商誉已值 334 亿美元,早在 1967 年,可口可乐就宣布,即使公司一夜之间化为灰烬,照样可以起死回生,因为凭借其商誉,立即就有大银行找上门来贷款,这就是著名商号的独特魅力。

一、命名方法

(1) 对外征求。如声宝公司,曾经悬赏 100 万,广征天下的好创意为其命名,并成功打开了新公司的知名度。

(2) 广告公司。由数位创意人员,凭智慧构思。

(3) 命名公司。在国外,厂商命名都会找专业的公司来企划。

(4) 电脑命名。在日本,像资生堂、索尼、科尔比斯、富士胶卷、松下等知名企业都先后找过电脑命名公司替他们命出好名。电脑命名的代价不菲,如果只是行销国内品牌,一个 3 万美元左右;如果是国际行销品牌,一个为 5~10 万美元。

二、命名依托

(1) 地名。如长江企业公司、黄河集团公司、泰山集团公司、嘉陵摩托等。

(2) 吉祥和社会喜爱之物。如南京熊猫电子集团公司、猴王电焊公司、春兰集团公司等。

(3) 富贵气派类词语。一类是直白的企业名竭力显示自己不同凡响的气派,如金利来、富贵鸟、小霸王、帝王酒店等;一类是含蓄的,如天龙、巨人、高雅、时代等品牌名称。

(4) 传统商业味极浓的名称。如一些中华老字号的企业,大都属于带吉祥、吉利的汉字组合,取其经营生产吉利之意。

(5) 现代意味的名字。为了顺应时代趋势,迎合消费者的现代审美情趣取名,如百盛集团、燕莎商厦、美加净化妆品等。要注意的是,现在许多名字只注重表面的华丽意味,不注意名称的含义,这种企业名称,最终会失去文化内涵而淘汰。

三、命名要求

(1) 注重人和,起名时致力挖掘企业名称的文化底蕴。

(2) 注重地利,起名时致力拓展企业名称的历史潜能。

(3) 注重天时,起名时致力开发企业名称的时代内涵。

(4) 应强化标志性和识别功能,避免雷同。

(5) 应加强企业命名与品牌、商标的统一性。

（6）应避免无特征的企业名称，要突显名称的个性。

 **知识链接**

企业品牌命名的要求

品牌的传播力要强：成功品牌与普通品牌的区别就在于知名度，因此即使产品名字听起来很美，但是传播力不强，这样的命名就是失败的。

脑白金是一个传播力很强的品牌，脑白金三个字通俗上口，人们在听到这个名称时，就自然想到两个属性：一个是产品作用的部位，一个是产品的价值。当然脑白金的成功还有多其他因素，但显然成功的命名是不能缺少的。

品牌名的亲和力要浓：同样是国际知名品牌香皂，舒肤佳和力士的市场占有率就截然不同，这就是亲和力的问题，品牌的亲和力取决于品牌名称用词的风格、特征、倾向等因素。力士这个品牌名虽然传播力强，但亲和力却远不如舒肤佳直接。力士给人感觉生硬、男性化，但我们知道，一般情况下，家庭中采购香皂的是家庭主妇，因此这一名称与消费者的喜好显然有冲突。

品牌名的保护性要好："螳螂捕蝉，黄雀在后"是所谓追随者的竞争战略。他们有敏锐的嗅觉，时刻都在打探钻营的机会，而企业缺乏保护自己的品牌名的意识恰恰给他们提供了这样的机会。脑白金、泰诺、曲美等品牌都是通过注册商品名来给产品命名的。

四、命名规则

公司名称既要注重"连续性"又要注重"国际性"，更要注重"发音性"和"简单明了"，"企业形象提升"等诸多特性。

1. 移情别恋

新成立公司最好与旧公司能有连续性，好让消费者产生"移情别恋"之心。如宝洁公司就有同一公司生产的多种洗发及洗涤用品问世。

2. 升级换代

如果新商品名出现后不能将旧商品升级还是会很容易拖垮企业形象，"××可乐"之后出现"××纯净水"即是一例。比较保守的公司通常会以母品牌带动子品牌来确保升级成果。

3. 异曲不能同工

像"英姿带"、"背背佳"争争吵吵又过了许多时候还是没个结果，各有各的成立理由。

4. 使名字具有冲击力

广告人希望广告产生"冲击力"，但能做到的很少。

5. 全球能行

有一家汽车公司取名"NOVA"后，在西班牙上岸后发现该名称意思为"不会走的东西"，自然不被消费者接受。

6. 没有歧义

一家日本蛋糕公司庆幸自己取了"LAPUTA"名字，但在葡萄牙的时候变成"烟花女"，自然是无人问津，这与上述规则类似。

7. 天下一家

公司命名要树立全球意识，发音要符合外国人发音习惯，像"CANON""FUJI"的共同性就是"简洁有力带韵律"。

8. 中英一致

要关注中文的英文表达力，缺少意境的名字，商品很难和消费者结缘。

9. 适合远观

如果公司名称无法从很远的地方就让开车人或旅客辨识，那么广告效果会大打折扣。

10. 适合书写

字形的设计过于复杂难以书写，那么结果必定不尽人意。

11. 不要自相矛盾

商品名与公司从事行业不能自相矛盾，如某进出口公司却实际是卖烧饼的，一个取名香格里拉的商店却是卖烟草的，这些都是矛盾和不恰当的。

五、注意事项

（1）字音念起来会不会很顺口，容易记住；大家比较一个名字"飞龙"，一个"鼎毓"，哪个更容易记住？

（2）和别的公司名称有没有类似？会不会混淆？如果一条街上既有"福林"又有"永林"、"青林"等公司，岂非混乱？

（3）字义的意境优美，符合公司形象；如"香奈儿"就很符合其华丽的公司形象。

（4）外国人容易发音，容易以英文表达的，但切记音译过后的意思与企业原有的主营矛盾。

（5）一秒钟内能让人知道在卖什么东西。如"慈航""普济"就让人容易联系到佛教用品。

六、企业名称登记

名称登记是企业登记的第一步，有几个注意的问题。

1. 结构

企业名称应该是由行政区划、字号、行业、组织形式一起组成，如"江苏省××房地产开发有限公司"是指注册在江苏省的房地产公司。

2. 外资

外商投资占注册资本85%以上的，允许企业名称中的行政区划置于字号之后、行业之前或行业之后、组织形式之前，例如，汇丰数据处理（上海）有限公司。

3. 中国

要用中国字样的，需要到国家工商总局申请。

企业名称登记相关事宜需按照企业名称登记管理规定执行。

第三节 企业注册登记

企业注册时,申请人向企业住所所在地的区县工商分局申请开业登记,它有两个基本要求。

第一,开业者要符合国家规定的开业条件。根据相关条例,工商企业申请登记时,应符合下面的基本条件:
(1) 有固定的生产经营场所和必要的设施;
(2) 有固定的人员;
(3) 有必要的资金;
(4) 常年生产经营或季节性生产经营在3个月以上;
(5) 有明确的生产经营范围并符合国家有关政策法令。

第二,要备齐以下法律文件,包括:
(1) 企业筹建人签署的申请登记书;
(2) 政府部门或主管部门的批文;
(3) 企业章程;
(4) 企业主要负责人的名单和身份证明。

一、开业登记的基本程序

1. 领取并填写工商注册登记表,提交相关文件、资料、办理入资、验资手续,经登记主管机关受理、审核、核准、发照等环节后,领取工商营业执照。营业执照分为正副两种文本,正本为悬挂式,用于企业亮证经营;副本为折叠式,用于携带外出进行经营活动。
2. 进行企业代码登记,刻公章,开设银行账号。
3. 创业者要分别到国税局和地税局领取并填写《申请税务登记报告书》,领取税务登记证和各种发票,必须在领取营业执照30日内完成。
4. 办理各种社会保险统筹及就业证。

二、个人独资企业的登记

申请设立个人独资企业,应当由投资人或者其代理人向个人独资企业所在地的登记机关提交设立申请、投资人身份证明、生产经营场所使用证明等文件。委托代理人申请设立登记时,应提交投资人的委托书和代理的合法证明。

个人独资企业设立申请书应当写明以下事项:
(1) 企业的名称和住所,其中名称应当与其责任形式及从事的营业相符合;
(2) 投资人的姓名和住所;
(3) 投资人的出资额和出资方式;
(4) 经营范围。

登记机关收到设立申请文件之日起15日以内,对符合规定条件的,予以登记并发给营业执照,营业执照的签发日期为个人独资企业的成立日期。

三、合伙企业的登记

设立合伙企业，应当由全体合伙人制定的代表或共同委托的代理人向企业登记机关提交登记申请、合伙协议书、合伙人身份证明等文件。

合伙企业的登记事项包括：

（1）合伙企业的名称和住所，其中名称中不得出现"有限""有限责任"的字样；

（2）经营范围；

（3）经营方式；

（4）合伙人的姓名、住所、出资额、出资方式。

申请设立合伙企业，应当向登记机关提交下列文件：

（1）全体合伙人签署的设立登记申请书；

（2）全体合伙人的身份证明；

（3）全体合伙人制定的代表或共同委托的代理人的委托书；

（4）合伙人的书面协议；

（5）出资权属证明；

（6）经营场所证明；

（7）国务院工商行政管理部门规定提交的其他有关批准文件。

合伙企业的营业执照签发日期为合伙企业的成立日期，合伙企业领取营业执照之前，不得以合伙企业名义从事经营活动。

四、有限责任公司的登记

1. 设立有限责任公司，应提交以下文件

（1）公司董事长签署的公司设立登记申请书；

（2）全体股东指定代表或共同委托人的证明；

（3）公司章程；股东应当在章程上签名，盖章；

（4）具有法定资格的验资机构出具的验资证明；

（5）股东的法人资格证明或自然人身份证明；

（6）载明公司董事、监事、经理的姓名、住所的文件及有关选举委派聘用的证明；

（7）公司法定代表人任职文件和身份证明；

（8）企业名称预先核准通知书；

（9）公司住所证明；

（10）公司申请登记的经营范围中有法律、行政法规规定必须报经审批的项目的，须申请登记前经有关部门审批，并向公司登记机关提交批准文件。

2. 出资额

有限责任公司注册资本为在公司登记机关登记的全体股东认缴的出资额。公司全体股东的首次出资额不得低于注册资本的20%，也不得低于法定的注册资本的最低限额，其余部分由股东自公司成立之日起两年内交足。其中，投资公司可以在五年内交足。

五、企业工商登记的法律文件及后续的其他程序

1. 工商登记

（1）在拟办企业所在地区工商局领取申请表格；

（2）查询拟办企业名称；

（3）由会计事务所验资；

（4）准备文件；

（5）向工商局提交申请表并准备文件，审批执照；

（6）工商局颁发执照。

2. 刻制图章

凭工商执照刻制公章、法人章、财务章。

3. 申请企业代码证

凭工商执照介绍信去技术监督局办理企业代码证书。

4. 税务登记

（1）在企业所在地就近开立银行账户；

（2）向企业所在地区税务局申领税务登记申请书；

（3）向税务局提交税务登记申请书并准备文件；

（4）税务局审核后颁发税务登记证；

（5）领购发票。

本 章 小 结

企业在设立之前，必须确定其组织形式。按照有关法律，目前我国企业有以下几种基本的组织形式：有限责任公司、一人有限责任公司、国有独资公司、股份有限公司。对于个人创业来说，一般采用有限责任公司形式。企业取得法人资格有一项程序性条件，即由申办单位或个人提出申请，经工商行政管理机关审核，准予登记注册的，领取《企业法人营业执照》。在我国，企业法人登记和营业登记是结合在一起的，对企业法人不另做营业登记。企业及产品的名称对消费者的选择会有直接的影响，因此要能选择合适的企业名称和标志设计方法。

复习思考题

1. 如何为一家以企业家为核心特质的管理咨询公司取一个特别富有创意的名字？

2. 根据新《公司法》，新创业企业有哪些组织形式？各有什么特点？

3. 企业取得法人资格有哪些程序性条件？不同形式的企业公司行政管理登记注册时要提供哪些文件？

第十章 创业管理

创业管理是一个系统的组合,并非某一因素起作用就能致使企业的成功。决定持续创业成功的系统必须要包括创新活力、冒险精神、执行能力以及团队精神等方面,由此使创业企业来把握机会、环境、资源和团队。

创业管理的根本特征在于创新,创新并不一定是发明创造,而更多是对已有技术和要素的重新组合;创业并不是无限制地冒险,而是理性地控制风险;创业管理若没有一套有效的成本控制措施以及强有力的执行方案,只能导致竞争力的缺失;创业管理更强调团队中不同层级员工的创业,而不是单打独斗式的创业。

【知识目标】
（1）了解初创企业的组织结构及其设计方法；
（2）掌握初创企业战略制定和战略控制的方法，以及战略选择的具体内容；
（3）掌握初创企业营销的流程和步骤以及营销中的关键步骤；
（4）掌握企业基本财务知识，掌握成本控制和财务分析的基本方法；
（5）掌握生产企业物料需求计划、主生产计划、产品生命周期管理等内容；
（6）掌握初创企业人力资源管理方法。

【能力目标】
（1）能够根据企业自身特征制定企业战略；
（2）能够根据企业产品制定营销策略；
（3）能够读懂企业基本财务报表；
（4）能够根据企业自身状况制订人力资源管理方案。

 导入案例

花卉公司 12 个月的短暂"花期"

激情和失败，是第一次创业的两个亲密伙伴。因为是第一次，所以有激情，因为有激情所以容易冲动，这又往往导致失败。

北京金考花卉公司在市场竞争中仅仅存活了一年就宣告夭折，一年的创业之路并不长，但金考的创业经历却值得创业者们引以为戒。

自己创业的感觉真爽

北京金考花卉公司正是一家以荷兰花卉进口为主业的股

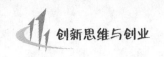

份制公司。几位厌倦了年复一年给别人打工的年轻人，凭借一股创业热情，于2002年3月创办了自己的公司。"自己创业的感觉真爽"这是一位老金考人当时的体会。

创业初期的梦想总是纯真而美好的，金考的三位原始股东依据各自的长项进行了分工：有荷兰花卉进口经验的一位主要负责与荷兰方面进行沟通以及进口审批、清关等事宜；曾在花卉圈摸爬滚打数年的两位分别负责北京市内和外埠的零售批发事宜。

框架搭起来了，合作模式基本确定，渠道是现成的，但看似一片光明的发展前景却从一开始就笼罩在北京漫天的黄沙之下。

随着公司业务的不断发展，矛盾与分歧与日俱增。公司治理机制不明确，货源品种选择不当，销售渠道不顺畅和彼此缺乏诚意的合作等，都成了金考必须面对的症结。这些症结注定了金考的前途和命运。

一切都是管理惹的祸

在金考的几大软肋中，公司管理机制不明晰首当其冲。由于我国花卉产业起点较低，政策及花卉从业人员的经营意识限制了花卉企业向现代企业运作模式的迈进。金考同样未能避免因管理、经营意识欠缺而造成的短板。

金考公司虽然是股份合作企业，但在内部管理和组织机构上依然停留在个人单打独斗的"原始"状态上。由于缺乏必要的管理意识，使那些仅仅为"不算错钱"而制定的规章制度显得很苍白：员工手册只约束了"伙计"的行为；销售日报只起到反映销售流水的作用；库房台账只能表明还剩些什么商品。而真正反映企业资金流和盈利能力等财务状况的财务制度，直至金考倒闭时仍未建立；相关的财务数据只是凭借掌握在一个人手中的几组销售、进货数值简单地进行算术加减而得到。

2003年春，金考的一位粗学了会计学的股东拿出自己编制的财务报表，发现历时不到一年的金考账面亏损竟然达到数十万元。"这一切都是管理惹的祸。"这位金考人苦笑着。

事实上，金考缺乏的并不仅仅是有效而完备的财务制度，在日常管理、票据流程上同样存在不小的漏洞。据金考公司的一位股东回忆：由于无法形成有效的公司议事机制，导致在2002年不断更换基地及经营场所，造成至少5万元以上的损失；而其他诸如不加慎重考虑而损失的运费、办公费及滥发员工工资、奖金的例子更是不胜枚举。很明显，如此之管理现状对家底并不殷实的金考来说不啻于蚁穴之溃堤。

2003年3月，金考的创业之路走到了尽头。

请问：金考公司的失败给我们哪些启示？

第一节 初创企业组织结构设计

在创业阶段，主要侧重于生产和销售，组织机构是非正式的，是简单、灵活而集权的，管理体系以追求市场结果为导向。

一、组织设计的含义与内容

组织设计是对组织活动和组织机构的设计过程，主要是对组织机构的设计。组织设计体现在三个方面。

（1）指管理者在一定组织中所建立起来的最有效的相互关系，是一种合理化及习惯性的工作关系。

（2）组织设计的结果是组织架构形式。

（3）确定组织架构内容：工作职务专业化、部门化、确定直线与参谋的关系、建立职权指挥系统、集权与分权机制、建立有效的协调手段。

二、组织设计的原则

（1）任务目标原则。任何组织都有特定的任务和目标，每个组织及其组成部分，都应当与这一目标相关联；组织的调整、增加、合并或取消都应该以能否实现目标为标准。

（2）分工协作原则。做到分工合理，协作明确。每个部门及员工的工作内容、工作范围、相互关系、协作方法等，都应有明确规定。

（3）命令统一原则。实质是要进行统一领导，消除多头领导和无人负责现象，保证全部活动的正常进行。

（4）管理幅度原则。管理幅度也称为管理跨度，是指领导者直接指挥下级的人数，一般以4~8人为宜。

（5）集权和分权相结合原则。集权与分权的关系是辩证统一，一般表现为统一领导、分级管理。集权到什么程度，应该以不妨碍基层人员积极性为限；分权到什么程度，应该以上级不失去对下级的有效控制为限。

（6）责权利相对应原则。是指有了分工，就意味着明确了职务，承担了责任，就要有与职务和责任相对应的权力和利益。

（7）精干高效原则。精干高效，既是组织设计的原则，又是组织联系和运转的要求。精干不等于越少越好，而是不多不少，一个顶一个，保证需要的最少。

（8）稳定性与适应性相结合原则。因为组织的变动，会涉及人员、分工、职责、协调等各方面的调整，对人员的情绪、工作方法、工作习惯会产生各种影响，因此组织机构应当保持相对的稳定性。

（9）执行和监督分设原则。执行机构和监督机构应当分开设置，不应合二为一。只有分开设置，监督机构才能真正起到监督作用，才更有利于暴露问题和解决矛盾。

三、组织设计的程序

（1）对管理工作过程的总设计。围绕创业目标的完成进行管理过程的总体设计，在管理方案中要能实现管理的四个衔接：工作目标衔接、岗位衔接、实物衔接、信息衔接。

（2）设计管理岗位。管理岗位是组织结构的基本单位，岗位设置要适度，既要考虑管理工作过程的需要，又要考虑管理的方便。

（3）规定岗位的输入、输出与转换。设计岗位时，要对岗位进行工作分析，规定输入与输出业务的名称、时间、数量、表格、实物、信息等，并寻找出该岗位最优化的管理程序，并用工作规范固定下来。

（4）给岗位定员定编定质。按工作量需要确定人员编制，按岗位分析，确定人员素质。

(5) 规定岗位人员的考评机制与薪资制度。
(6) 设置控制的组织机构。

四、组织机构的设计

组织结构类型大致分为直线制组织形式、职能制组织形式、直线—职能制组织形式、矩阵组织、分权事业部制组织、立体多维组织等，详细内容可以阅读相关书籍。

对于创业初期的企业，组织机构比较简单，经理与员工之间不设组织结构的障碍，很多核心管理者又是技术员又是业务员。对于制造业，一般来讲，创业初期大致分为以下几个部门。

(1) 技术部门：技术支持，新产品开发等。
(2) 营销部门：市场开拓与产品销售，营销策划，公关等。
(3) 生产部门：原材料采购，产品生产、包装，库存管理，生产计划等。
(4) 财务及行政部门：财务管理，人事管理，办公室等。

创业初期的企业管理，常常是出于一个层次，即总经理与各部门没有层次障碍。创业者可以直接深入一线，普通员工可以直接与创业者对话。

 **知识链接**

组织结构七宗罪

按照建筑师的格言"形式服从功能"，一个公司的组织形式应当服从于他的功能即战略。在组织设计中，有七种致死之罪。

倒金字塔

这样的说法非常流行，一般来说，最高层的经理常常认为：公司的领导层处在金字塔的基层，他们的工作就是支持公司的最大多数即一线员工。但实际情况呢？往往事与愿违。

其实领导的思路不妨稍作改动，可以说公司的金字塔是侧倒式，使一线员工能更直接地面对客户。这种结构图可能更诚实。它说明，员工和战士一样，要冲在前线面对顾客。

竖井

现在，大多数经理们都已熟知组织竖井的危险性。这种结构在传统的、功能性的组织中最为普遍。这样的组织适于非常稳定的环境。如果环境快速变化或是有困难意外出现，问题就会产生。成功的时候，每个人都有份。世道一变，忽然间都是别人不好。

一家电子产品制造商遇到了销售下滑。于是销售部埋怨市场部推广不力；市场部埋怨产品开发部开发的产品不对；产品开发部埋怨研发部；而研发部埋怨财务部减少他们的预算；财务部埋怨销售部不卖东西。一个圆圈因此形成了：每个竖井可能负责，也可能不负责，要看你在听哪一方的意见。因为每一个部门都呆在铁壁深井中，所以不同的竖井之间既不讨论也不合作。所有的讨论都冲到竖井之上，在那里相互交融，再返回到竖井中。沟通、决策、矛盾的解决自然慢上加慢，而且更常见的是，这些根本就不存在。

饼状

它和竖井的关系最近，而且最有可能用来加强竖井模式。以饼状改进竖井的组织理念只有死路一条。每一层饼都是组织的一个层级。组织结构图中的层级越多,或者说,饼越多,组织越臃肿、行动越缓慢。对于沟通与决策来说,每一层饼都是一个过滤器,或是障碍物。

层级众多的竖井式组织是为稳定的状态而设计的。它行动缓慢,反对冒险,非常麻烦。在很多国家,这种组织被称作政府机关。

洞穴

如果你把饼放在竖井之间,就出现了洞穴式的结构。经理们被困在两个竖井之间。上面是更高层的经理,下面是地板。更底层的主管们在地板之下活动。经理们观望着外面世界的影子从洞穴入口处闪过。在洞穴里,责任是有限的,沟通是有限的,对外边真实情况的了解也是有限的。

矩阵组织

它意味着对传统层级式的修正。传统组织总是有很多的竖井和饼层,很多的命令与控制级别。有些矩阵组织的成功似乎很简单,他们只是把原先简单的命令与控制复杂化。这就好像节食者问他的医生,他该在饭前还是饭后吃规定的食物。并不是每个人都能理解:矩阵应该窄一些、简单一些,能够代替传统性组织,而不是再往上面增加负担。

一个传统的寿险公司转变成了七个维度的矩阵结构。有的组织单元要面对产品、地域、顾客(按类型分)、顾客(按字母顺序分)、功能、渠道和行业。

爱因斯坦可能能用7种维度想,7种维度做。但是我们大多数人超过2种就有点晕。即便只有2种,在现实中,我们的忠诚和投入总是会向矩阵的一边倾斜。在矩阵组织的一片含糊中,我们希望着确定性。如果要做矩阵结构,记住一定要尽量简化,不要乱做决定,不要什么都想要一点。

虚拟组织

这是为了修正正式的组织结构。在这种模式中,组织结构图被抛到一边。组织强调,每个人都工作在灵活、没有层级、自己组织的团队里。理论上,这是一种高投入、高参与,以及高度灵活的工作环境。如果公司不大,成员之间极度信任,这种模式是可行的。四五个人在初创企业里一起工作当然不需要组织结构图。但是在更大的组织中,明确性是必须的,谁做什么,有什么资源,该有什么成果,这些一点也不能含糊。

虚拟组织模式会恶化矩阵组织的缺点:模糊责任,让人们能寻到藏身之所。

组织圣经

一种致命的东西。一旦经理可以立即从抽屉里生产出一打一打的组织结构图,或是在电脑屏幕上进行上亿次的重复,请保持怀疑态度。一家私有公用设施公司曾有过山一样高的组织结构图,和生产手册并排放在书架上。它成了官僚主义的天堂,顾客的地狱。图中的每一部分都代表一个王国,被每一个国王和王后充满嫉妒地看守着。结果是过量的本位思维:重中之重成了保护和扩大每个王国的地盘。

领导者忘记了,除了结构,还有其他的手段可以控制组织:文化、奖励,测量系统、普通的技能,都可以平衡,或是补充已嵌入到组织结构图中的正式控制层级。

组织结构图的问题并没有放之四海而皆准的解决之道。没有一个结构图可以适合所有的组织。一般来说,你最该做的,就是画好之后把它抛开。绘制组织结构图的过程可以迫

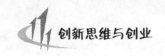

使管理层关注 3 个关键的组织决策：谁该取得什么成就（责任）；组织的资源将如何进行集中与控制；谁该和谁合作？

实施新的组织结构，同样是一个大好的机会，可以重新建立和每个人的心理契约。新的组织应该安排一系列有计划、有目的的谈话，谈一谈管理者与被管理者都希望在新角色中取得什么成果，什么是他们最佳的合作方式。

如果做得好，重组的过程可以让公司重新振奋，重新调整自己的重点。如果做不好，缺乏安稳的状态与办公室政治会降低组织的士气。大多数有效重组的核心是速度、简单和明确的选择。不过，世界如此复杂多变，说起来总比做起来容易。

第二节　初创企业战略规划及策略选择

在选定一个好的创业机会后，创业者应该进行创业战略和策略的选择，这里主要根据波特的竞争战略理论和德鲁克的一些观念来讨论创业战略和策略选择问题。

一、创业战略选择

初创企业进入某一行业后，与原有企业之间必定存在比较激烈的竞争，根据波特的竞争战略理论，初创企业的创业战略可以分为三种，即成本领先战略、产品差异化战略、集中一点战略。

（一）成本领先战略

该战略指导思想是要在较长时间内保持产品成本优势处于同行业的领先水平，并按照这一目标采取一系列措施，使得企业获得同行业平均水平以上的利润。

1. 优点

（1）在与其他企业的竞争中，企业具有进行价格战的良好条件，即可以用低价格从竞争者手中夺取市场占有率，扩大销售量，因而低成本企业享有最高的利润。

（2）在争取顾客的竞争中，产品的低价格使没有使用该产品的顾客也开始使用，已经使用的顾客继续扩大其使用，可以扩大市场占有率。

（3）在争取供应商的竞争中，由于企业的低成本，相对应竞争对手更能承受原材料价格上涨的压力，能承受各种不稳定因素带来的影响。

（4）在与替代品的竞争中，企业可以用减价的方法稳定顾客需求。

2. 缺点

（1）投资较大，企业需要具备先进的设备，才能高效率地生产。

（2）把过多的注意力集中在成本上，会导致企业忽视顾客的需求及其变化趋势，忽视顾客对产品差异的兴趣，忽视顾客对价格敏感性的降低。

（3）由于企业大量投资现有设备和技术，可能对新技术的采用缺乏投入，影响企业的可持续发展。

3．使用条件

（1）初创企业必须具备先进的生产设备。

（2）要严格控制一切费用开支，全面降低成本，最大限度地减少开发研究、服务、推销等其他费用。

（3）该战略适用大批量生产的企业，产量要达到经济规模，才会有较低的成本。

（4）要有较高的市场占有率，要严格控制产品的定价和初始亏损，从而创立较高的市场份额。

（二）差异化战略

企业提供的产品或服务在行业中具有独特性，可以表现在产品设计、技术特性、产品名牌、产品形象、服务方式、销售方式等方面。

1．优点

（1）实行这一战略是利用了顾客对其特色的注意和信任，由此对产品价格的敏感程度下降，可以使得企业避开竞争，在特定领域形成独家经营的市场。

（2）实行这一战略可以获得较高的利润。

2．缺点

（1）要保持产品的差异化，往往要以成本的提高为代价，初创企业要把保持产品经营特色放在第一位，成本降低放在第二位，因此差异化的利润很大一部分就被成本的提高所抵消。

（2）买主对差异化所支付的额外费用是有一定支付极限的，若超过支付极限，低成本、低价格产品和高价格、高差异化的企业相比就有了竞争力。

（3）由于特色产品价格较高，很难拥有很大的销量，这一战略不可能迅速提高市场占有率。

（4）一般来讲，这一战略对生产生活消费资料的企业较为重要，对生产生产资料的企业来说，因产品的同质化，没有创造差异的余地。

（5）产品差异化使同一行业的不同企业间减少了可替代性。

3．产品差异化战略的实施途径

企业要突出自己产品与竞争对手之间的差异性，主要有以下四种基本的途径。

（1）产品差异化战略。产品特征、工作性能、一致性、耐用性、可靠性、易修理性、式样和设计。

（2）服务差异化战略。服务的差异化主要包括送货、安装、顾客培训、咨询服务等因素。

（3）人事差异化战略。训练有素的员工应能体现出六个特征：胜任、礼貌、可信、可靠、反应敏捷、善于交流。

（4）形象差异化战略。

4．企业实施差异化战略还必须具备如下内部条件

（1）具有很强的研究开发能力，研究人员要有创造性的眼光。

（2）企业具有以其产品质量或技术领先的声望。

（3）企业在这一行业有悠久的历史或吸取其他企业的技能并自成一体。

（4）很强的市场营销能力。

（5）研究与开发、产品开发以及市场营销等职能部门之间要具有很强的协调性。

（6）企业要具备能吸引高级研究人员、创造性人才和高技能职员的物质设施。

（7）各种销售渠道强有力的合作。

（三）集中化战略

该战略通过满足特定消费者群体的特殊需要，或者集中服务于某一有限的区域市场来建立企业的竞争优势及其市场地位。其突出特征是企业专门服务于总体市场的一部分。

1．优点

（1）经营目标集中，管理简单方便，可以集中使用企业的人、财、物等资源。

（2）有条件深入钻研进而精通有关的专门技术。

（3）熟悉产品的市场情况，可以提高企业实力，争取产品及市场优势。

（4）由于生产高度专业化，可以达到规模经济效益，降低成本，提高收益。这种战略最适合中小企业。

2．缺点

当市场发生变化、技术创新或新的替代品出现时，该产品的需求量下降，企业会受到严重的冲击。因此，这种企业对环境的适应力差、经营风险大，因此采用此战略应当有应变的准备，做好产品的更新改造工作。

3．使用条件

（1）在行业中有特殊需求的顾客存在，或在某一地区有特殊需求的顾客存在。

（2）没有其他竞争对手试图在上述目标细分市场中采用该战略。

（3）企业经营实力较弱，不足以追求广泛的市场目标。

（4）产品在各细分市场的规模、成长速度、获利能力、竞争强度等方面有较大差别。

二、创业策略选择

创业者进入某一市场是需要讲究一些策略和技巧的，创业策略的选择体现了创业者的智慧、能力和勇气，也反映了创业的艺术性。这里主要以德鲁克的观点来做介绍。

（一）"破釜沉舟"策略

这一策略既不是最主要的策略也不是唯一的策略，也不具有风险低、成功率高的特点，但是它也是许多创业者特别是技术高的创业者常用的策略。其实就是孤注一掷，既不容许犯错，也没有第二次机会，但是一旦成功，将带来极大的回报。其实就是全力以赴，每个创业者都曾有过这样的观念，但未必对每个人都是适宜的，因为这一策略对创业者的要求很高。

创业者必须高瞻远瞩，以创造一个新的产业或市场为目标，至少也要采用一种独特的方法去开辟一项全新的事业。

创业者必须破釜沉舟，全力以赴，只能成功，否则将满盘皆输。因此选择该策略时，必须谨慎地思考和周密地分析与策划。

该策略风险很大，创业者必须非常专注，并格外勤奋努力。当以此策略获得领先地位时，创业者必须适当降低产品或加工的价格，否则便是对竞争者的鼓励。

（二）创造性模仿策略

创造性模仿策略是指在一项新技术和产品即将投入市场或刚刚投入市场的很短时间里，创业者在别人研究开发的基础上，开发出真正使消费者满意的新产品和技术，并迅速占领市场并可能成为该类产品的标准。

这一策略并不是以掠夺原来发明人的市场赢得成功的，而是以充分满足原发明人开拓出来却又未能完全满足的市场而制胜的。创造性模仿是进一步满足已存在的需求，而不是重新创造一个新的需求。这一策略适宜的条件是需要一个迅速发展的市场。

（三）顾客导向策略

顾客导向策略是创业者以顾客为中心，通过创造顾客效用、满足顾客实际需要以及向顾客提供真正的价值等进入市场的一种策略。在这一策略的实施过程中，创业者需要认真思考的是：对于顾客来说，真正的服务是什么？顾客要买的不是产品本身，而是产品的效用。创业者要向顾客提供"价值"，为顾客解决问题，而不是向顾客销售产品。若创业者本着欺骗顾客的观念，那肯定是不会成功的。

（四）利用特殊优势策略

如果创业者拥有独一无二的技术以及与众不同的管理方法，则形成了创业者的特殊优势。这一策略包含了三个方式：设置关卡，采用特殊技术，进入特殊市场。

1. 设置关卡

创业者设置的这个关卡必须是某个过程当中不可缺少的关键产品，关卡位置通常是一些创业者最希望的地位，但是对于关卡位置常常有十分苛刻的要求。

2. 采用特殊技术

如果创业者拥有独一无二的技术，只有自己能做，别人做不了，那么你就拥有了竞争优势。当然这个技术必须是最先开发出来的技术，绝对与众不同或者能够保持与众不同。

3. 进入特殊市场

特殊市场与特殊技术的主要区别在于特殊市场主要建立在对市场的特殊认识上。特殊市场位置和特殊技术位置要求的条件是相同的：对潮流、产业或市场的系统分析以及特定用途的创新。与特殊技术一样，成功是特殊市场位置的最大威胁，尤其是当特殊市场变成大众市场时。

 **实际案例**

从李自成的失败谈创业战略

李自成是个英雄，是中国历史上的悲剧英雄。乱世使李自成从农民成为英雄，中国的转轨期也让成千上万的农民摇身一变成为企业家。剖析李自成的失败案例，对比中国创业企业的起起落落，颇耐人寻味。

中国有句俗话："英雄莫问出处"，如今又有句俗话："英雄莫问去处"。很多当代的农民企业家、草莽英雄们像李自成一样，成为夜空中的流星，闪亮之后就陨落了。

李自成失败的原因很多，重要的一条就是不重视战略管理。由于缺乏战略管理，李自成在战略决策上接连失误。

李自成犯了冒进主义的战略错误。他真正的辉煌始于崇祯十三年（1640），这年他进军河南，获得灾民响应，提出"均田免赋"的政治主张，使队伍急剧扩大，连败明军。崇祯十四年攻克洛阳，杀福王。崇祯十六年，改襄阳为襄京，称新顺王。随后制定了先取关中，再攻山西，后取北京的战略。一年之内，李自成就实现了上述前两个目标。但在形势急剧变化，队伍迅速扩张的同时，李自成及其将领的头脑开始发热，不注重根据地的政权建设、队伍的基础管理，被胜利冲昏了头脑，进军北京只带了6万军队，结果很快招致灭亡。与李自成不同，朱元璋采取了"高筑墙，广积粮，缓称王"的稳健战略，就获得了成功。

在探讨中国企业成长史时，一些数据颇能让人震撼：中国企业平均寿命7年左右，民营企业平均寿命只有3年，中关村（相关行情）电子一条街5 000家民营企业生存时间超过5年的不到9%。中国很多企业之所以稍微上规模就摇摇欲坠，筹资越多犯错越多，最根本原因就是缺乏科学的创业战略，在胜利面前极易发昏，极易做出快速扩张的决策，而在快速扩张时，不注意基础管理，盲目冒进。

据美国《公司》杂志对500家发展最快公司中的100家企业的创建者调查的数据发现，创业者在最初公司战略计划方面所花的精力极少，只有28%的创业者制定全面的计划，41%的创业者根本没有经营计划。

每个具有竞争优势的公司都会有一套优秀的战略。创业战略是在创业资源的基础上，描述未来方向的总体构想，它决定着创业企业未来的成长轨迹以及资源配置的取向。创业战略与企业非创业阶段战略的不同在于：它主要包括创业企业的核心能力战略和企业定位。核心能力战略是创业企业的根本战略，不仅决定着创业企业能否存续，而且决定创业企业能否实现成功地跨越和进一步发展。而企业定位则包括创业产品定位和创业市场定位，决定着创业企业能否成功地进入并立足市场，进而拓展市场。

今天，绝大多数的产业市场都是竞争较为充分的市场，因此创业企业的定位必须体现出"异质性"或"差异性"来。美国戴尔公司成立于1984年，这个曾经名不见经传的小公司如今在PC市场上敢与计算机巨头IBM公司分庭抗礼。据美国IDG公司报告，戴尔公司2001年第一季度的电脑销售额已经在全球独占鳌头，市场占有率达到13.1%。戴尔公司创业成功的关键就是利用网络直销模式，向客户提供个性化的PC产品，并首次提出了"个人就是市场"的创新理念。日本索尼公司创业成功史，也在于其创业初期的准确、差异化的战略定位。反观中国许多创业企业，在一不缺乏创业资本二不缺创业技术的情况下，往往只是因为缺乏准确的创业战略而使企业走向夭折。

第三节 初创企业市场营销

很多创业者在企业开张后遇到的第一个问题就是如何获得客户，这直接关系到企业能否生存下来，不论是高科技还是中小企业创业，赢得客户是创业者迫在眉睫的问题。在这一环境中传统的营销法则难以奏效，创业者需要拓展现有的营销法则，寻找更适用于创业领域的营销方案。

一、创业营销的概念内涵

创业营销首先是一种营销,并没有超越出营销这个大的概念范畴。但是,近年来,传统的营销方法已经遭受到了很多批评。创业营销是处于变化、复杂、混乱、矛盾、资源匮乏的情况下的营销概念,在这种情况下,创业者必须通过积极的识别和开发市场机会,并且通过创新的方法开发并维系潜在客户。

与传统的营销模式相比,创业营销有一些独特的属性。

1. 机会导向

机会导向意味着创业者在实施营销活动时,将会积极地探索新方法以赢得客户。这些方法并不拘泥于固定的思维模式,更具灵活性。机会导向的营销模式同时也意味着创业者在制定营销策略时需要首先分析创业机会的状况,根据创业机会的成长性制定营销战略,而不能完全受制于企业的现有资源。

2. 注重关系

初创企业往往拥有较少的市场认可度,也没有之前的成功的营销经验。因此,一些同性的营销法则与方案发挥的作用较小。在实际营销中,创业者往往更依赖于网络关系来实施营销,这种网络关系可能是创业团队成员的亲戚朋友,也可能是企业层面的战略联盟。因此,创业者搭建营销队伍时,不仅需要拥有行业经验的专业人士,而且需要拥有良好社会关系的市场开拓人士,这能使得企业的营销活动事半功倍。

3. 灵活多变

相对而言,传统营销的环境更为稳定,创业营销的实施环境更为动荡。如果创业者进入的是一个新兴的市场,这一市场的成长性也带有较大的不确定性,因此,在实施创业营销的时候,创业者应当时刻注意挑战营销策略。在营销过程中,创业者应当随时根据营销环境进行调整,在实践中,创业营销灵活多变的特征也应当成为创业者能够积极发挥的优势,从而促进企业成长。

4. 营销对企业经营的反馈

在成熟企业内部,营销活动是一套固有的模式,营销人员需要根据企业的经营状况和产品特征设定合理的营销方案。也就是说,营销方案是服务于其他要素的。对于创业营销来说,尽管营销活动需要根据创业活动的特点来制定,但是营销活动对于企业经营的反馈作用更加强烈。成功的营销活动能够有效地帮助企业构建竞争优势,促进创业发展。

 知识链接

中小企业营销变革的10个陷阱

(1)追求完美。"追求完美是要付出代价的",这话极富哲理性,但这一点都不会减少一些企业在变革中追求完美。他们不能容忍制度存在一点点的不完善,他们不能容忍在信息不足的情况下进行决策,他们不能容忍工作按部就班一步一步地进行……总之,他们不能容忍变革过程中存在任何瑕疵。追求完美的本身并没有错,但不顾企业的现状,一味去追求不切实际的所谓完美,不但会浪费过多的时间、金钱和精力,而且还会因为执著于追求完美而忽略了变革的真正目的。变革是一种对未来的探索,既然是探索,就应该立足于现实。完美通常是一种美好愿望而造成的错觉,而不是我们追求的真正目标。当我们在颠簸的路上行走时,我们会梦想:拥有一台既跑得快又省油,既有酒吧又有健身处的汽车该多好啊!但也许我们的真正目标是目的地。

(2) 全盘否定。在营销变革过程中,不少企业玩起了非是即非的游戏。他们认为,既然过去的模式不能适应企业的发展,那么,肯定都是不好的,干脆全部抛弃,建立全新的营销管理模式。其实,过去的模式是经过长时间的经验积累而成,虽然整体上已经跟不上企业发展的需要,但是其中很多的土方法和土观念还是非常实用的,而且,正因为这些方法和观念是在本企业的发展过程中摸索出来的,也许更适合本企业的需要。变革是一种扬弃,就应该有所保留。我们应该抱着"即使一小步,总有新高度"的态度来进行变革,而不应该不加分析地全盘否定。独轮车跟不上时代高速的发展,于是就有了两个轮的自行车和摩托车,由于安全和负重的需求,出现了三轮车,然后出现了四轮的、六轮的、八轮的……轮胎也从木头的变成橡胶的、从没气的变成有气的,从有内胎的变成没内胎的,但是唯一不变的,就是不管什么车,它都有轮子。

(3) 套用模式。套用营销管理模式是中国中小型企业实施营销管理变革的一大通病。很多企业看到别的企业实行某种管理模式取得了成功,就不加分析地全盘照搬,但其中真正的管理精髓却没有领会,很多需要结合企业实际的操作细节也无法掌握。结果是形像而神不像,弄得不是管理成本飞涨就是南辕北辙事与愿违。管理方法可以借鉴,但决不能照搬。车子需要轮子,这是毫无疑问的,但跑不同路的车子、不同功能的车子,它的轮子的设计是不一样的。如果坦克车不装履带,它是不能打赢仗的,同样,山地车的轮子如果像轿车一样,它是上不了山的。

(4) 缺乏规划。我们在出行前都需要设计一条既省时又方便的路线,不懂路的还需要带上一张地图。一些企业在变革时缺乏整体的规划,头痛医头,脚痛医脚。对变革过程中可能出现的情况和可能产生的后果没有清醒的认识和足够的准备。由于没有有效地对变革的整体把握,一旦发生意外情况或遇到困难,就会失去方向而陷入混乱,变革有可能因此而夭折。营销变革是一项系统工程,大到变革的方向和整体构想,小到行动中的每一个细节,管理者都应具体规划。不是条条大道都可以通罗马的,如果您想开车去罗马,最好预先设计好路线,还别忘了带世界地图。

(5) 没有预算。如果把营销变革看做是推动企业这辆车向前进的引擎,那么,资金和人才就是汽油,它决定着能把这辆企业之车开多远。如果连到达目的地需要多少汽油都不知道,我想他肯定到不了目的地。一些企业居然真的相信"心有多高,路就有多远",他们把变革的蓝图绘制得无比宏伟,但他们却没有计算实现这一蓝图需要的资金、人才和其他必须的条件。变革不是因为资金不足而进行不下去就是因为缺乏专业人才而被迫中途放弃。记住:远行前必须为爱车加满油!

(6) 执行不力。正在实行营销变革的很多企业,遇到了同样头疼的一个问题,会上大家都认同的观点,会后却少有人照办,制定下来的制度不是没人执行就是执行不到位。再好的变革方案得不到有力的执行,它都将是一纸空文。人是执行的关键,需知:好车需要配一个好司机。

（7）朝令夕改。做任何事情都需要有一个过程，企业的营销变革也不例外。一些企业在变革的过程中，往往沉不住气，看见实施的新政短时间内起不到预期的效果，就马上修改，反复多次，令执行人员无所适从，也因此大量浪费企业资源。营销的变革所产生的效果一般都有一个滞后期，例如，销售人员的管理方面，按新目标和新方法招回来的新销售人员，需要经过一段时间的培训和实习后才能胜任工作，而且在工作的过程中还要不断地进行系统的培训，必要时还需要一系列的激励、考核和评估，然后循环多次，才能达到理想的效果。新买回的车子都有一个磨合期，磨合期内会感觉车子开起来不爽，你不能就此断定车子不好，因为过了磨合期车子会慢慢地跑得顺畅起来。我们没有必要马上要求修理或换车。

（8）乱用人才。因为变革，很多旧的职位不复存在，新的职位不断产生。企业总感觉人才不够用，一些企业这时会出现乱用人才的现象。例如，一些企业原来只有销售部和销售经理，现在设立了营销总监职位，他们就会理所当然地把原来的销售经理提升到营销总监的位置，销售部经理的职位空缺也很自然地由一位业绩突出的区域经理来填补，然后区域经理的位置又由业绩好的业务员来担任；由于建立了市场部，一部分的销售人员也会被分流到市场部充当市场调研专员、市场策划员等。我们必须清楚，销售高手不一定是销售管理高手，销售管理高手又不一定是营销管理高手。正如修车的高手不一定是开车的高手，开车的高手又未必是修车的高手是同样的道理。

（9）迷信"空降"。很多媒体频繁报道，一些企业引入职业经理人后，取得了跳跃式的发展。效仿者闻之则蜂拥而上，于是上演了一幕幕高薪挖角的人才争夺战。"空降兵"到位后马上大刀阔斧的变革行动，但最终真正取得理想效果的却是寥寥无几。理由很简单，对于你的爱车而言，你就是最好的车手，因为只有你才最熟悉你的爱车，哪怕你的爱车制动不灵或是轮胎打滑。

（10）虎头蛇尾。变革就意味着要和过时的制度作抗争，变革就意味着要和陈旧的思想作斗争，变革就意味着要和不良的习惯作决裂；变革损害某些人的利益，变革改变很多人的命运，变革触动每一个人的神经。变革会遇到很多意想不到的问题。当一个接一个的难题压过来的时候，当一个又一个的诱惑扑过来的时候，很多变革者没有了当初的雄心壮志，忘记了开始的激情豪迈。变革初步取得的成果丝毫不能激励他们克服面前的重重困难和种种诱惑。他们开始关注新的东西，变革也就不了了之了。试问：驾车者克服不了山路的崎岖，道路的泥泞，他怎么能到达风景优美的目的地呢？

二、营销定位

创业营销的要旨在于首先进行合理的定位，从而使得资源匮乏的企业能够支撑市场营销过程的推进，企业也不会受到现有企业的倾轧。

1. 市场细分

在市场层面上，创业者需要分析企业如何进一步定位企业的细分市场，这也是区分创业营销模式与传统意义上营销模式的主要差别点。

创业者需要首先定位产品的目标市场，只有找准了目标市场，创业者的后续营销方案才是有效的。目标市场是指在一个市场内部具有相同购买能力、购买态度和购买习惯的消费人群所构成的市场。实际上,很少有单一的产品能够满足所有用户的需要,创业者必须知道哪些客户对自己是最有价值的,他们的具体需求是什么,进而采用与之相对应的营销方案。

细分市场需要采用一系列的标准,具有代表性的市场细分变量有地理因素、人口统计因素、心理因素、行为因素四类。

(1) 地理因素

按照消费者地理位置来细分市场是一种传统的市场细分方法,也是创业者在细分市场时首先考虑的细分方法。处于相邻地理位置的消费者,很容易受到相邻的地理环境所带来的社会文化、风俗习惯的影响,这样其需求就表现为有一定的一致性。当然,同一地区的消费者仍然会体现出千差万别的购买行为,因此,创业者应当继续寻找进一步细分的可能性。

(2) 人口统计因素

人口统计因素是可以细分市场的第二个考虑方面。因为消费者的欲望、偏好和使用率经常与人口统计因素有密切联系,而且,人口统计指标也很容易直观地观测到,也为营销人员划分市场提供了便利。当然,很多时候,人口统计因素细分市场仍可能不够细致深入,因此创业者仍需要进一步聚焦视角。

(3) 心理因素

心理因素开始关注消费者的主观特质。与外在的特征相比,心理因素可能对消费者的购买行为产生影响,许多产品和服务都是通过心理细分来进行定位。因此,心理细分是建立在不同个体的价值观念和生活方式基础上的,从心理因素角度考虑市场细分,就是针对消费者心理需求考虑的细分市场。

(4) 行为因素

从行为因素角度细分市场是根据购买者在购买商品时的直接行为特征对消费者进行细分。行为因素主要从购买时机和购买动机两个方面进行考察。购买时机对于创业者营销策略的推进有直接作用,对购买时机的考察意味着创业者可以找到一个更好的产品推出切入点。购买动机是决定购买产品时的直接动机和诱因,可以有助于创业者有针对性地消除购买障碍。

因此,地理位置、统计特征、心理因素、购买因素这几个层级就依次构成了从大到小、从抽象到具体的细分顺序。

向城里大超市学营销

四川新津县邓双镇双河场社区,老邻居放心连锁商店。这里距离县城有十多公里。41岁的任贵金倾靠在收银台上,一支支地抽着自己店里一块五一包的"天下秀"。只要有顾客走进店,老任就立即起身,脸上瞬间绽放出笑容和热情。几分钟后,客人离开,他又恢复了惯常的神色。

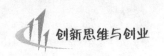

"要是每天都赶集就好了",半晌,他冷不丁冒出这样一句。

4月29日，还有两天就是"五一"大假了，但今天并不是一个赶集的日子。小超市门外的街道有些冷清，老任望着门外，神色淡漠。他的小超市在小镇上已经经营了6年。加入政府主导的"万村千乡"工程也已经有两年时间了。"以前叫百姓超市，后来政府动员参加'万村千乡'，就成了成都'老邻居'商贸公司的乡村加盟店，改成了现在的名字。"

"不骗你，现在的生意是越来越难做了。"他经营的小超市的规模看上去却似乎与这句话并不太匹配。180多平方米的店面，自选货架顺序排开，1000多种各类货品充盈其间。

"现在的情况是利润越做越薄，但货物却必须越来越多。"老任解释着繁荣的店面摆设与"生意难做"之间的联系。

"我的店是方圆五六公里最大的一家，货物最全，顾客也算是最多的。但顾客多并不代表钱好赚，生意好做。"老任说。他店面所在小镇周围5公里销售半径内有6个自然村，共有上万常住人口。在拥有并不算小的潜在消费人群基数的情况下，老任却有着他自己的经营感受和体悟。"农村的收入不高，居住又很分散，双河场镇上的常住居民只有1000多人。除了赶集的日子，周边的居民并不太爱到镇上买东西。开在村子附近的小卖部越来越多，价格不贵、零敲碎打的东西老百姓宁愿就近购买。"

老任分析的原因远不止这一点。他表示，这些年农村青壮年到外地打工的人越来越多，而这部分人其实是消费的主力，留在农村更多是老年人和妇孺。在老任看来，这些人并不太爱消费。同时，越来越多竞争者的加入，也让老任这样的区域中心型商店感受到了压力。"利润不能定高，如果有可能，甚至还要比那些小卖部稍微便宜一点才有吸引力。"

老任说，农村的消费者对商品的价格非常敏感。与老任的店竞争的不只是周边的小杂货店，还有十公里之外县城里的中型超市。老任现在已经养成一个习惯，每周抽一天到县城生意最好的"红旗连锁"、"红艳超市"去逛一逛。"主要是看他们的价格，如果他们下调价格，只要影响不太大，我也跟着把店里的调整一下。"老任说，当地离县城并不太远，仍是在县城大商场的销售半径之内。当地人进城多会到这两家超市去逛一逛。老任表示，在竞争激烈的情况下，他必须很谨慎地进行定价。为了吸引更多的顾客，老任想到的一招就是不断增加货品的供应品种。"只有提供比别人更丰富的商品，才能吸引到更多的客人。你日常所需要的东西基本上可以在我这里一站买齐。我的货物品种比起很多小卖部多了至少一倍。"

也正基于这种思路，老任的超市里才摆满了从洗发水、女士内衣，到散装大米、锅碗瓢盆的上千种商品，甚至是杀灭跳蚤的除虫水都有。

虽然老任没上过多少学，但十多年的经商生涯让他摸索出一套适合自己的商业法则。他认为，农家店想要生存下来，定位和质量必须做得很好。

老任介绍说，在保证货品充足的情况下，"最重要的是销售的商品要适合当地的需求，不能乱进货。"他告诉记者，一般来说，在农村市场上高档商品基本上是销不动的，中低档商品才是当地市场的主打。像"金剑南"、"泸州老窖"这样的中度高价酒，他只是象征性的摆上几瓶。"一年也卖不了两瓶。"在这方面，他是有过教训的。三年前他"头脑一时发热"，以390元的价格进了三瓶五粮液，才加了几十元卖。"结果卖了三年都没卖出去一瓶。现在都快存成老窖了。"但也并非价格越低越好卖。他举例说，他的店里有多种品牌奶粉商品，雅仕利是其中主打品牌之一。"当地成年人自己要吃奶粉的话，往往买十多元

207

一袋的。但现在每家都只有一个小孩,给孩子就舍得买高档一点的。"

此外,老任很看重商品的质量。"质量一定不能出问题,尤其是吃的东西。"乡村对外虽然信息相对封闭,但作为一个由血缘、乡土、邻里等因素联结起来的内生型群体社会,本地消息的内部传递却是相当迅速。

"只要你的商品出现质量问题,不出几天就能传遍十里八乡。你的信用没有了,就再别指望顾客来上门照顾你的生意。"在和记者聊天的过程中,成都当地一家小食品的经销商在经理的带队下来向老任推销一种休闲小食品,希望能进入他的商店铺货。但任凭经销商嘴皮磨破,老任愣没有松口。经销商只能怏怏而去。老任事后解释说,那家经销商的商品上没贴"QS"字样的国家质量安全认证标签。"这样的货,利润再高我都不敢进。万一出了问题,我超市的招牌就全砸了。"

老任很善于学习,尤其是善于向城里的大超市学习。"这是逼出来的。做生意久了也就成了本能。"

他善于向强势同行学习的痕迹在他的小超市里随处可见。"以前我不太讲究产品的陈列。但后来我知道同一类商品,要把最好卖的摆放到最显眼的位置。"不仅如此,老任还时不时拿出一些畅销、利润较高的商品,做一个小堆头。"看上去堆头有气势,促销效果好。"并且,当某些商品出现滞销时,他也学会了在逢集的日子里在镇上四处张贴写有类似"降价优惠"字样的海报。他说,张贴海报能让更多的人知道商店的降价信息。

更令人叫绝的是,老任竟然还设计了"会员卡"。不同的是,任贵金的会员卡是用香烟的外包装硬纸壳做成。将纸壳剪成大小一致的卡片,让家里书法漂亮的儿子写上店名和联系电话,并附有一句广告词:如有需求,请随时致电。与城里会员卡用来打折的功能不同,老任的会员卡主要是为了方便稍远一点的顾客能及时向店里反应消费需求。"比如他近期可能需要某种商品,量比较大,或在市面上比较少见。只要给我打电话就行,我可以提前为他准备。"老任说制作会员卡,在周边乡镇他是首创。

此外,老任还学会了家电连锁企业那种送货上门的服务。老任的小面包车承担着这个重任。"在5公里的范围内,只要货物达到一定的量,一个电话我就可以给你送到。"在此前两天,老任才刚给一个村子送去了二十箱金星啤酒。

老任说这一切都是为了让超市的生意更好一些。"这样也能培养出一批长期照顾你生意的老顾客。"

2. 产品层次设定

在营销策划中,对于产品特征的分析主要是从满足需求的角度去认识产品——创业者的产品究竟能满足目标客户的什么需求。但是,随着产品的开发,消费者对产品的需求也在不断发生变化。因此,企业在分析产品层面特征的时候,应当从消费者的需求出发,考虑最合适的产品定位,使得生产的产品更具有市场竞争力。

(1)核心利益层。产品的核心利益层是产品的最基本效用或基本功能。客户愿意购买其产品,其最基本的出发点是基于核心利益的考虑。如手机,其核心利益是为客户提供通信功能,脱离这一核心功能,即使营销人员在其他方面做得再周到,功能再齐全,也只是一种不切实际的噱头。

(2)基础产品层。产品的基础形态往往是指产品的外观形态及其主要特征,一般表现为产品的质量、式样、特色、品牌、包装等。产品的形态往往是吸引客户的关键因素,大多数人更愿意选择形态美观悦目的产品。

(3)期望产品层。产品期望价值往往是消费者在购买产品时所希望获得的一些属性特征。例如,购买手机的客户可能希望手机更加轻薄,功能更强大。因此,期望价值的角度来看,实际是创业者从客户需求的角度来设计产品,考虑"客户想要得到什么",而不是"我们能提供什么"。

(4)附加产品层。产品附加利益主要指在产品的销售及使用过程中企业提供给消费者的一些附加的服务或承诺,如免费送货、免费安装以及承诺退还等,是消费者购买产品时候的附加需求,这些附加需求需要创业者从服务创新的角度思考。

(5)潜在产品层。潜在产品层面是对产品未来所能提供的附加价值的展望,这一层面更多地体现在对企业未来产品战略的设计和规划上。创业者需要未雨绸缪,对企业未来提供的产品进行准备,为企业的未来发展打好基础。

手机新品牌遭"功能过剩"危机,名牌产品各有瑕疵

如今手机功能越来越花哨了,无论商家如何炒作,目的都是为了定期抛出一些新技术或者打造出几个新概念来"抓眼球",然而这些花哨的手机中的一些功能虽然宣称是未来手机的发展方向,也是以服务用户为标准设计研发的,但仍给人"华而不实"的感觉。

谈起手机企业作秀的能力,赛迪顾问王嵩风趣地说:"韩国的三星和LG在这方面就很厉害,他们始终定位主打'高端时尚'牌,不是想吸引普通老百姓,他们借助韩国的当红偶像来走明星路线,然后频繁设计外观和功能,只要能满足特定的时尚人群喜欢,掏出他们口袋的钱就足够了。"

业界专业评测人士于吉涛也谈到,其实时尚本身就是个很虚的东西,所以这类手机成功的关键在于广告策划和市场的推广,如现在当红的LG巧克力手机,从评测来讲本来没有什么新功能,只是追求了一个巧克力外观"触摸屏"和形式感的创意造型而已,其售价却达到了4 500元。而且最让人不能忍受的就是"触摸屏"太过敏感,有时只要轻轻一碰就会出现误操作。

现在每年在手机的功能开发投入进入了几何倍数的增长,但谁也说不清楚哪些花大价钱科研投入的功能将成为市场的主流。因此厂商都挖空心思、绞尽脑汁地在创想独特概念,并迎合消费者的需求开发相应的功能,一旦新功能试探性进入市场操作阶段,就玩命地用广告铺垫来培养消费者的使用习惯,强迫性引导消费。

一位手机厂商的营销总监谈到,在中国卖产品还需要符合中国国情。同时他认为,"手机遥控家电实际上包含在数字家庭概念中,目前数字家庭仍处在概念提出和试验阶段,因此此功能尚未能大规模使用"。

三星和NEC等手机厂商推出手机电视欲抢世界杯份额,也同样因为中国目前相应的国家政策、配套服务和整体市场技术水平未成熟,目前仍处于概念炒作阶段,使运营商不敢盲目冒进,消费者使用寥寥无几。对此,赛迪顾问张琰分析说:"使用手机电视是在3G时代到来前热炒的一个概念,虽然在韩国已有实施。但国内手机电视不论从软硬件技术上,

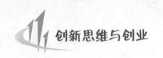

内容提供上,政策上还是商业模式上都远未成熟。所以目前国内手机企业最前沿的一些功能都属于概念炒作,以试图引领用户的使用习惯。"

"随着 3G 的普及,特色手机将是未来手机发展的一个趋势,这是肯定的。与其他国家不一样的是,中国的消费者容易引导,受环境的影响很大,在世界上是最不理性的。"专家提醒消费者,购买手机不要一味求新,赶时髦,尤其是不要被厂家的广告所迷倒,应回归理性消费。

三、渠道构建

渠道构建是创业者投入营销工作实质性的第一步。在确定渠道结构之前,创业者必须首先明确影响渠道的主要因素,才能有针对性地制定合适的渠道结构。

首先,创业者要考虑一些外部的政策文化环境等因素的影响。除了企业外部环境,创业者也需要对自身的状况进行思考,通常企业规模较小,而且企业产品尚没有一定的市场认可度的话,企业往往难以获得有实力的中间商的支持。反之,缺乏一定的营销整合能力和渠道建设能力的企业又往往更需要寻找一个能提供良好服务的中间商。

除了上述因素,在建设渠道时,最为直接的影响因素是企业的目标市场和产品特征。

市场因素对于渠道的构建非常重要。例如,如果目标市场的地理范围较大,或者非常分散,渠道的长度和宽度可以更大一些,创业者可以选择更多的中间机构,渠道层级也可以丰富一些;如果目标市场地理位置非常集中,那么渠道则需要简化一些,甚至不需要外部渠道,可以利用自己的员工进行销售。

从产品的特征来看,如果产品的功能和价值很普遍,与现有的产品没有太大差别,那么渠道的长度和宽度适当放大,而较为独特的产品,则应采取较短和较窄的渠道,企业甚至可以自己组织人员进行销售活动。

通常,渠道的构建需要遵循如下几个步骤。

1. 设置渠道目标

创业者在设计和创建渠道时,必须首先明确渠道的目标。当然,渠道设置的目标是为了成功销售产品,同时,渠道设置的首要目标是为了满足企业的整体战略目标。因为战略目标经常随着外部环境的变化而变化,因此,创业者的渠道设置也要时刻关注市场环境的变化和战略方案的挑战。

2. 明确渠道的任务

渠道目标设置完成之后,渠道设计者还需要将达到目标所需的各项任务明确列出,这些任务一般包括促销、销售、沟通、运输、存储等方面。渠道任务的设置应该与企业的目标密切相关,通过实施不同的渠道任务能够实现不同的企业目标。如更多的营销中介机构,可以帮助企业充分降低营销风险,那么为了降低风险,创业者有必要寻找更多的营销中介。

3. 确定渠道结构方案

渠道结构方案包括三个方面的内容:渠道的层级设置、渠道的宽度设置以及中介机构类型选择。

渠道的层级设置是指渠道的纵向长度设置。如果创业者直接派出企业的销售人员进行销售,这就意味着渠道层级为零;在很多情况下,针对不同地区的市场,渠道层级也不同,在一些地区，市场非常广大而渠道层级较多；在一些规模小的市场，层级就要简化一些。

渠道的宽度设置时对渠道横向上的设计。在一些情况下，如果企业的产品独特性较强，创业者为了保证差别，不至于在同一个区域内形成恶性竞争，就会考虑建设区域独家分销的模式；如果产品本身比较普遍，那么横向上不妨多找经销机构。另一方面，渠道横向上的设计业跟企业的成长阶段有关，刚成立的企业出于对能力、资源等方面考虑，可以选择独家分销；随着企业成长壮大，也会选择更密集的广泛性分销，以增加其市场覆盖面和销量。

同时，企业应该对能够承担其渠道工作的中介机构类型进行调研。如果中间商的能力不能令公司感到放心，那么企业应当选择自己建设渠道或者直接派出人员销售。同时，创业者也要考虑利用中间商的成本，选择恰当的中间商。

用竞争策略炒掉经销商

寻找新经销商，淘汰不合格的经销商是很多企业都要不断面对的问题。但是如何淘汰旧的经销商和在什么时机淘汰，需要合理的策略，否则经销商队伍不稳定将会给销售工作带来巨大的隐患。

选择合适时机淘汰旧经销商

2005年5月，在A儿童牙膏早晚牙膏新品上市推荐会上，企业与部分经销商达成了良好合作意向的同时，更利用竞标方式进行了优秀经销商的选拔。

以前，A儿童牙膏大多数产品的分销都是通过批发市场批发，这种方式必然是经销商坐等客户上门，成为典型的"坐商"。例如，山东某批发市场的经销商坐在家里一年就能完成几百万元的销售任务，但产品销往全国各地后，就形成了串货格局，导致其他市场经销商的严重不满。

在选择早晚牙膏经销商时，A儿童牙膏换掉了此类经销商，选择了分销能力很强的经销商。

在A儿童牙膏进行了系列策略调整和实施后，销售量和市场份额均得到较大幅度地提升。儿童早晚牙膏的推出，不仅受到了渠道的欢迎，更得到了消费者的普遍认可。产品在先期试点区域江苏、浙江、山东三省取得了良好的销售业绩，创造了上市3个月市场回款300多万元的良好业绩。

由此可见，企业对经销商进行大手术的重要性，但要想保证"手术"成功，企业须具备以下条件。

① 在产品知名度增强、市场占有率加大、产品出现旺销势头的时机。
② 企业的经销商中，稳定的、对公司极度忠诚的"死党"型经销商要达到50%。
③ 企业新推出的产品科技含量高，能填补市场空白，且有强大广告公关做后盾。

变化竞标内容，淘汰弱势经销商

2006年9月初，B杀毒软件公司便进行了首批进货额及年度销售指标的竞标招商。其具体做法是：B公司将全国分成以省为单位的31个区域，以竞标加盟的方式在各个地区成立"区域运营商"。除杀毒产品由B公司提供外，剩下的产品定价、市场策略、促销方

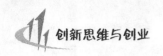
式等环节均交由"区域运营商"全权负责，谁的首批进货额高、销售指标出得高，就可以获得买断区域代理权。

在杀毒软件行业，经销商只要通过竞标形式，一次向B公司支付数十万元的"区域运营"费用，即可成为"区域运营商"。但B杀毒软件并非业内的一流企业，这种传统方式已无法吊起一些实力派大经销商的胃口。B公司则进一步将单机产品组合版的"区域销售权"和"区域推广权"，直接授权给"区域运营商"来运作。

这种竞标模式极大促进了经销商的积极性，也吸引到了一些业内的"腕级"经销商，达到了"换血"目的，产品很快在全国打响。

四、促销策略

创业者可行的产品促销策略一般分为广告、营业推广、人员销售三个类型。当然，在促销活动中，人员促销和非人员促销往往是同时存在的，互相补充的。

1. 广告

这里说的广告，是指企业在促销过程中所推广的商业广告，由于其商业性质，有别于其他公益广告。

在选择广告媒体时，首先应当遵循企业的战略目标，尤其是营销目标，广泛比较各类广告所达到的效果，具体实施时可以考虑几种不同的广告方式的组合，以整合的形式来形成产品良好的宣传。创业者尤其要注意，千万不要为了支持广告的投入而耗费宝贵的企业资源。要注重广告的成本效益分析。

2. 营业推广

这是企业在一定的时机或者特定地点采用特定手段对消费者实行强烈的刺激，以促进产品销售额迅速增长的促销方式。

在实践中，营业推广的手段是多种多样的，主要包括免费赠送试用、发放折扣券、有奖销售等方式，企业也可以对于渠道中间商进行营业推广活动。

要注意的是，营业推广如果经常使用的话，消费者会产生一定的厌烦，使得营业推广的效果适得其反。

3. 人员销售

这是企业派销售人员直接同目标市场的顾客建立联系、传递信息、促进商品和服务销售的活动。

为了形成有效的销售活动，销售人员必须对目标市场和客户信息进行调研，搜集客户的有关资料，以便在面对面的销售中更有针对性。

五、营销定价

在实际工作中，企业定价方法很多，我们主要介绍一些实践中常用的定价方法。

1. 成本定价法

这是最简单实用的定价方法。在实际操作中，创业者需要对企业内部的成本有精确的核算，在此基础上，加上预期的利润，就形成了产品的销售价格。因此，企业需要对产品的利润目标进行仔细的分析，主要要对该行业的平均利润水平有所了解，这样就需要事先的调研。

2. 竞争定价法

如果创业者进入的是现成的市场，他们所提供的产品并非全新产品，在市场上已经有了同行竞争者，此时创业者的价格因素就不得不考虑同行的竞争者因素。许多企业倾向于与竞争者价格保持一致，作为新进入市场的创业者，由于资源和能力有限，不能与同类产品的大企业发生直接竞争，往往采取价格尾随策略，根据大企业价格来确定自己的价格。如果创业者的产品具有特殊技术，有特别的吸引力，也可以采用较高的价格出售。

3. 心理定价法

这一方法通常做为前面两种方法的补充，但是在一些场合中较为有效。心理定价策略时根据消费者购买商品的心理动机来制定价格的价格策略。如很多价格尾数为9、99、999，这种方法会让消费者产生错觉，产生购买欲望。

4. 混合定价法

在实践中，制定价格往往采取多种定价方式组合的方式。如企业出售一系列产品，会对高端产品采取高价，一般的产品采用较低的价格。对于不同消费水平的地区，同类产品价格也可以有差异。

综上所述，创业者的定价措施应是灵活多变的，不能拘泥于某一特定的方式。同时，定价也不是唯一能带来竞争优势的措施，要与其他战略共同来赢得市场。

数码影院的 10 元生意

在很多人看来，20万元投资一家电影院不太可能。但事实是：一种技术门槛低、投资额不高、风险也相对较小的数码影院正在上海的社区中悄然兴起，百余平方米的面积，以亲民、便利、灵活的姿态吸引了社区观众。

小巧的休息区尽头是吧台，预售电影票和饮料零食，转角两个影厅，各有60平方米左右。大众厅里有40个座位，VIP厅只有14个豪华沙发。200英寸超大屏幕上放映着数字电影，小影厅设计使每个位子的视差不大，配上5.1声道立体声和杜比降噪系统，感觉舒适温馨，这就是位于上海大拇指广场的联洋"影酷"数码影院。

"这里的观影感受一点儿都不比一线影院差，票价却只有10元。"一位刚刚在这里看过数字电影的居民显得很高兴。

联洋店负责人陈凌超表示："数码影院与以往一线影院不同的最大看点在于，这是一种建立在社区内的文化娱乐场所，而非建立在商业区，这使运营成本和投入成本很容易控制，可以避开一线影院的高端路线，薄利多销，走一条'亲民'的低价路线。"

联洋"影酷"数码影院只是上海出现的30多家社区数码影院中的一个代表。其从属的"影酷"数码院线通过卫星传输的方式向投资者提供片源。负责运营这一项目的上海某公司高清数字电影项目部项目总监甘露告诉记者，社区数码影院结合社区的文化服务，因

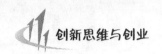

为开在家门口,一出现就吸引了周边小区的不少居民。现在广东已发展到20多家,北京、江苏、新疆等地也在发展这类"影酷"数码院线。

因为是小成本项目,影院并不去媒体做推广,而是经常和街道居委会沟通,赠送电影票,请他们配合宣传,并结合社区的服务做一些公益性的活动。例如,在上午10点放映一场针对老年人的免费电影。"晨练之后的老人会被吸引过来,他们会把数码影院的好处很快向社区里的其他居民宣传出去,依靠口碑,我们的观众越来越多。"

经过几个月的经营,陈凌超总结出的经验是,在经营特点上,数码影院与一线影院必须进行差异化竞争。由于无法在第一时间放映影片,会尽量抓住电影院刚下、而电视台还未上的这个时间差。在这个时段里,某些影片,尤其是大片的余热尚在,社区服务的优势就可以发挥出来了。"毕竟在家看盗版DVD和电视剧的感觉跟亲临影院的感觉完全不同。"

数码影院经营中最大的成本来自于场地租金,投资者对于租金的控制最难把握。"由于租金比大城市和城区低许多,郊县和农村发展数码影院的优势会更大。大城市发展应该是平易近人、面向社区的,获得当地街道的支持是一条很好的出路。如果投资者能和社区的文化中心一起合作,很可能只要支出很少的场地租金甚至免费使用场地。这使经营者更容易盘活市场,获得更大利润,取得政府、社区、经营者的三赢局面。"

由于票价低廉,如何增加票房收入也是数码影院经营面临的一大困难。营销顾问表示,经营者不必将目光过多集中在上座率上,这类小众影院应该学习便利店的经营模式,坚持"谁来谁看"的原则,最好能够全天候播放。这样可以提高翻台率,即使单次电影上座率不高,每天的消费规模也会比较可观。

第四节 初创企业财务管理

初创企业对财务管理的认识容易产生两个错误,一种认为创业初期没什么好管理的,一个会计,一个出纳就足够了;另一种认为财务管理需要有完整的财务组织才能实现,必须建立庞大的机构,制定各类章程和财务信息流动渠道。这两种认识都没有领会到初创企业财务管理的特殊性和管理重心的差异性。

一、初创企业财务管理的重点

企业初创期值得创业者高度重视的财务管理几个重要方面:
(1)了解基本的财务账簿及其关系;
(2)了解出纳该做些什么;
(3)盯住现金的流动;
(4)管住你的支票本;
(5)财权大印更需要进入管理状态;
(6)必须学会估算现金流量;

(7) 需要增加现金流量；

(8) 分清现金和利润；

(9) 处理好与银行、税务的关系。

二、财务制度

1. 财务控制制度

初创企业要做好财务控制，必须建立严密的财务控制制度，具体包括以下几个方面。

(1) 不相容职务分离制度

要求初创企业合理设置财务会计及相关工作岗位，明确职责权限，形成相互制衡机制。不相容职务包括：授权批准、业务经办、会计记录、财产保管、稽核检查等职务。

(2) 授权批准控制制度

要求初创企业明确规定涉及财务会计及相关工作的授权批准的范围、权限、程序、责任等内容。

(3) 会计系统控制制度

初创企业应根据《会计法》和国家统一的会计制度，制定适合本单位的会计制度，明确会计工作流程，建立岗位责任制，充分发挥会计的监督职能。

2. 现金流量预算控制制度

企业财务管理首先要关注现金流量，而不是会计利润。企业要通过现金流量预算管理来做好现金流量控制。现金流量预算的编制采用"以收定支，与成本费用匹配"的原则，采用零基预算的编制方法，按收付实现制来反映现金流入流出。经过企业上下反复汇总、平衡，最终形成年度现金流量预算。

3. 应收账款控制制度

在市场竞争日益激烈的今天，初创企业不得不部分或全部以信用形式进行业务交易，经营中应收账款比例难以降低。应收账款控制主要从以下两个方面进行：财务核算准确翔实；债务债权关系明确。初创企业可以根据对客户资信程度的分析对客户进行排队，选择资信程度好的客户，拒绝资信程度差的客户，减少坏账损失。

4. 财务风险控制制度

财务风险主要是指举债给企业收益带来的不确定性。企业举债经营会对企业自有资金的盈利能力造成影响，由于负债要支付利息，债务人对企业的资产有优先的权利，万一公司经营不善，破产倒闭危险会加大；另一方面，有效的利用债务可以大大提高企业的收益，企业应客观的评估控制财务风险。

三、财务比率分析

财务报表中有大量的数据，可以根据需要计算出很多有意义的比率。财务比率可以分为变现能力比率、资产管理比率、负债比率、盈利能力比率四类。

1. 变现能力比率

变现能力是指企业产生现金的能力，取决于可以在近期转变为现金的流动资产的多少，主要通过流动比率和速动比率来反映。

（1）流动比率

流动比率是流动资产除以流动负债的比值，流动比率反映企业的短期偿债能力。

计算公式为：流动比率=流动资产/流动负债

（2）速动比率

速动比率是从流动资产中扣除存货部分，再除以流动负债的比值。

计算公式为：速动比率=（流动资产−存货）/流动负债比值

2. 资产管理比率

资产管理比率又称运营效率比率。它是用来衡量公司在资产管理方面效率的财务比率，包括营业周期、存货周转率、应收账款周转率等。

（1）营业周期

营业周期是指从取得存货开始到销售存货并收回现金为止的这段时间。营业周期长短取决于存货周转天数和应收账款周转天数。

计算公式为：营业周期=存货周转天数+应收账款周转天数

（2）存货周转率

在流动资产中，存货所占比重较大。存货流动性直接影响企业的流动比率，因此必须重视对存货的分析。

存货周转率是衡量和评价企业购入存货、投入生产、销售收回等各个环节管理状况的综合性指标。

计算公式为：存货周转率=销售成本/平均存货

存货周转天数=360/存货周转率

（3）应收账款周转率

应收账款和存货一样，在流动资产中有举足轻重的作用。及时收回应收账款，不仅能增强企业的短期偿债能力，也能反映出企业管理应收账款方面的效率。

计算公式为：应收账款周转率（次）=销售收入/平均应收账款

应收账款周转天数=360/应收账款周转率

3. 负债比率

负债比率是指债务和资产、净资产的关系，它反映企业偿付到期长期债务的能力。

（1）资产负债率

资产负债率是指负债总额与资产总额的比率。这个指标表明企业资产中有多少是债务，同时也可以用来检查企业的财务状况是否稳定。资产负债率反映在总资产中有多大比例是通过借债来筹资的，也可以衡量企业在清算时保护债权人利益的程度。由于站的角度不同，对这个指标的理解也不尽相同。

计算公式为：资产负债率=负债总额/资产总额×100%

（2）产权比率

这一比率是衡量企业长期偿债能力的指标之一。它是企业财务结构稳健与否的重要标志。该指标表明由债权人提供的和由投资者提供的资金来源的相对关系，反映企业基本财务结构是否稳定。

计算公式为：产权比率=负债总额/所有者权益总额×100%

（3）有形净值债务率

有形净值债务率是企业负债总额与有形净值的百分比。有形净值是所有者权益减去无形资产净值后的净值，即所有者具有所有权的有形资产净值。有形净值债务率用于揭示企业的长期偿债能力，表明债权人在企业破产时的被保护程度。

计算公式为：有形净值债务率=负债总额/（股东权益-无形资产净值）×100%

4. 盈利能力比率

盈利能力就是企业赚取利润的能力。反映企业盈利能力的指标主要有以下几种。

（1）销售净利率

销售净利率是指净利与销售收入的百分比。

计算公式为：销售净利率=净利/销售收入×100%

（2）销售毛利率

销售毛利率是毛利占销售收入的百分比，其中毛利是销售收入与销售成本的差。

计算公式为：销售毛利率=（销售收入-销售成本）/销售收入×100%

（3）资产净利率

资产净利率是企业净利润与平均资产总额的百分比。可表明公司资产利用的综合效果。指标越高，表明资产的利用效率越高，说明公司在增加收入和节约资金使用等方面取得了良好的效果，否则相反。

计算公式为：资产净利率=净利润/平均资产总额×100%

平均资产总额=（资产总额年初数＋资产总额年末数）/2

（4）净资产收益率

净资产收益率是净利润与平均股东权益的百分比，是公司税后利润除以净资产得到的百分比率，该指标反映股东权益的收益水平，用以衡量公司运用自有资本的效率。指标值越高，说明投资带来的收益越高。

计算公式为：净资产收益率=净利润/平均净资产×100%

平均净资产=（年初净资产＋年末净资产）/2

四、读懂三大报表

企业主要的财务报表有资产负债表、利润表、现金流量表三大财务报表。这三大报表的作用分别用一句话来概括就是：

（1）资产负债表是反映某一时刻的财务状况；

（2）利润分配表反映某一时期的利润分配情况，将期初、未分配利润调整为期末未分配利润，并列入资产负债表；

（3）现金流量表反映的是现金变化的结果和财务状况变化的原因。

1. 怎样看资产负债表

资产负债表是反映公司某一特定日期（月末、年末）全部资产、负债和所有者权益情况的会计报表。它的基本结构是"资产=负债+所有者权益"。不论公司处于怎样的状态这个会计平衡式永远是恒等的。左边反映的是公司所拥有的资源；右边反映的是公司的不同权利人对这些资源的要求。债权人可以对公司的全部资源有要求权，公司以全部资产

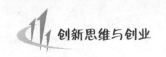

对不同债权人承担偿付责任，偿付完全部的负债之后，余下的才是所有者权益，即公司的资产净额。

我们利用资产负债表的资料，可以看出公司资产的分布状态、负债和所有者权益的构成情况，据以评价公司资金营运、财务结构是否正常、合理；分析公司的流动性或变现能力，以及长、短期债务数量及偿债能力，评价公司承担风险的能力；利用该表提供的资料还有助于计算公司的获利能力，评价公司的经营绩效。

在分析资产负债表要素时我们应首先注意到资产要素分析，具体包括以下内容。

（1）流动资产分析。分析公司的现金、各种存款、短期投资、各种应收应付款项、存货等。流动资产比往年提高，说明公司的支付能力与变现能力增强。

（2）长期投资分析。分析一年期以上的投资，如公司控股、实施多元化经营等。长期投资的增加，表明公司的成长前景看好。

（3）固定资产分析。这是对实物形态资产进行的分析。资产负债表所列的各项固定资产数字，仅表示在持续经营的条件下，各固定资产尚未折旧、折耗的金额并预期于未来各期间陆续收回，因此，我们应该特别注意，折旧、损耗是否合理将直接影响到资产负债表、利润表和其他各种报表的准确性。很明显，少提折旧就会增加当期利润。而多提折旧则会减少当期利润，有些公司常常就此埋下伏笔。

（4）无形资产分析。主要分析商标权、著作权、土地使用权、非专利技术、商誉、专利权等。商誉及其他无确指的无形资产一般不予列账，除非商誉是购入或合并时形成的。取得无形资产后，应登记入账并在规定期限内摊销完毕。

其次，要对负债要素进行分析，包括以下两个方面。

（1）流动负债分析。各项流动负债应按实际发生额记账，分析的关键在于要避免遗漏，所有的负债均应在资产负债表中反映出来。

（2）长期负债分析。长期负债分析包括长期借款、应付债券、长期应付款项等。由于长期负债的形态不同，因此，应注意分析、了解公司债权人的情况。

最后是股东权益分析，包括股本、资本公积、盈余公积和未分配利润四个方面。分析股东权益，主要是了解股东权益中投入资本的不同形态及股权结构，了解股东权益中各要素的优先清偿顺序等。看资产负债表时，要与利润表结合起来，主要涉及资本金利润和存货周转率，前者是反映盈利能力的指标，后者是反映营运能力的指标。

2. 怎样看利润表

利润表依据"收入—费用＝利润"来编制，主要反映一定时期内公司的营业收入减去营业支出之后的净收益。通过利润表，我们一般可以对上市公司的经营业绩、管理的成功程度做出评估，从而评价投资者的投资价值和报酬。利润表包括两个方面：一是反映公司的收入及费用，说明公司在一定时期内的利润或亏损数额，据以分析公司的经济效益及盈利能力，评价公司的管理业绩；另一部分反映公司财务成果的来源，说明公司的各种利润来源在利润总额中占的比例，以及这些来源之间的相互关系。对利润表进行分析，主要从以下两方面入手。

（1）收入项目分析。公司通过销售产品、提供劳务取得各项营业收入，也可以将资源提供给他人使用，获取租金与利息等营业外收入。收入的增加，则意味着公司资产的增加或负债的减少。

记录收入账包括当期收讫的现金收入,应收票据或应收账款,以实际收到的金额或账面价值入账。

(2) 费用项目分析。费用是收入的扣除,费用的确认、扣除正确与否直接关系到公司的盈利。所以分析费用项目时,应首先注意费用包含的内容是否适当,确认费用应贯彻权责发生制原则、历史成本原则、划分收益性支出与资本性支出的原则等。其次,要对成本费用的结构与变动趋势进行分析,分析各项费用占营业收入百分比,分析费用结构是否合理,对不合理的费用要查明原因。同时对费用的各个项目进行分析,看看各个项目的增减变动趋势,以此判定公司的管理水平和财务状况,预测公司的发展前景。

看利润表时要与上市公司的财务情况说明书联系起来。它主要说明公司的生产经营状况;利润实现和分配情况;应收账款和存货周转情况;各项财产物资变动情况;税金的缴纳情况;预计下一会计期间对公司财务状况变动有重大影响的事项。财务情况说明书为财务分析提供了了解、评价公司财务状况的详细资料。

3. 怎样看现金流量表

现金流量表是反映公司现金流入与流出信息的报表。这里的现金不仅指公司在财会部门保险柜里的现钞,还包括银行存款、短期证券投资、其他货币资金。现金流量表可以告诉我们公司经营活动、投资活动和筹资活动所产生的现金收支活动,以及现金流量净增加额,从而有助于我们分析公司的变现能力和支付能力,进而把握公司的生存能力、发展能力和适应市场变化的能力。

公司的现金流量具体可以分为以下五个方面。

(1) 来自经营活动的现金流量:反映公司为开展正常业务而引起的现金流入量、流出量和净流量,如商品销售收入、出口退税等增加现金流入量,购买原材料、支付税款和人员工资增加现金流出量,等等。

(2) 来自投资活动的现金流量:反映公司取得和处置证券投资、固定资产和无形资产等活动所引起的现金收支活动及结果,如变卖厂房取得现金收入,购入股票和债券等对外投资引起现金流出等。

(3) 来自筹资活动的现金流量:是指公司在筹集资金过程中所引起的现金收支活动及结果,如吸收股本、分配股利、发行债券、取得借款和归还借款等。

(4) 非常项目产生的现金流量:是指非正常经济活动所引起的现金流量,如接受捐赠或捐赠他人,罚款现金收支等。

(5) 不涉及现金收支的投资与筹资活动:这是一类对股民非常重要的信息,虽然这些活动并不会引起本期的现金收支,但对未来的现金流量会产生甚至极为重大的影响。这类活动主要反映在补充资料一栏里,如以对外投资偿还债务、以固定资产对外投资等。

对现金流量表主要从以下三个方面进行分析:

(1) 现金净流量与短期偿债能力的变化。如果本期现金净流量增加,表明公司短期偿债能力增强,财务状况得到改善;反之,则表明公司财务状况比较困难。当然,并不是现金净流量越大越好,如果公司的现金净流量过大,表明公司未能有效利用这部分资金,其实是一种资源浪费。

（2）现金流入量的结构与公司的长期稳定。经营活动是公司的主营业务，这种活动提供的现金流量，可以不断用于投资，再生出新的现金来，来自主营业务的现金流量越多，表明公司发展的稳定性也就越强。公司的投资活动是为闲置资金寻找投资场所，筹资活动则是为经营活动筹集资金，这两种活动所发生的现金流量，都是辅助性的，服务于主营业务的。这一部分的现金流量过大，表明公司财务缺乏稳定性。

（3）投资活动与筹资活动产生的现金流量与公司的未来发展。股民在分析投资活动时，一定要注意分析是对内投资还是对外投资。对内投资的现金流出量增加，意味着固定资产、无形资产等的增加，说明公司正在扩张，这样的公司成长性较好；如果对内投资的现金流入量大幅增加，意味着公司正常的经营活动没有能够充分吸纳现有的资金，资金的利用效率有待提高。对外投资的现金流入量大幅增加，意味着公司现有的资金不能满足经营需要，从外部引入了资金；如果对外投资的现金流出量大幅增加，说明公司正在通过非主营业务活动来获取利润。

第五节 初创企业生产管理

对于制造型的初创企业来讲，首先要搞清楚一张图，如图 10.1 所示。

图 10.1 企业计划系统的阶梯结构

其中，主生产计划和物料需求计划是属于日常工作环节中最基础也是最重要的两个环节。主生产计划是 ERP 系统中最重要的计划层次，是最重要的功能和概念之一；而物料需求计划中的物料清单是联系与沟通企业各项业务的纽带，是 PDM/ERP 等信息化系统中最重要的基础数据。

一、物料需求计划

按照供应量管理的思想，需求管理是一种系统管理，概括起来有三个过程：了解需求、获取需求和保证需求。前两个过程主要是处理"独立需求"，后一个过程主要是处理"相关需求"。三个过程是有内在联系的，而且都需要得到相应信息技术的支持。

物料需求计划（Material Requirement Planning，MRP）：是一种企业管理软件，实现对

企业的库存和生产的有效管理。物料需求计划是以物料计划人员或存货管理人员为核心的物料需求计划体系，它的涵盖范围仅仅为物料管理这一块，主要用于非独立性需求（相关性需求）性质的库存控制。

企业怎样才能在规定的时间、规定的地点，按照规定的数量得到真正需要的物料，换句话说，就是库存管理怎样才能符合生产计划的要求，这是物料需求计划所解决的。MRP起初出现在美国，并由美国生产与库存管理协会倡导而发展起来的。

MRP是一种以计算机为基础的编制生产与实行控制的系统，它不仅是一种新的计划管理方法，而且也是一种新的组织生产方式。MRP的出现和发展，引起了生产管理理论和实践的变革。MRP是根据总生产进度计划中规定的最终产品的交货日期，规定必须完成各项作业的时间，编制所有较低层次零部件的生产进度计划，对外计划各种零部件的采购时间与数量，对内计划确定生产部门应进行加工生产的时间和数量。一旦作业不能按计划完成时，MRP系统可以对采购和生产进度的时间和数量加以调整，使各项作业的优先顺序符合实际情况。

物料需求分析表样式，如图10.2所示。

物料需求分析表

编号：　　　　　　　　　　　　　　　　　　　　　　　　日期：

物料名称	存量	各订单需求量预计					不足数量	上次订单余量	订购		预计入库日期	备注
		单1	单2	单3	单4	……			日期	数量		

审核：　　　　　分析：　　　　　填表：

图10.2　物料需求分析表

MRP计算公式：净需求=毛需求+已分配量+安全库存−计划在途−实际在途−可用库存

MRP系统的主要目标是控制企业的库存水平，确定产品的生产优先顺序，满足交货日期的要求，使生产运行的效率达到最高。具体可归纳为以下几点。

（1）采购恰当数量和品种的零部件，选择恰当的时间订货，尽可能维持最低的库存水平。

（2）及时取得生产所需的各种原材料及零部件，保证按时供应用户所需产品。

（3）保持计划系统负荷的均衡。

（4）规则制造活动、采购活动以及产品的交货日期。

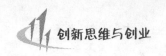

二、主生产计划

MRP 的早期用户直接把需求（预测或客户订单）输入到 MRP 系统中，运行 MRP，根据物料清单作需求展开。在这个过程中，并不考虑资源的可用性。但是，需求会不断地变化，而且有时变化是很大的。如果让 MRP 系统直接面对需求，则系统将经常产生对于自己的工厂和供应商来说都无法执行的计划。反映在生产线上，时而严重超负荷，时而大量能力闲置。

于是，MRP 的早期用户意识到，如果不能预料和控制用于支持生产的资源的可用性，MRP 的价值是极其有限的，让计算机做太多的决策性工作也是不切实际的。这些想法导致了主生产计划（Master Production Schedule，MPS）的出现。同时，也产生了一个重要的工作岗位——主生产计划员。

粗略地讲，主生产计划是关于"将要生产什么"的一种描述，它起着承上启下、从宏观计划向微观计划过渡的作用。

主生产计划把有效管理产品和生产、库存、销售所需的所有数据显示在一个屏幕上，对每行数据都用统一的格式，时区的选择也是一致的。从而，各个部门都可从中得到所需的信息，而且避免了信息的不一致。

主生产计划以周或天作为计划时区，从而可以及时地对多变的市场和不准确的预测做出反应。

主生产计划使用关键的时界，即计划时界和需求时界，使得既便于计划的维护，又可避免被不可能满足的客户需求所驱使。

以物料单位表示的主生产计划很容易转换成以货币单位表示的成本信息，因此，很容易形成财务计划。

三、产品生命周期理论

产品生命周期理论是美国哈佛大学教授雷蒙德·弗农（Raymond Vernon）1966 年在其"产品周期中的国际投资与国际贸易"一文中首次提出的。

产品生命周期（Product Life Cycle，PLC），是产品的市场寿命，即一种新产品从开始进入市场到被市场淘汰的整个过程。费农认为：产品生命是指市场的营销生命，产品和人的生命一样，要经历形成、成长、成熟、衰退这样的周期。就产品而言，也就是要经历一个开发、引进、成长、成熟、衰退的阶段。而这个周期在不同技术水平的国家里，发生的时间和过程是不同的，期间存在较大的差距和时差，正是这一时差，表现为不同国家在技术上的差距，它反映了同一产品在不同国家市场上的竞争地位的差异，从而决定了国际贸易和国际投资的变化。为了便于区分，费农把这些国家依次分成创新国（一般为最发达国家）、一般发达国家、发展中国家。

典型的产品生命周期一般可以分成四个阶段，即介绍期（或引入期）、成长期、成熟期和衰退期。

第一阶段：介绍（引入）期

介绍（引入）期是指产品从设计投产直到投入市场进入测试阶段。新产品投入市场，便进入了介绍期。此时产品品种少，顾客对产品还不了解，除少数追求新奇的顾客外，几乎无人实际购买该产品。生产者为了扩大销路，不得不投入大量的促销费用，对产品进行宣传推广。该阶段由于生产技术方面的限制，产品生产批量小，制造成本高，广告费用大，产品销售价格偏高，销售量极为有限，企业通常不能获利，反而可能亏损。

第二阶段：成长期

当产品进入引入期，销售取得成功之后，便进入了成长期。成长期是指产品通过试销效果良好，购买者逐渐接受该产品，产品在市场上站住脚并且打开了销路。这是需求增长阶段，需求量和销售额迅速上升。生产成本大幅度下降，利润迅速增长。与此同时，竞争者看到有利可图，将纷纷进入市场参与竞争，使同类产品供给量增加，价格随之下调，企业利润增长速度逐步减慢，最后达到生命周期利润的最高点。

第三阶段：成熟期

成熟期是指产品走入大批量生产并稳定地进入市场销售，经过成长期之后，随着购买产品的人数增多，市场需求趋于饱和。此时，产品普及并日趋标准化，成本低而产量大。销售增长速度缓慢直至下降，由于竞争的加剧，导致同类产品生产企业之间不得不在产品质量、花色、规格、包装服务等方面加大投入，从而在某种程度上增加了成本。

第四阶段：衰退期

衰退期是指产品进入了淘汰阶段。随着科技的发展以及消费习惯的改变，产品的销售量和利润持续下降，产品在市场上已经老化，不能适应市场需求，市场上已经有其他性能更好、价格更低的新产品，足以满足消费者的需求。此时成本较高的企业就会由于无利可图而陆续停止生产，该类产品的生命周期也就陆续结束，以至最后完全撤出市场。

产品生命周期是一个很重要的概念，它和企业制定产品策略以及营销策略有着直接的联系。管理者要想使他的产品有一个较长的销售周期，以便赚取足够的利润来补偿在推出该产品时所做出的一切努力和经受的一切风险，就必须认真研究和运用产品的生命周期理论。此外，产品生命周期也是营销人员用来描述产品和市场运作方法的有力工具，在开发市场营销战略的过程中，产品生命周期却显得有点力不从心，因为战略既是产品生命周期的原因又是其结果，产品现状可以使人想到最好的营销战略，当然，在预测产品性能时产品生命周期的运用也受到限制。

第六节　初创企业人力资源管理

一、人才机制

人力资源管理是创业者在企业成长过程中所面临的重大挑战。初创企业由于自身规模较小、对个体依赖性强、缺乏良好的企业文化等原因，导致无法吸引到足够的人才，而人才战略是整个企业发展的核心。因此创建合适的人才机制是初创企业的当务之急。

（一）吸引人才的条件

1. 运用薪资和福利

考虑自身的实力和实际条件，初创企业应制定一套有自己特色的灵活的薪酬制度，一

般可以采用"底薪+奖金"的模式。当然,根据激励对象的不同,薪酬福利制度的设计也有不同的特点。

(1) 对于从事技术工作的人才:可以根据他参与的项目为企业所带来的效益,以项目提出的方式给予奖励;对于一般的技术员工或工人可以采取一次性奖金以鼓励他在具体生产研发中的小创新。

(2) 对于从事管理工作的人才:采取目标管理的方式,制定管理目标,根据目标完成程度以及效果来确定奖金数额。对于目标和考核标准应协商制定。

(3) 对于从事市场工作的人才:可以采取以市场业绩为依据来确定报酬,同时可辅以目标管理方式来激励人才开拓新市场,创造潜在市场以及推广企业知名度等不能直接计量的工作。

2. 运用职位

根据马斯洛的"需求层次理论",人不但有物质的需求,还有精神的需求。因此创造恰当的非物质条件也是吸引人才的方法。根据人才自身的经验和素质,结合企业内部的实际情况,给人才设置挑战性的工作和职位,满足了人才自我发展,自我实现的需要,也有利于企业的成长。

3. 运用企业文化

初创企业往往缺乏对企业文化建设的重要性认识。其实成功的企业文化对于员工的潜移默化作用比物质激励更为有效。

企业文化是一定社会、经济、文化背景下的企业,在一定时间内逐步形成和发展起来的稳定的、独立的价值观以及以此为核心而形成了行为规范、道德准则、群体意识、风俗习惯。

良好的企业文化不但可以激发全体员工的热情,还是吸引人才和留住人才的有效手段。

4. 其他手段

如股权激励、日常管理、就业选择等都可以作为留住人才和吸引人才的方法。

在对 80 位中国互联网行业初创企业的企业家进行问卷调查后发现,在新创高新技术企业中,最重要的竞争优势来自企业的人力资源,这说明在高新技术产业,企业所拥有的最大资源就是公司员工的智慧。的确,产业的发展离不开源源不断地涌现出来的新观念和大胆革新,这一切都离不开人;任何营销策略可以被模仿,任何技术创新都可以被学习。一个企业能与芸芸众生区别开来,最根本的原因是拥有特别的人才将同样的事情完成得与众不同。人才是企业生存、发展的根本。从根本上说,企业人力资源的差别是一切有形和无形资源差别的根源,人力资源是企业首要的战略资源。人力资源所蕴涵、衍生出的企业经营技法、管理技能资源是获取良好绩效的关键。

尽管初创企业有很多不足,但在吸引人才方面却有独特的优势,主要来源于以下几个方面。

(1) 工作的成就感和吸引力。腾讯公司的许多员工都表示喜欢自己工作的企业,因为事情很有意思,工作的成就感是促使每个人努力工作的最高理由。

(2) 企业提供的个人发展空间。与成熟企业相比,初创企业员工离职率高,企业不仅考虑物质报酬,还应该考虑工作任务与员工的职业发展。

(3) 合作的企业文化。新企业没有什么历史包袱,容易形成宽松的氛围,办公室政治也不可能大行其道,这样的文化对员工有很好的吸引力。

（二）人力资源的整合

初创企业的成长过程，实质是依托外来人力资源尤其是外来企业家的加盟过程，如何协调空降兵和原有员工的关系是很多企业家头疼的问题。

1. 新老势力矛盾凸显

企业家引进了一批又一批的空降兵是为了寻求对既往管理模式的突破，或者对新业务的开拓。但发现空降部队很难与原先稳定的核心员工层完全融合，最后的结果是空降兵不得不离开，公司的业务只能裹足不前，在以往的圈子内徘徊，难以突破。

其一，原有的员工面对空降兵时很快感到一种压力——对既得利益和地位的威胁。资深员工之所谓资深，在于其能力和业绩得到企业的认可，同时其对公司现有文化也认同。在众多民营企业中，这种文化的认同更多的是对老板个人魅力的认同，对老板的忠诚。他们的缺点也很明显：更加渴望事业和薪酬的稳定，反对变革，害怕承担风险。希望维系原有的状况，这令老板和空降兵头疼不已。

其二，空降兵来到企业后，经过短暂的观察，会了解企业的现状，也对自己能有多大作用有所了解。但最初的激情过后，会发现与企业的磨合是个痛苦的过程，尤其是与老员工的沟通和协作上。

在新老势力的冲突中，老板的天平最终还是倾向老员工，因为老板更加相信与他们一起打天下的追随者。

2. 如何有效化解冲突

关键在于三个方面：一是老板本人对变革的决心；二是空降部队的耐性和智慧；三是公司新老势力的磨合情况。

因此，企业家至少做好两件事才能解决好保守与变革之间的矛盾。首先，要设立企业家、空降兵、资深员工三者的共同目标。其次，对于资深员工，适当地激励、鞭策和压力，在新老势力的磨合中，引入"狼性"文化。

如何治疗创业元老"老年痴呆症"

茂威集团是沿海一家中型服装企业，集团总裁赵老板与几个创业者经过7年努力，将一个小厂子做到了近万人的规模。但是，遭遇"7年之痒"后，跟随赵老板打天下的创业元老们患上了"老年痴呆症"——当年拼劲十足的创业元老现在大都"一身疲惫"，好像到了"更年期"，许多当年的"老革命"现在都在凭借自己的经验与资历做事，学习性与专注性极差。最为严重的是，他们的作风也对公司整体氛围造成很多负面影响。例如，集团新建立一套绩效考核制度，到了这些元老这里就马上会引起反弹："我是元老呀，也要接受考核？"市场终于因这些创业元老的消极懈怠而变得不愠不火，而赵老板心里却早已"上了火"，究竟该如何对待这些跟随自己多年的创业元老？如何有效治疗他们的"老年痴呆症"呢？

很多老板和伙伴们创业的时候，他根本没有想到自己能够做多大，等到某天做大了，他自己都大吃一惊，这个时候，企业的发展实际上已经超越了他自己的目标。天降喜事往往变成悲剧。意外的收获，激起了人的欲望。面对突然发展起来的企业，老板的心态发生

了变化,曾经许诺过兄弟们的好处,现在不想兑现了,他会想,企业是我的,我为什么要给你这么多?

同样,一起创业的兄弟们也会想,江山是我们一起打的,我能得到什么?当他们感觉自己所得远低于预期时,就会不平衡,开始消极怠工,变得"痴呆",以为他们真的老朽了?那就错了,这是假痴,不信等他自己创业或者是换个地方,马上就活起来了。

在这种情况下,"痴呆"是老板和元老们一起作用造成的。

对于创业元老的"痴呆症",有三副药方,有点猛,但是管用。

其一是捆绑,这些元老身上也许有很多新的价值待发掘,需要与企业捆绑起来,给他一些新的刺激和挑战。如换个位置,开拓一份新的事业,设立一个新的目标,建立一种精神价值体系,并提供培训支持。像刚才说的奥克斯,让创业元老去开拓新业务,就属于这种方法。

其二是隔离,健康的人痛快地干活,"痴呆"的一边"呆"着去。具体做法,就是给他一个虚职,把他养起来,但是不给实权,既照顾了情义,也不影响企业运行。这就是所谓的"杯酒释兵权"。

其三是切割,该拿掉的人一定要拿掉。当一个人确实不能创造价值甚至造成组织贬值时,我们需要明白,真正要治疗的是组织,而治疗组织就是切割无法治疗(或治疗成本太高)的人。

企业做大了,绝对不能做好人,必须是"狼心狗肺",做好人了,就是葬送团队。很多企业领袖,都是在外界受尊敬,但是在内部被很多人骂,这是必然的。很多时候,对于那些不能适应企业发展的人和制度,就需要无情抛弃,这不是残忍,而是作为领导者的责任。

二、人才使用原则

企业用人向来没有一定的模式,同一行业同一规模的企业使用同一原则管理人才都可能失败,因此企业的用人既要讲究原则又要讲究灵活性。

(1)掌握企业的初创期、发展期和成熟期的不同用人标准和方法。初创期是要"跨马闯天下"的人才,发展到一定程度后要"提笔定太平"的人物,企业在发展到一定的程度后就需要在保持基本稳定的情况下,不断地"吐故纳新",企业才能保持旺盛的生命力。

(2)切不可"小马拉大车"或"大马拉小车"。前者是指能力不够的人无法带动企业进步,后者则是指能力太强的人反而会在企业不安分。因此,多深的水养多大的鱼是企业用人的明智选择。

(3)在充分识别的基础上用人。企业家用的人可以分为三类:一类是可以信任但不可大用的人,即忠厚老实不堪重用的人;二类是可用而不可信的人,是指有能力但私心太重,为了个人利益而钻研弄巧的人;三类是可信又可用的人。企业家都想找第三类人,但这往往是可遇而不可求的,为了企业的发展,应该各类人物都要用,合理配置,扬长避短,最大限度地发挥他们的作用。

(4)不能过于苛刻。该给员工的工资奖金福利一定要做到言必行,行必果。真正做到"奖得眼红,罚得心痛"才能收到恩威并重的效果。

（5）不要计较下属的缺点和小错。企业用人，不是寻找圣人、贤人，而是寻求对企业有用的人。

（6）尊重人的本性，不要追求员工对企业的绝对忠诚。

（7）大胆放权，分级管理。多当裁判员，少当运动员，切莫事事过问。一来可以调动中层的积极性，二来可以客观处理分歧。

（8）小事糊涂，大事聪明。作为初创企业家，关键的技术、主要的客户、原材料和产品的渠道一定要亲自掌握，定期或不定期参加。做到"一半清醒一半醉"。

（9）提拔重用员工不要论资排辈，要以知识能力贡献来定，给能力强，资历浅的员工带来希望。

 知识链接

成功企业的人力资源管理

珍惜品牌

不成功的公司通常不注重对自己"牌号"的经营。他们没有意识到，如果损伤了自己的牌号，也就失去了人们为之工作的象征，从而破坏了员工的"所有者的自豪感"。彼特哈珀接管 UDS 集团后，首先采取的步骤就是恢复名称，从而恢复雇员的自信心，进而恢复公司的总体形象，让雇员与就业的场所混为一体，是十分必要的。

高薪鼓励

不成功的公司支付的薪金通常较低。这并非因为它们的经济拮据，而是因为它们对薪金及鼓励的推动作用缺乏认识。而成功公司的最高管理人员则十分清楚努力与报酬之间的关系。管理学家指出，薪酬在很大程度上体现了管理者对员工的重视程度以及期望程度。

内部提拔

成功公司在很大程度上依靠从内部提升员工，并把这一做法视为加强公司文化特征的一条途径。许多不成功的公司也这么做。两者之间的差异在于，成功的公司不断发展公司"文化"，并使之适应于现实世界，而不成功的公司则往往提升那些使公司"文化"僵化的人。

广泛交流

在员工和老板之间建立一个通畅的民意通道很重要。失败的公司一方面充斥着大量无用的信息，另一方面则盛行着专制的管理风格，雇员很少知道公司对自己有什么要求，对公司的未来发展也一无所知。而成功的公司则大多建立起了一整套交流方法，其中包括跨专业职能的小组、开大会，以及出版一份内部报纸，以便随时让员工和经理们知道正在发生和已作计划的事情，从而使他们真正具有参与感，能够积极配合公司的工作。

重视培训

一些不成功的公司确实也非常注重培训，他们的培训部门甚至可能很奏效。但问题在于，它对于公司的总目标是否同样奏效？换句话说，它是否以一种有计划的、前后一贯的方式来适应未来的需要？如果公司没有一个明确的使命感，没有一整套被大家普遍理解和接受的目标，那么，即使是最好的培训工作也都是徒劳。值得注意的是，一些成功的公司已逐渐把管理培训活动从一般性的课程转向高度专门化的课程，以适应各个经理的不同

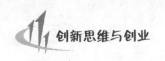

发展需要。在这方面,各种形式的外出学习也是一个途径。

争取家属

美洲虎公司总裁伊根指出,要是能使一个对公司漠不关心的工人的全家都参加到公司为争取生存和成功的斗争中来,那么,这个工人也会焕发活力。为此,这家公司做了许多努力,其中包括举办家庭茶话会,请雇员的亲朋好友来听听公司的进展和未来计划;在工厂的开放日,家属可来看看工厂是怎样工作的(有2.5万人曾来参观过);还有篝火庆祝晚会、小型马拉松和观赏童话剧等一系列活动,使得员工及其家庭更好地与公司融为一体。

尊重个人

不成功的公司往往只考虑组织利益,在他的眼里很少有个人。事实证明,不尊重个人是许多公司由盛转衰的起点。这样做会使职员离心,会使他们的目标偏离公司的目标,从而削弱了参与的可能性。一位经理对下属表示最大的尊敬便是认真听取他的意见。

三、一般员工管理

(一)工作分析

工作分析又称岗位分析,活动围绕岗位的责任、权力、资格、待遇展开,其中工作责任的划分以及完成任务所需的工作职权,是岗位分析和工作界定的重点。在实际操作过程中,岗位分析活动通过一系列技术方法加以实现。

一般来说,在岗位分析过程中,要关注下述问题。

(1)明确岗位分析目标;

(2)明确岗位分析重点;

(3)确定岗位分析责权;

(4)开展岗位分析工作;

(5)检验岗位分析结果。

岗位分析的成果通过岗位说明书体现。岗位说明书由岗位描述和任职规范两方面内容构成,前者说明对于岗位责任与权利的要求,后者说明对于任职人员能力与素质的要求。岗位说明书的内容,是用人办事要求的集中体现。

(二)员工招聘

招聘甄选是企业按照一定标准进行员工吸引、比较、录用的过程,包括从外部市场吸引劳动者进入特定企业,以及在组织内部挑选合适劳动者担任特定岗位。

人员招聘工作是一个有计划的管理过程,由一定的工作程序构成,其中招聘需求确认、招聘范围选择、招聘信息发布、应聘人员甄选和人员录用手续,是招聘工作的五个基本环节,以人员甄选为关键环节。

通常创业者可以通过广告招聘、人才招聘会、校园招聘、就业服务机构推荐、网络招聘、推荐和自荐等方式招聘人才。

(三)员工培训

培训工作的任务是按照企业要求塑造员工技能和素质。在现代企业人力资源管理中,员工培训肩负着提高员工队伍质量,从而加强企业核心竞争力的重任。在实践中,培训工作有不同形式,分别从不同角度塑造员工的技能和素质。

在新员工入职后，往往由老员工带领新员工进入到工作角色中去，这样也更能融入企业文化氛围中，这种称为非制度化的培训。此类培训成本远远低于正式的培训讲座，能使新入职的员工在潜移默化中逐渐接受企业文化和工作方式。其缺点主要在于不够正规，有时候会流于随意，不利于培养员工正式的工作作风，而在一些标准化的操作岗位上这完全是必要的。因此，随着企业的不断成长，应当及时引进规范化的培训，采用多种培训方式共同进行。

（四）绩效考评

所谓绩效考评，是运用科学的方法、标准和程序对员工绩效进行测量和评价，在人力资源管理中居于极为重要的地位。员工绩效考评不仅直接影响员工的薪资报酬、培训开发，还影响企业的职位分析、招聘甄选方式。绩效考评工作是一个复杂的过程，需要在组织各层次人员的参与下，遵循一定原则进行。

绩效考评一般有以下几个步骤。

1. 绩效目标的制定

员工绩效目标是对员工的要求，也是员工努力的方向。确定合理的员工绩效目标，不仅有助于明确员工的工作重点和工作方式，而且能够提高员工的工作积极性。

2. 绩效信息的收集

绩效信息是与绩效目标实现情况相关的信息，需要从工作结果和工作过程两个方面进行收集；系统准确的绩效信息是进行绩效考评的依据。为此，必须明确绩效信息的收集范围，采用科学合理的收集方法。

3. 绩效成绩的评定

绩效成绩评定是对工作表现所作的测量与评价。由于绩效标准有成果标准、过程标准、行为标准，因此绩效评定也要采取不同的方式，尽可能防止各种原因引起的偏差。

4. 绩效考评的反馈

考评结果只有被员工理解和认同，才能促进员工改进工作业绩，为此必须进行考评结果的沟通。其中考评反馈是关键环节，需要掌握相应的方法和技术。

5. 考评结果的使用

绩效考评结果主要有两方面作用：一是确定员工的报酬，包括工资、奖金和合作晋升。这是对于员工贡献的经济回报依据。二是改进员工的工作，包括解决绩效问题，采取改进措施。这是为了提高员工价值所进行的人力资源开发。

（五）薪酬制度

薪酬制度本质上是通过一定的物质手段对员工进行激励，以更大提升员工的工作积极性，进而提升企业绩效。

薪资制度设计是一项与企业和员工利益直接相关的重大问题，必须在理解薪资分配原理的基础上，根据自身企业的实际情况采取不同的方法。但在薪资制度设计中，有一些需要贯穿的基本原则。

1. 合法性原则

合法性是指组织的薪资制度必须符合现行的国家政策和法律。

2. 公平性原则

如何保证对于员工的劳动支付合理的报酬，是设计薪资制度时必须考虑的基本因素，否则无法形成员工和企业的利益共同体，甚至带来劳动纠纷。

3. 激励性原则

激励性是指要通过薪资管理，对员工真正起到激励作用，真正体现按贡献分配的原则，从而提高员工的工作热情，为组织作出更大的贡献。

4. 经济性原则

薪资既可以被视为成本，也可以被当作资本。是成本，就要进行成本效益分析，是资本就要考虑其投资回报率。提高组织的薪资标准，固然可以提高其竞争性与激励性，但却不可避免地会导致人力成本上升。

5. 竞争性原则

竞争性是指在社会上和劳动市场中，组织的薪资水平要有吸引力，才能够在人才竞争中胜出，招到所需要的优秀人才。

实际案例

激情团队缓慢消失

周易所在公司是在5年前开始大规模实施绩效考评的，而那一年，也是周易刚刚当上研发经理的时间。

当时，作为研发部门的经理，周易全力配合人力资源部门的绩效考核推广工作。在一周内召开了三次部门会议，和研发人员反复商量考核指标，虽然最终也不知道到底哪些指标可以量化，但还是列出了五项考核内容：新产品开发周期、技术评审合格率、项目费用控制、内外部客户满意度、上下班时间。

然而，事实并没有朝着周易期望的方向发展。绩效考评第一期的成绩刚出来，基础研发部的张平就找上门来，开口就提换项目的要求，原因很简单，自己这一季度的绩效考评成绩不及格，不但拿不到奖金，连基本工资的系数也要下调。

"操作系统研究怎么可能每个月都出成果，产品开发周期这项指标的成绩我三个月都是零，我也要调到硬件研发项目团队。"张平说的是事实，手机的外观和功能经常千变万化，外观设计组的同事们绩效考核成绩光这一项就高了很多。

张平的事情还没解决，王淼也来找事了。王淼说："外部的客户满意度不高怎么能把责任算到我头上，当初也是高层领导和市场部统一要求我一定要这么设计的，而且再三交代是客户的要求，怎么最终客户不满意了反倒把责任推到我头上了？"

更让周易头疼的事情还在后面，慢慢地，周易发现研发部门的整体氛围改变了，大多数的成员都捡着简单易出成果的事情干，团队之间原来亲密无间的关系也不见了，取而代之的是相互推卸责任，积极争抢成果。

更甚的是，研发人员和周易沟通内容由原来层出不穷的新点子、新思想变成了喋喋不休的询问和察看绩效成绩，这样的问话经常骚扰着周易：经理，我快完成任务了吧？更可怕的是，研发人员为了追求高绩效还经常抄袭别人的技术。

周易觉得肯定哪里出现了问题，但他找不到答案。

本 章 小 结

本章主要介绍了企业组织结构的设计、企业战略的制定、企业如何进行市场营销、企业财务管理、企业生产管理以及人力资源管理的相关知识，从初创企业的角度来讨论企业管理，区别于传统的企业管理内容，但需要更多的参阅其他参考书来进一步完善知识结构，完成企业向成熟企业的蜕变。

复习思考题

1. 创业企业常见的企业组织形式有哪些？
2. 创业企业一般有哪些创业战略？
3. 寻找一个初创企业，考察其营销活动，分析其特点。
4. 从激励的角度分析如何提高员工的创造性？

实践练习篇

- 第十一章 "创业之星"伴你起航

第十一章 "创业之星"伴你起航

为积极响应教育部关于高校要加强创业教育的号召，树立大学生创业意识，培养大学生创业精神，提高毕业生的创业和就业能力，我院在2009年尝试将金蝶创业实训软件"创业之星"引入到经济类专业课程教学。"创业之星"模拟实训平台的使用，不仅促进了学院教学模式与教学方法的改革，强化了教学实践动手环节，而且增强了学习过程的生动趣味性，彻底解决重理论轻实践的教学现状，教学效果大大提高。

"创业之星"是全程创业模拟实训的训练平台，学生模拟真实企业的创立过程，完成创业计划书、办理工商税务登记注册、对创立企业进行运营管理等管理决策。经过6个季度的"企业"运行，最后以综合表现得分作为学习得分。学生在实战中，体验到可能在真实企业创业过程中遇到的各种情况，学习对出现的问题和运营结果进行分析与评估，感受创业艰辛等等，同时，也使学生的意志得到磨砺，创业潜能得到激发，综合素质进一步提升。

一、启动"创业之星"学生端程序

1. 运行"创业之星"学生端程序，出现如图11.1所示的登录界面。

"服务器"：输入"创业之星"数据处理服务器所在的IP地址或网址，如在本机，则输入"127.0.0.1"。

"教室"：输入要进入的教室号码，该教室必须已经由教师启动教师端程序进入。

"端口"：输入连接服务器的端口号，默认是"80"，可根据实际情况输入。

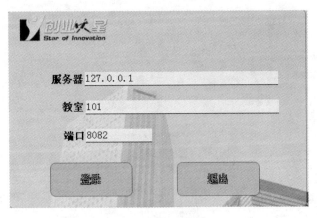

图11.1 登录界面

2. 如正常连接，将会出现如图11.2所示的学生登录窗口。在第一次使用时，没有任何学生可以登录，需要学生提交申请，教师审核通过后才可以使用该学生名字登录。

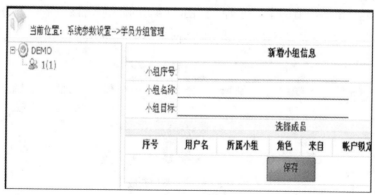

图 11.2　学生登录窗口

3. 单击"注册新用户"按钮，在出现如图 11.3 所示的注册页面中输入登录的学生信息。学生要完成注册，教师还需要先设定参加训练的小组数。在教师端程序主界面，单击左边菜单"系统参数设置—学员分组管理"，按提示创建小组序号和小组名称。创建成功后会在中间列表中显示已创建的小组序号及小组名称。

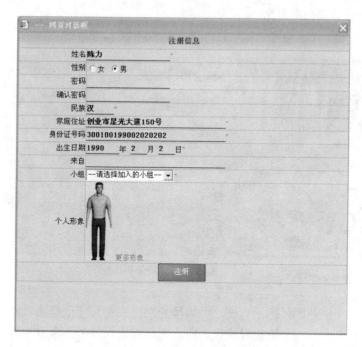

图 11.3　注册新成员信息页面

4. 教师合建了小组后，学生端在注册新成员信息页面的"小组"列表框中，选择要加入的小组。其他所有带"*"标志的表示该栏信息必须填写，有些信息是后面工商登记注册需要用到的。完成全部信息输入后，单击"注册"按钮。

5. 学生提交注册申请后，在教师端程序，单击左边菜单“系统参数设置—学员分组管理”，右边会显示出新申请的学生姓名，如图 11.4 所示。单击该名字右边的“账户锁定”一栏的加锁标志，标志变为“”，则表示已同意该学生注册。

选择成员							
序号	用户名	所属小组	角色	来自	帐户锁定	操作1	操作2
厂	陈力	1(1)	0			删除	清空密码
学员数：1							
保存							

图 11.4 添加新成员

6. 再到学生端程序，按“F5”键刷新屏幕，或重新启动程序，会看到申请已获教师批准。选择刚申请注册的学生名字，单击“登录”按钮，即可进入学生端程序的主场景。

至此，学生端程序已正常启动运行。

二、“创业之星”学生端基本操作

（一）主场景功能分布简介

学生端程序运行并成功登录后，进入的主场景如图 11.5 所示。

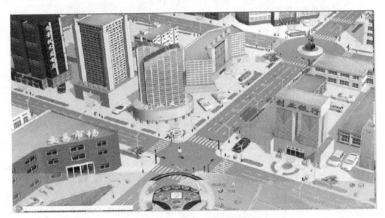

图 11.5 主场景界面

主场景是一个创业园区的示意图，每幢楼分别代表着某一个办事机构，分别可以去办理相关事宜。在下面是一个快速导航仪表盘，上面有进入各个办事机构的快捷菜单，以及系统信息提示和帮助等信息。 下面分别对各个大楼的功能与作用做简要说明。

（1）“创业大厦”：所有创业企业办公所在地，对应仪表盘上的“公司”。

（2）“创业银行”：创业园区的金融机构，可以到这里办理公司开户与申请借款等业务，对应仪表盘上的“银行”。

（3）“会计事务所”：新公司创立时，办理股东注资情况的验证证明，对应仪表盘上的“会计”。

(4)"工商行政管理局":新公司创立时,办理公司名称审核及注册等事宜,对应仪表盘上的"工商"。

(5)"国家税务局":新公司创立时,办理国税税务登记证书,对应仪表盘上的"国税"。

(6)"地方税务局":新公司创立时,办理地税税务登记证书,对应仪表盘上的"地税"。

(7)"质量技术监督局":新公司创立时,办理组织机构代码证,对应仪表盘上的"质检"。

(8)"刻章店":新公司创立时,刻制公司各类印章,对应仪表盘上的"刻章"。

(9)"人力资源与社会保障局":办理公司社会保险登记证,员工养老保险办理,对应仪表盘上的"劳保"。

(10)"交易市场":办理人员招聘,原材料转让交易,厂房设备交易,商业情况购买等,对应仪表盘上的"市场"。

每幢楼的入口处有一个进入大楼的标志,鼠标移到该标志的位置上,当出现"进入"提示时,单击即可进入到相应的大楼办理相关业务。

(二)公司场景功能分布

企业创立后,在运营阶段,大部分工作主要是在公司内部来完成。公司内部包括研发部、市场部、销售部、生产部、人力资源部、财务部等管理部门,另外还有总经理、会议室、原料仓库、生产车间、成品仓库等可以操作管理。

以下先介绍各部门或场景的主要功能与作用,再结合各部门或场景的操作来介绍相关功能的使用。

在主场景中单击进入"创业大厦",或在导航仪表盘上单击"公司"按钮,可以快速进入公司内部场景。公司内部场景界面如图11.6所示。在下半部分是一个快速导航仪表盘,可以帮助使用者快速进入到相关部门或场景中。下面分别对各个部门的功能和作用做简要说明。

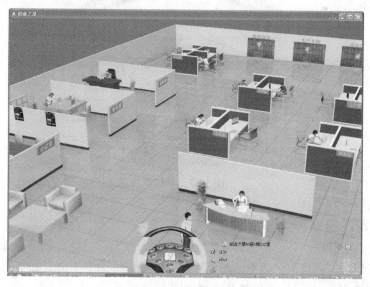

图11.6 公司内部界面

237

（1）"研发部"：负责新产品的设计工作，并对新设计产品进行研发，设计研发完成的产品才可以生产与销售。

（2）"市场部"：负责各区域市场的开发工作，并负责各阶段市场广告宣传投放方案的制订。

（3）"销售部"：负责对部门销售人员进行岗位调整、培训安排以及是否要计划辞退等决策。

（4）"制造部"：负责采购原料、购置厂房、购置设备、生产资质认证投入等决策，并确定是否辞退生产工人，对销售部门接到的产品订单落实交付。

（5）"财务部"：负责公司各阶段现金预算的制定，根据公司发展需要制订筹资计划。

（6）"人力资源部"：负责员工招聘、签订合同、解除合同、员工培训等所有与员工有关的决策。

（7）"会议室"：在这里完成公司的创业计划书与经营计划书的撰写，完成公司章程的撰写；并可以看到完整的商业背景环境与运营规则。

（8）"总经理"：对公司整体运营情况及各部门经营的数据进行查询分析。

（9）"原料仓库"：查看公司原材料仓库中的所有原料信息。

（10）"成品仓库"：查看公司生产成品仓库中的所有产品信息。

（11）"生产车间"：负责产品生产计划的编排与制订，并对厂房与设备进行相关操作。

（三）导航仪表盘的操作使用

导航仪表盘的分布情况如图 11.7 所示，单击上面的各个按钮可以快速进入相关部门，方便在不同部门和机构间快速切换。如单击"公司"按钮，可以快速跳转到创业大厦中的公司办公场景；单击"主"按钮，可以快速回到主场景等。

图 11.7　导航仪表盘

三、公司注册

当创业者有了想法，并已经做好了资金、人员、技术、场地、设备、公司名称等方面的各项准备工作后，就进入了企业的初创阶段。参加训练的学生需要独立完成公司注册审批流程的所有工作。公司注册的整个流程如图 11.8 所示。

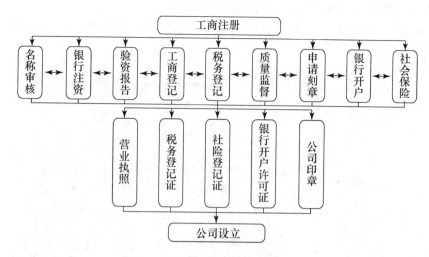

图 11.8 公司注册流程图

（一）租赁办公场所

单击"创业大厦"的入口处，由于是第一次进入，系统会提示是否租赁办公场所，如图 11.9 所示。单击"确定"按钮，办理房屋租赁合同。

根据系统提示完成房屋租赁合同的签订，单击合同右下角的乙方负责人签字处的笔形标志，完成合同的签订。

合同签订成功后，系统会自动为你分配一间办公室，请记下办公室的详细地址信息，后面注册会用到。

图 11.9 租赁办公场所界面

（二）公司名称登记

在主场景中单击"工商行政管理局"的入口处或在导航仪表盘上单击"工商"按钮，进入工商行政管理局内部。

在办事大厅内可以看到有三个办事窗口，单击最左边的"名称审核"窗口。

1. 在弹出窗口中，选择"指定代表证明"选项，按要求填写相关信息，并在窗口右下角的投资人签字位置单击"签字"按钮进行确认。

2. 再选择"名称预先核准"选项,完成公司名称预先审核申请书的信息填写。具体填写内容如图 11.10 所示。

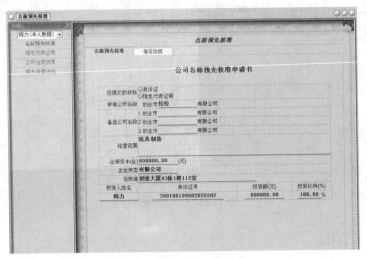

图 11.10　信息填写界面

3. 全部填写完整后提交,如填写内容符合要求且公司名称没有和其他小组冲突,会提示申请成功,可以保留申请的名称作为公司名称。对于各个项目的填写注意事项,在"填写说明"页面中有简要说明,不清楚时可以去查看相关帮助信息。

4. 选择"公司注册进度"选项,出现如图 11.11 所示的注册流程界面。可以查看到目前公司的注册流程已经完成了哪些工作,进展到哪一步。公司注册涉及的每一个机构的决策页面都会有这个帮助页面,可以帮助学生快速了解注册流程的进度情况。

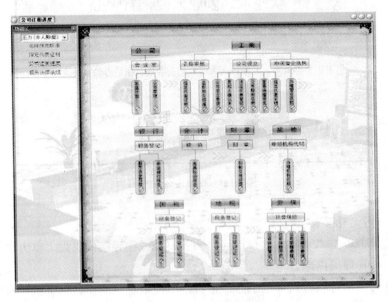

图 11.11　注册流程界面

5. 选择"相关法律法规"选项，出现法律法规界面。提供了与工商登记注册有关的国家法律法规，一方面可以帮助学生在学习中了解相关的知识，另一方面可以更好地理解注册中的一些规定与要求。如图 11.12 所示。

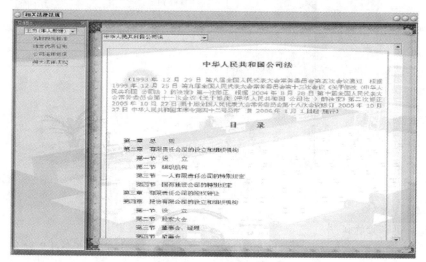

图 11.12　法律法规界面

（三）撰写公司章程

在主场景中单击"创业大厦"入口或在导航仪表盘上单击"公司"按钮，进入公司办公场景。单击"会议室"，在弹出窗口中单击"公司章程"，在出现如图 11.13 所示的公司章程界面中完成公司章程的编写工作，也可以在其他地方写好后粘贴到此处。

编写完成后，在公司章程的最后"全体股东签名"位置处，单击"签名"按钮。如果一个小组有多个股东构成，则其他股东会自动完成签名。

图 11.13　公司章程界面

（四）公司注册资金

在主场景中单击"创业银行"入口或在导航仪表盘上单击"银行"按钮，进入创业银行。单击"对公业务"窗口，在弹出窗口中单击"股东资金存款"菜单，在出现如图 11.14

所示的注册资金界面中来确认将所有股东资金存入银行。

图 11.14 注册资金界面

（五）领取验资证明

在主场景中单击"会计事务所"入口或在导航仪表盘上单击"会计"按钮，进入会计事务所。在弹出窗口中单击"出具验资报告"菜单，在出现如图 11.15 所示的验资证明界面中完成公司股东注册资金的验资，并领取验资证明。

图 11.15 验资证明界面

（六）公司设立登记

在主场景中单击"工商行政管理局"入口或在导航仪表盘上单击"工商"按钮，进入工商行政管理局。公司设立需要提供的资料较多，要首先全部准备好。

1. 单击"发起人确认书"菜单，出现如图 11.16 所示的发起人确认界面，在所有签字的地方签字确认。如果公司由多名股东组成,系统会自动将其他股东的名字签好。

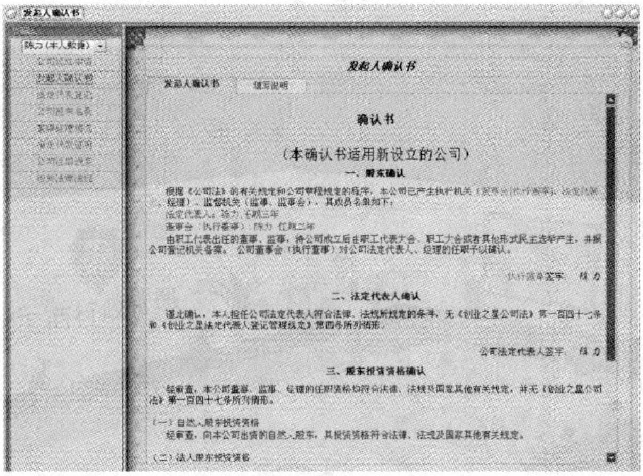

图 11.16　发起人确认界面

2. 单击"法定代表登记"菜单,出现如图 11.17 所示的法定代表人界面,填写法定代表人信息,并签字确认。如果公司由多名股东组成,系统默认当前使用者就是法定代表人。

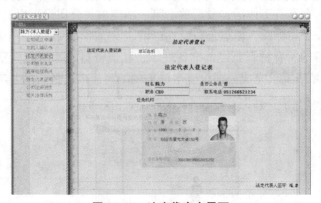

图 11.17　法定代表人界面

3. 单击"公司股东名录"菜单,出现如图 11.18 所示的公司股东界面,填写公司股东(发起人)名录信息。如果公司由多名股东组成,则要填写所有股东的相关信息。

图 11.18　公司股东界面

4. 单击"董事经理情况"菜单，出现如图 11.19 所示的公司董事填写界面，填写公司所有董事、经理的相关信息。

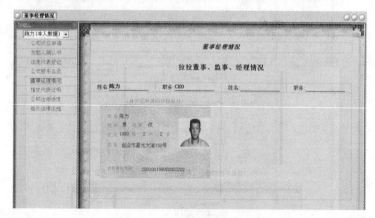

图 11.19　公司董事填写界面

5. 单击"指定代表证明"菜单，指定办理公司登记注册的代表人。这项工作在公司名称预审核中已经做好，系统默认就是同一个人来办理。

完成了以上所有准备工作后，最后单击第一项菜单"公司设立申请"，出现如图 11.20 所示的公司申请表公司界面，填写公司设立申请表。这时可以看到最上面显示的办理公司设立申请需要准备的所有材料已经都准备好了，相应资料名称前面会显示"√"，否则会显示"×"。根据填表要求完成公司设立申请表的填写，单击最后的签字确认。

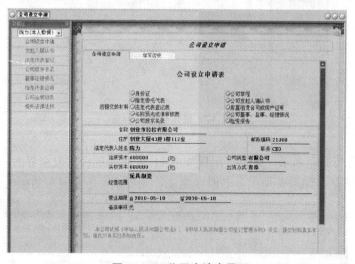

图 11.20　公司申请表界面

单击工商行政管理局办事窗口的"申请营业执照"，在弹出窗口中单击"办领营业执照"菜单，出现如图 11.21 所示的营业执照界面，领取已办好的企业法人营业执照。

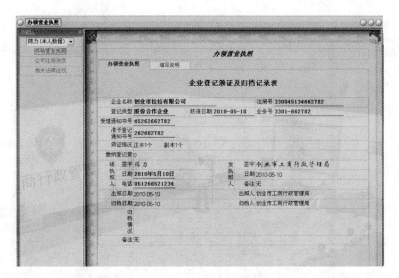

图 11.21 营业执照界面

（七）刻制公司印章

在主场景中单击"刻章店"入口或在导航仪表盘上单击"刻章"按钮，进入刻章店。凭公司法人营业执照并提交刻制公司印章的申请，完成公司章、公司法人章、公司财务章的刻制，如图 11.22 所示。

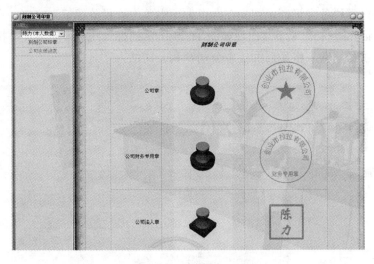

图 11.22 制作图章界面

（八）办理机构代码

在主场景中单击"质量技术监督局"入口或在导航仪表盘上单击"质检"按钮，进入质量技术监督局。办理公司组织机构代理证，如图 11.23 所示。

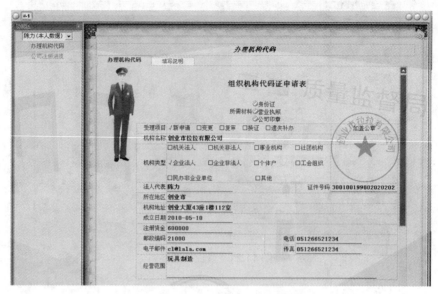

图11.23 办理机构代码界面

（九）办理税务登记

在主场景中单击"国家税务局"入口或在导航仪表盘上单击"国税"按钮，进入国家税务局。要办理税务登记证，首先在办事大厅中单击"税务登记"窗口，在弹出窗口中单击"税务登记（国税）"菜单，出现如图11.24所示的办理税务登记界面。按要求完成税务登记表所有项目，在表格最后面盖上公司章和公司法人章。

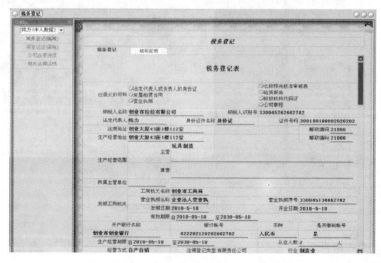

图11.24 办理税务登记界面

办理好后，再单击"领登记证（国税）"菜单，领取正式的国税税务登记证，如图11.25所示。

地税税务登记证与国税税务登记证的办理方法类似。在主场景中单击"地方税务局"

入口或在导航仪表盘上单击"地税"按钮,进入地方税务局。在办事大厅中单击"税务登记"窗口,在弹出窗口中单击"税务登记(地税)",按要求完成税务登记表所有项目,在表格最后面盖上公司章和法人章。地税税务登记证均办理好后,单击"领登记证(地税)",领取公司税务登记证。国税登记证和地税登记证使用的是两个部门的联合发证,上面有两个部门的公章。

图 11.25　税务登记界面

(十)开设公司账户

在主场景中单击"创业银行"入口或在导航仪表盘上单击"银行"按钮,进入创业银行。单击"对公业务"窗口,在弹出窗口中单击"开设银行账户"菜单,出现如图 11.26 所示的开设银行账户界面。

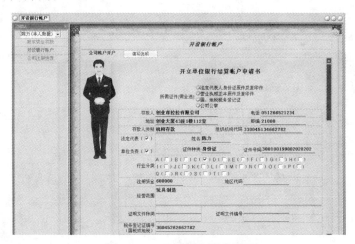

图 11.26　开设银行账户界面

(十一)办理社会保险

在主场景中单击"人力资源和社会保障局"入口或在导航仪表盘上单击"社保"按钮,进入人力资源和社会保障局。在弹出窗口中单击"社会保险登记"菜单,完成用人单位社会保险登记表的填写。

再单击"社会保险开户"菜单,完成企业社会保险开户登记表的填写,如图 11.27 所示。

图 11.27 办理保险界面

至此,已完成公司工商税务登记所有流程工作,公司正式成立,可以开张营业了。

参 考 文 献

[1] 杨泳舲．创造能力培养与学校管理改革[M]．上海：学林出版社，1999．
[2] 汪园英．浅论创新思维的内涵及其方法[J]．武汉：湖北经济学院学报，2009．
[3] 杨德林．创意开发方法[M]．北京：清华大学出版社，2006．
[4] 唐映红．我们的心灵，我们自己[M]．北京：中华工商联合出版社，1999．
[5] 唐映红．EQ 戈尔曼的人生处方[M]．北京：企业管理出版社，1997．
[6] 迟维东．逻辑方法与创新思维[M]．北京：中央编译出版社，2005．
[7] 刘奎林．灵感-创新的非逻辑思维艺术[M]．黑龙江：黑龙江人民出版社，2003．
[8] 胡珍生．创造性思维概论[M]．北京：经济管理出版社，2006．
[9] 恩格斯．自然辩证法[M]．北京：人民出版社，1983．
[10] 麦克·迈查克．创意的技术[M]．北京：究竟出版社股份有限公司，2007．
[11] 唐钰成．论优良思维品质系统[J]．系统科学学报，2006，14（4）．
[12] 詹姆斯·怀特．破译人脑之谜[M]．北京：中国物资出版社，1999．
[13] 知识经济杂志编辑部．直销趋势与特训[M]．重庆：重庆出版社，2004．
[14] 王华．创业实务[M]．上海：同济大学出版社，2009．
[15] 张玉利．创业管理[M]．上海：机械工业出版社，2008．
[16] 〔美〕波尔顿，〔美〕特纳．创业管理[M]．上海：格致出版社，2009．
[17] 王擎天．剑桥给学生做的 450 个思维游戏[M]．北京：北京理工大学出版社，2009．
[18] 周祯祥．创新思维理论和方法[M]．辽宁：辽宁大学出版社，2005．
[19] 梁良良．创新思维训练[M]．广东：新世纪出版社，2009．
[20] 罗玲玲．创意思维训练[M]．北京：首都经济贸易大学出版社，2008．
[21] 温寒江、连瑞庆．开发右脑——发展形象思维的理论和实践[M]．浙江：浙江教育出版社，1997．
[22] 汤穿秀．创造力和直觉[M]．上海：复旦大学出版社，1987．